朱东安
晚清史文集

曾国藩文粹

朱东安 选注

辽宁人民出版社

ⓒ朱东安 2019

图书在版编目（CIP）数据

曾国藩文粹 / 朱东安选注． — 沈阳：辽宁人民出版社，2019.1
　ISBN 978-7-205-09512-3

　Ⅰ．①曾… Ⅱ．①朱… Ⅲ．①曾国藩（1811-1872）－文集 Ⅳ．① Z425.2

中国版本图书馆 CIP 数据核字（2018）第 286198 号

出版发行：辽宁人民出版社
　　　　　地址：沈阳市和平区十一纬路 25 号　邮编：110003
　　　　　电话：024-23284321（邮　购）　024-23284324（发行部）
　　　　　传真：024-23284191（发行部）　024-23284304（办公室）
　　　　　http：//www.lnpph.com.cn
印　　刷：鞍山新民进电脑印刷有限公司
幅面尺寸：170mm×240mm
印　　张：20
字　　数：284 千字
出版时间：2019 年 1 月第 1 版
印刷时间：2019 年 1 月第 1 次印刷
责任编辑：娄　瓴
装帧设计：琥珀视觉
责任校对：刘宝华
书　　号：ISBN 978-7-205-09512-3
定　　价：58.00 元

序

曾国藩（1811—1872）是中国半封建半殖民地时代的地主阶级政治家、军事家与古文学家，阅历较为复杂，留下的文字亦不少。这本文选基本上从不同方面反映了他各个历史时期的言行，从中大致可以看出他一生的思想与功过。

曾国藩，字伯涵，号涤生，湖南湘乡白杨坪（今属双峰县）人。道光十八年进士，选庶吉士，散馆授翰林院检讨。依靠自身的努力与首席军机大臣穆彰阿的荐引，十年间擢升内阁学士兼礼部侍郎衔。道光二十九年补授礼部右侍郎，并于数年间接连兼署兵、工、刑、吏各部侍郎。

仕途的一帆风顺使曾国藩春风得意，对清政府感激涕零，一心要尽忠报国，干出一番事业。他在家信中说，"湖南三十七岁至二品者本朝尚无一人……近年中进士十年而得阁学者，惟壬辰季仙九师、乙未张小浦及余三人"（《曾国藩全集·家书》，以下简称《家书》，道光二十七年六月十八日）。又说："自是以后，余益当尽忠报国，不得顾身家之私。"（《家书》，咸丰元年五月十四日）

不料，正当曾国藩踌躇满志之时，全国政治形势发生了巨变。这时，阶级矛盾日趋尖锐，各种反清团体日益活跃，民众起义不断发生，全国已呈山雨欲来风满楼之势。特别是发生在广西金田的太平天国起义，更显现出与众不同的特点。当时清政府政治腐败，财政拮据，兵无斗志，根本无力对付这场革命风暴。而以咸丰帝为首的统治阶级上层，却对此并无深刻认识，这就使一批较为清醒的官绅士人愈感忧虑。

由于湖南特殊的地理位置、社会环境、士林风气和历史传统，造就出一大批这样的人物：他们保守、务实、好斗，有丰富的政治经验和历史知识，关心整个地主阶级的命运，并把清政府的安危与自身利益结合起来。他们与曾国藩气味相投，通过各种关系联合起来。由于曾国藩的地位和声望，无形中成为他们的领袖。正是在这些人的激励和推动下，曾国藩在咸丰帝继位之初，乘下诏征言之机接连上疏，就国家用人、行政、军事及民间疾苦、平抑银价等问题提出自己的看法和对策，并对咸丰皇帝本人提出批评，企图推动他振作精神，励精图治，以改变清政府的被动地位。结果，这些精心写就的奏疏被束之高阁，意见不被采纳，且几乎因此而获罪。曾国藩在改革弊政的尝试失败之后，不得不别寻他途，以挽救清王朝的危亡。

咸丰二年，曾国藩放江西乡试考差，行至安徽太湖，接其母病故讣告，遂改途返籍，为母守制。这时，清政府为阻止太平天国革命势力的发展，重施嘉庆初年故伎，企图用团练、保甲之法抑制太平军流动作战的战术。于是，就在太平军势力所及各省委任在籍官员为团练大臣，利用其人地两熟的条件，专门负责本省团练、保甲事宜。当时，清政府在全国先后任命团练大臣四十五名，曾国藩为其中之一。他就是利用这一半官半绅的身份，创建了一支非正规的地主阶级武装力量，将太平天国运动镇压下去，并使勇营武装逐渐取代八旗、绿营的地位，成为清王朝的主要军事支柱。

曾国藩认为，绿营腐败已甚，不能担负镇压民众起义、维护国家秩序的任务；团练、保甲组织面对统一、强大的农民军也是杯水车薪，无济于事；而要打败太平军，只有改革军制，另起炉灶，建立新军。他认为，绿营最大弊端在于"败不相救"四字，究其原因，一是平时薪饷太低，缺乏训练，技艺不精；二是战时东拼西凑，上下左右不和，调遣成法不善。于是，他以募兵制代替世兵制，权归主将，层层选募，适当提高弁兵薪饷，变"兵为国有"为"兵为将有"，从而提高了军队的战斗力，也为近代军阀制度种下根苗。据《湘军志》的作者王闿运估计，各省湘军人数最多时达三十万人，曾国藩直接指挥的部队约有十二万人。曾国藩就是依靠这支武装，采用以静制动、围点打援等战术，自上而下，沿江推进，逐步夺取太平军控制的长江沿岸城镇要塞，最后攻陷太平天国的首都天京，为清王朝建立了第一功。

曾国藩攻陷天京的第二年，蒙古科尔沁亲王僧格林沁在山东剿捻遭到惨败，全军覆没，本人丧命。清政府又命曾国藩带兵北上，进剿捻军。捻军一改太平军固守城镇的做法，而采取大规模运动作战，马队为主，步兵为辅，行动迅疾，飘忽不定，一旦时机有利，就集中兵力杀个回马枪。山东高楼寨歼灭僧格林沁一战即用此法。故曾国藩有同捻军作战，不怕打不着，就怕打不赢之说。这样，曾国藩就不得不放弃以往驾轻就熟的围城打援的战术，在作战过程中逐步摸索战胜对手的办法。开始，曾国藩采取重点设防、以堵为主的方法，马队练成后，又采用以快打快、追堵结合的方法，结果成效都不大。最后，不得不采纳淮军将领刘铭传的建议，以防河为主，限定和缩小捻军的活动区域。这实际上正是他多年来一贯坚持的以静制动的军事思想在新条件下的应用。历史证明，这一方法是相当有效的，其后继者李鸿章正是利用此法消灭了捻军，完成了曾国藩的未竟之业。然而，清政府这时却再也没有镇压太平天国时那样的耐心，曾国藩的防河工程刚刚完成，一遇挫折，就采取前敌换帅的非常举动，使曾国藩灰溜溜地返回两江总督之任。

同治七年十一月，曾国藩奉命北上，就任直隶总督。上任不到两年，同治九年五月就发生了天津人民反洋教斗争，即所谓"天津教案"。六月，曾国藩奉命赴津，查办此案。曾国藩面对外国侵略者咄咄逼人的气焰，一点儿也没有攻打太平军时的那种劲头，一开始就悲观失望，低眉下气，对形势做出了错误的估计。他认定这次法国非来开战不可，无论怎样让步都难以挽回局面，自己很可能要做叶铭琛第二。故出发前再次写好遗嘱，安排好后事，大有一去不返之概。

本来这次教案是法国侵略者的蛮横不法引起的。法国天主教充当西方殖民主义者的开路先锋，以传教为名，多行不法之事。它收罗不少痞棍，如王三之类入会，又勾结武兰珍等拐匪，四处拐骗儿童，送给育婴堂收养，致使天津、静海等地多次发生儿童失踪之案，追查之中往往词涉教堂；与此同时，又在天津郊外发现多具儿童尸体，情景凄惨，大悖常理；加以育婴堂中多名儿童非正常死亡。人们遂疑为教堂虐杀中国儿童，哄传开来，引起民愤。在这种情况下，天津知府张光藻、知县刘杰不得不查审此案。在查核事实过程中，曾引起群众在教堂门口围观，并因此引起围观者与教堂人员的口角。这本属寻常小事，稍做些工作即可化解，不料法国驻津领事丰大业仗势欺人，蛮横逞凶，闯入三口通商衙门大吵大闹，两次向通商大臣崇厚开枪，逼令崇厚派兵前去镇压，再次引起群众在通商衙门前围观。崇厚等人一再向丰大业求情，说明已派人前去劝解，若在群情激愤之时派兵前往，恐易激起变故；为避免引起冲突，又婉劝丰大业稍事休息，待人群散尽再走。怎奈丰大业不听劝告，一再狂叫不怕中国百姓，携带恶仆西蒙，气势汹汹地冲出大门。这时，天津知县刘杰已赶到通商衙门门前，经他劝解，人们正在慢慢散去，见丰大业走出，急忙为他让开一条通道。若丰大业具有常人理智，不再逞凶寻衅，事件是可以避免的。不料丰大业再次向中国官员开枪，打伤刘杰的跟丁高升。群众忍无可忍，怒火喷涌，一发难收，当场殴毙丰大业、西蒙之后，又冲入教堂、育婴堂，搜出罪犯王三，救出被拐骗的中国幼童，混乱之中烧毁洋人驻华机构数处，造成二十人死亡。

显然，造成这一事件的根本原因是帝国主义对中国的侵略，勾结中国的卖国政府及各种恶势力压迫中国人民；其直接原因则是丰大业一再向中国官员开枪行凶，激起众怒。所以，当时的社会舆论普遍同情天津民众，不少王公贵族也认为百姓只知"护官"，不知身犯律条。在这种情况下，清政府也不敢不顾是非，一味讨好洋人，一再指示曾国藩，拐骗幼童一事是天津教案的症结所在，一定要认真审理。然而，曾国藩却早就抱定"忍辱求和"之策，一到天津，即放走拐匪王三、武兰珍，并上疏清廷，为法国天主教堂的种种恶行劣迹辩护。他以为这样可以换取外国人相应的让步，为顺利办理天津教案铺平道路。岂知拐犯放出之后，法国人便以为中国政府手中再无他们的什么把柄，可以把责任完全推到中国方面，于是立刻凶相毕露，提出"三员论抵"的无理要求，即让天津知府张光藻、知县刘杰及偶过天津的清军总兵陈国瑞为丰大业抵命，并扬言十几天内若得不到满意的答复，定将天津化为焦土。曾国藩被吓昏了头，虽然拒绝了"三员论抵"之说，但却将张光藻、刘杰交刑部治罪，并杀了二十名中国人为洋人偿命。据说，曾国藩抓不到那么多"正凶"，只好让天津士绅买人顶替，以凑足二十人之数。其实，当时法国已与普鲁士开战，并遭到惨败，根本没有力量进攻中国。

由于这次外交办理得过于软弱，使中华民族蒙受了屈辱，所以曾国藩激起公愤，顿时成为众矢之的。那拉氏也乘机落井下石，说他文武全才，可惜不会办外交，将他调回两江，再次以其得意门生李鸿章取而代之，使他有苦难言，灰溜溜地离开直隶总督这一重要职位。这件事对他精神上打击很大，使他既伤心又丧气，不到两年便郁悒死去。

曾国藩一生于镇压太平军、捻军与天津人民的反洋教斗争外，所干的另一件大事就是兴办军事工业。他兴办的军事工业主要是安庆内军械所和江南制造总局。咸丰十一年冬，曾国藩在安庆设内军械所，制造洋枪使用的枪弹、火药，第二年又试制小火轮。同治二年造成木壳小火轮一艘，因速度太慢，尚不适用于战争。为造出更大、更好的军舰，曾国藩准备扩大规模，改进设备，择址另建新的兵工厂，故派容闳专程赴美，购买"制器之器"。同治四年，机器运抵上海，交由江南制造总局使用。江南制造总局是由曾国藩、李鸿章二人合办的，最初只制造枪炮、弹药之类，供湘、淮军镇压捻军之用。同治六年，曾国藩返任两江总督后开始设立船厂，专门从事舰船的试制工作。同时，将制造局由虹口移至高昌庙，扩大规模，兴建一系列新厂，使之成为当时规模最大、技术设备最好的综合性军事工厂。另外，还在制造局内设立翻译馆，兼有科研、翻译、教育、出版等多种功能，为中国发展近代工业和科学技术培养出大批人才。为了进一步学习西方科学技术，为建立新式海军做准备，曾国藩、李鸿章还向美国选派了中国第一批出国留学生，虽然由于后来美国人的背信弃义（不准中国学生进入军事院校学习）和清政府的目光短浅，导致这次留学生派遣工作的破产，但在中国教育史上还是有意义的。江南制造局的船厂先后造出七艘小轮船。曾国藩死后，制造局和船厂落入李鸿章一人掌握之中，在其"造船不如买船"思想指导下，一改曾国藩"逐步试制，不断提高"的方针，停止制造新轮，专门从事轮船修理业务。这表明在学习西方科学技术、发展军事工业的问题上，更向后倒退了一步。这是因为，曾国藩主张自己造船，虽对外国依赖性很强，但毕竟还可以培养一批科技人员、技术工人与企业管理人员，保留一些机器设备；而直接从外国购船，一旦战败，全军覆没，则连这点儿东西也留不下。

曾国藩在近代史上之所以产生如此深远的影响，不仅由于他的上述"业绩"，更重要的是由于他对传统文化的积极态度以及由此取得的成绩。曾国藩不仅是引进西方科学技术的带头人、洋务运动的倡导者与洋务派的首领，而且还是中国传统文化的集大成者、经世致用与古文方面的大家。从某种意义上讲，他就是传统文化的化身、传统文化所造就出来的最后一批出色学者的代表，直至今天，在不少方面仍值得我们借鉴。

曾国藩对传统文化的各门各派都没有门户之见，主张兼容并包，择长而用。儒学是中国传统文化的主体，经过两千多年的发展，形成义理、考据、经济、词章四大门派，相互间门户森严，党同伐异，互相争雄，各不相让。尤其义理与考据两派，甚至闹到水火不容的地步。曾国藩虽早年追随唐鉴讲习理学，但却并无一般理学家的门户之见，更不想参与两派间的门户之争。他在给理学门户之见甚深的好友刘蓉的信中表明自己的治学志向："于汉、宋二家构讼之端，皆不能左袒以附一哄；于诸儒崇道贬文之说，尤不敢雷同而苟随。""仆窃不自揆，谬欲兼取二者之长，见道既深且博，而为文复臻于无累。"（《曾文正公书札》第一卷，第4-5页）

对于儒学以外的各派学说，曾国藩亦采兼师并用的态度。他认为："周末诸子各有极至之诣，其所以不及仲尼者，此有所偏至，即彼有所独缺，亦犹夷、惠之不及孔子耳。若游心能如老、庄之虚静，治身能如墨翟之勤俭，齐民能如管、商之严整，而又持之以不自是之心，偏者裁之，缺者补之，则诸子皆可师也，不可弃也。"（《曾文正公手书日记》，咸丰十一年八月十六日）又说："立身之道，以禹、墨之勤俭，兼老、庄之虚静，庶于修已、治人之术两得之矣。"（《求阙斋日记类钞》上卷，第20页）有时曾国藩干脆把诸子百家的各派学说说成是孔子的弦外之音、难以明言之意。他说："圣人有所言有所不言。积善馀庆，其所言者也；万事由命不由人，其所不言者也。礼乐刑政、仁义忠信，其所言者也；虚无清静、无为自化，其所不言者也。吾人当以不言者为体，以所言者为用；以不言者存诸心，以所言者勉诸身；以庄子之道自怡，以荀子之道自克，其庶为闻道之君子乎！"（《曾文正公手书日记》，咸丰九年十一月初四日）甚至一向为文人所不耻的那些作为墨家后学的游侠、刺客，曾国藩亦认为其在不少方面，如舍己济人、薄利尚义、轻死重节等，皆与"圣人之道"相一致。他说："昔人讥太史公好称任侠，以余观此数者，乃不悖于圣贤之道。然者豪侠之徒，未可深贬。"（《曾文正公杂著》第四卷，第4页）他就任直隶总督之后，又触景生情，一再赞赏侠义之风。

曾国藩对义理、考据、经济、词章各门学问都下过一番功夫。早在道光二十一年，曾国藩就在同乡前辈理学家唐鉴的指导下钻研理学，精读《朱子全书》。次年又在倭仁的影响下，每天静坐自省，记修身日记，并将日记送唐鉴、倭仁批阅，与朋友一起讨论问题、交流心得，在士林中博得理学家之名。不过，这样搞了一段时间之后，终因紧张劳累，得了头晕吐血之症，在道光二十三年大病一场。从此，曾国藩只读理学家的著作，领会其精神实质，严于律己，修身养性，不再盲目模仿理学家的修身方法。也正因为这一点，使他成为与唐鉴、倭仁有所不同的另一种类型的理学家。他学宗宋五子（指张载、周敦颐、程颐、程颢、朱熹），而对理学与理学家又多有"微言"；处处以诚字相标榜，为人处世无不渗透着理学家的思想，而一生并无这方面的著述，且并不按照理学家的方式进行修身养性，而在封建道德的修养上却达到相当高的境界。

道光二十六年，曾国藩又开始苦攻汉学。这年夏秋之际，他在城南报国寺养病，携带段玉裁注《说文解字》一部随手翻阅。当时，熟悉考据之学的刘传莹也住在这里，以为考据之学"无当于身心"，正想学习理学，于是二人相互学习，取长补短，结为好友。这样，曾国藩就大大拓宽了自己的治学领域，不仅学会了文字训诂，使自己的理学和古文学有了文字根底，而且进一步熟悉了中国的典章制度和统治阶级治国治民的经验，为自己事业的成功打下了基础。

曾国藩研习经济之学大概是道光二十九年开始的。这一年他担任礼部侍郎，随后几年内又先后兼署兵、工、刑、吏各部侍郎。为胜任本、兼各职工作，他结合自身业务，钻研各类经世致用之学。咸丰元年，他在一篇日记中写道："天下之大事宜考究者凡十四宗：曰官制，曰财用，曰盐政，曰漕务，曰钱法，曰冠礼，曰婚礼，曰丧礼，曰祭礼，曰兵制，曰兵法，曰刑律，曰地舆，曰河渠。皆以本朝为主，而历溯前代之沿革本末，衷之以仁义，归之于简易，前世所袭误者，可以自我更之，前世所未及者，可以自我创之，其苟且者知将来之必敝，其至当者知将来之必因。所谓虽百世可知也。"（《绵绵穆穆之室日记》，咸丰元年八月二十二日）经世致用之学又称"经世济用之学"，简称"经济之学"或"经济"，在古代属政事之科，而今天则属于政治学。他自从军从政以来，练兵筹饷，南征北战，以至创办军工企业、办理江西与天津教案等，实际上都是钻研这门学问，并运用它来解决实践中所遇到的具体问题。他所以在近代史上居于如此重要的地位，主要还是由于他在这些方面所取得的成功。

曾国藩在书法方面也下过一番功夫。早在京宦之时，他就"深以学书为意，苦思力索，几于困心横虑"。咸丰八年再出领兵，治军之暇，练字愈勤，"每日笔不停挥"，除办理各种文件之外，还要"习字一张，不甚间断"。经过几年的苦练，"笔意笔力与之俱进，十年前胸中之学，今竟能达之腕下"（《曾文正公手书日记》，咸丰十一年二月二十五日）。只是由于他眼高手低，字体屡变，始终没有形成自己的风格。他先习柳（公权）体、赵（孟頫）体，欲得

"两家合为一炉","只为欠却间架工夫,便尔作字不成体段","有志莫遂"(《曾文正公家书》,咸丰九年三月初三日)。后又以王羲之、王献之父子为师,"师羲之不可遽几,则先师欧阳信本;师欧阳不可遽几,则先师李北海;师献之不可遽几,则先师虞永兴;师虞不可遽几,则先师黄山谷"。原以为"二路并进,必有合处"(《曾文正公手书日记》,咸丰十一年四月二十七日),结果虽"用力亦不少,而时进时退,时好之,时不好之;时慕欧、柳,时慕赵、董,趋向无定,作辍靡常"(《曾文正公手书日记》,咸丰九年三月初一日),字体变来变去,终无太大成就。一般来说,曾国藩的字还是可以的,但尚未达到书法家的水平。

曾国藩兴趣最大、用功最深、探索最苦、自信心最强的是古文学。曾国藩自称"生平好读《史记》《汉书》《庄子》、韩文四书"(《曾文正公家书》,咸丰六年十一月初五日)。显然,他是把这些书作为文学作品看待的。道光十六年,曾国藩会试落第后自京师南归,途经江宁,用借贷与典当衣物的钱买了二十三史。回家后其父曾麟书对他说,借钱买书我不怕,可以尽力想法替你偿还,你但能圈读一遍,就算对得住我了。曾麟书的这些话对他起了很大的激励作用,从此足不出户,在家闭门苦读了一年。他为了鞭策自己,还特地把他父亲的这几句话作为座右铭,限定进度,立下誓言:"嗣后每日点十页,间断不孝。"(《曾文正公手书日记》,道光二十二年十二月初七日)不过,这时他对文学还不摸门径,也谈不上浓厚的兴趣,只是"奉命"而已。

曾国藩渐入古文学殿堂的门墙,是致仕以后的事。道光二十年,曾国藩在翰林院庶常馆修业期满,官授翰林院检讨。翰林院是培养人才的地方。这里的官员主要是读书养望,以备他日之用。所以,在很长一段时间,曾国藩并无多少具体公务,除参加一些必要的应酬外,就是读书会友。一个偶然的机会,曾国藩借到一部"桐城三祖"之一姚鼐的《古文辞类纂》和一部明人归有光的《震川集》,从此刻苦攻读,钻研习摩,对文学产生了越来越浓的兴趣。后来,他在回忆自己治古文辞的过程时说:"仆早不自立,自庚子以来,稍事学问,涉猎于前明、本朝诸大儒之书,而不克辨其得失。闻此间有工为古文辞者,就而审之,乃桐城姚郎中鼐之《绪论》,其言诚有可取。于是取司马迁、班固、杜甫、韩愈、欧阳修、曾巩、王安石及方苞之作,悉心而读之,其他六代之能诗者及李白、苏轼、黄庭坚之徒,亦皆泛其流而究其归。"(《曾文正公书札》第一卷，第2页）又说："国藩初解文章，由姚先生启之也。"（《曾文正公文集》第三卷，第15页）桐城姚氏后人姚慕庭也说："吾师戴存庄孝廉入都，曾文正询古文法，存庄以《惜抱轩尺牍》告之。文正由是益肆力文章。"（李鼎芳《曾国藩及其幕府人物》，岳麓书社1985年版，第59页）经过一个时期的努力，曾国藩在文学上初有长进，兴趣益浓，故在给刘蓉的信中称："国藩既从数君子后与闻末论，而浅鄙之资兼嗜华藻，笃好司马迁、班固、杜甫、韩愈、王安石之文章，日夜以诵之不厌也。"（《曾文正公书札》第一卷，第12页）

曾国藩兴趣甚广，读书较杂，但多随兴趣而转移，虎头蛇尾，"有始无终"，唯读古文书籍能坚持到底。后来他在回忆这段经历时说，"余在道光廿二、三、四、五等年用胭脂圈批"的书籍，唯有《史记》、韩文、韩诗、杜诗、《古文辞类纂》《震川集》《山谷集》数部"首尾完毕"（《曾文正公家训》，同治四年七月十三日）。实际上，自道光二十三年以来，曾国藩已把理学放到次位，主要精力与时间都集中在古文方面。随着水平的提高，他对文学的信心也逐步增强。道光二十四年，他在家书中对诸弟说："余近来读书无所得"，"惟古文、各体诗自觉有进境，将来此事当有所成就"（《曾文正公家书》，道光二十四年三月初十日）。数月之后，又更加自信地表示："若如此做去，不做外官，将来道德文章必粗有成就。"（《曾文正公家书》，道光二十四年十二月十八日）

但是，曾国藩没有能够成为一位专业文学家或学者。道光二十七年曾国藩晋升内阁学士，兼礼部侍郎衔，二十九年任礼部右侍郎，接着又先后兼署兵、工、刑、吏各部侍郎。尤其自咸丰三年出办团练、创建湘军之后，连年征战，主要精力用于处理军务、政务方面，读书、属文等事成为业余爱好，再没有在京中做翰詹官时的那种优越条件。正如他后来说的那样，"学未成官已达，从此与簿书为缘，素植不讲。比咸丰以后奉命讨贼，驰驱戎马，益不暇"（赵烈文《能静居日记》，同治六年八月二十一日）。

不过，曾国藩毕竟不同于一般官员，读书的习惯，尤其对文学的嗜好已深，虽于戎马倥偬之中，仍是手不释卷，探讨古文学的奥秘，摸到不少作诗著文的诀窍；只是时间太紧，没有机会习练，无法把自己的心得在写作中表现出来。同治元年，他在一封家信中说："余近年颇识古人文章门径，而在军鲜暇，未尝偶作，一吐胸中之奇。"（《曾文正公家训》，同治元年八月初四日）咸丰十一年春，曾国藩困守祁门，四面皆敌，形势危急，深怀全军覆没之忧。在他写给曾纪泽的遗嘱中，对军国大事未示牵挂，只为文学、书法未能一展才华而耿耿于怀。他说："此次若遂不测，毫无牵恋。……惟古文与诗二者用力颇深，探索颇苦，而未能介然用之，独辟康庄。古文尤确有依据，若遽先朝露，则寸心所得，遂成广陵之散。作字用功最浅，而近年亦略有入处。三者一无所成，不无耿耿。"（《曾文正公家训》，咸丰十一年三月十三日）直到同治六年功成名就之后，曾国藩仍为自己在文学上成就不显、不能同古今诸大家一比高低感到遗憾。他对人表示："人生无论读书做事，皆仗胸襟。今自问于古诗人中如渊明、香山、东坡、放翁诸人，亦不多让。而卒卒无暇，不能以笔墨陶写出之。惟此一事，心中未免不足。"（赵烈文：《能静居日记》，同治六年六月十五日）

在文学理论上，曾国藩主要继承了周敦颐、张载、姚鼐等人的观点，在某些方面，则又有所丰富和发展。

关于文与道的关系，曾国藩采纳并发展了周敦颐等人"文以载道"的思想，并将它运用于实践之中，从而提出一套衡量各派人物高下殿最的标准和自己的奋斗目标。他认为，衡量一个人水平高低的标准只有两条：一则见道之多寡，一则为文之醇驳。"所谓见道多寡之分数何也？曰深也，曰博也"；"深则能研万事微芒之几，博则能究万物之情状而不穷于用。"而为"文之醇驳"，亦"一视乎见道之多寡以为差。见道尤多者，文尤醇焉"；"次多者醇次焉；见少者，文驳焉；尤少者，尤驳焉。"（《曾文正公书札》第一卷，第5页）根据这个标准，曾国藩对孔子之后的儒学各派学者进行了一番排列："后之见道不及孔氏者，其深有差焉，其博有差焉。""见道尤多者，文尤醇焉，孟轲是也。""能深且博，而属文复不失古圣之谊者，孟氏而下，惟周子之《通书》、张子之《正蒙》，醇厚正大，邈焉寡俦。许、郑亦能深博，而训诂之文或失则碎；程、朱亦且深博，而指示之语或失则隘。其他若杜佑、郑樵、马贵与、王应麟之徒，能博而不能深，则文流于蔓矣；游、杨、金、许、薛、胡之俦，能深而不能博，则文伤于易也。""于百家之著述"，亦"皆就其文字以校其见道之多寡，剖其铢两而殿最焉"。（同上）至于曾国藩的志向，则兼取各家之长，"见道既深且博，而为文复臻于无累"，"苟于道有所见，不特见之，必实体行之；不特身行之，必求以文字传之后世"。（同上）可见，在曾国藩的心目中，文学居于何等崇高的地位！

曾国藩不仅对古文的重要性认识明确，对于属文方法也颇有心得。他说："近姚惜抱论古文之法，有阳刚、阴柔两端，国藩亦看得天下万事万理皆成两片。"（《曾文正公书札》第十卷，第36页）又说："文章阳刚之美莫要于'涌直怪丽'四字，阴柔之美莫要于'忧茹远洁'四字。"（《曾文正公手书日记》，同治二年九月廿三日）不久，他又把"涌直怪丽"改为"雄直怪丽"，"忧茹远洁"改为"茹远洁适"，并分别把其中每个字的含义概括为四句话十六个字，称为"十六字赞"，以为注释：

雄：划然轩昂，尽弃故常，跌宕顿挫，扪之有芒。
直：黄河千曲，其体仍直，山势如龙，转换无迹。
怪：奇趣横生，人骇鬼眩，易玄山径，张韩互见。
丽：青春大泽，万卉初葩，诗骚之韵，班扬之华。
茹：众义辐辏，吞多吐少，函独咀含，不求共晓。
远：九天俯视，下界聚蚊，寤寐周孔，落落寡群。
洁：冗意陈言，类字尽芟，慎尔褒贬，神人共滥。
适：心境两间，无营无待，柳记欧跋，得大自在。

（《曾文正公手书日记》，同治四年正月二十二日）

他还将这一理论用于文学史的研究，认为自西汉以来，凡在文学上有所成就的大家，其作品之美总不外阳刚、阴柔两途。他说："姚惜抱先生论古文之途，有得于阳与刚之美者，有得于阴与柔之美者，二者判分，画然不谋。余尝数阳刚者约有四家：曰庄子，曰扬雄，曰韩愈、柳宗元；阴柔者约有四家：曰司马迁，曰刘向，曰欧阳修、曾巩。"（《曾文正公书札》第八卷，第9页）又说："西汉文章，如子云、相如之雄伟，此天地遒劲之气，得于阳与刚之美者，此天地之义气也；刘向、匡衡之渊懿，此天地温厚之气，得于阴与柔之美者，此天地之仁气也。东汉以还，淹雅无惭于古，而风骨少隤矣。韩、柳有作，尽取扬、马之雄奇万变，而内之于薄物小篇之中，岂不诡哉！欧阳氏、曾氏皆法韩公，而体质于匡、刘为近。文章之变，莫可穷诘。要之不出此二途，虽百世可知也。"（《曾文正公文集》第三卷，第23—24页）

有时，曾国藩把文章的阳刚、阴柔之美归之为气势、识度、情韵、趣味"四象"，并称"有气则有势，有识则有度，有情则有韵，有趣则有味"。而"古人绝好文字，大约于此四者之中，必有一长"（《曾文正公家训》，同治四年六月初一日)。不过,习文之人能具有其中一长,已甚为难得,不可能四者兼而有之。当其长子曾纪泽问他"有一专长,是否须兼三者乃为合作"时,曾国藩回答:"此则断断不能!韩无阴柔之美,欧无阳刚之美,况于他人而能兼之?凡言兼众长者,皆其一无所长者也。"(《曾文正公家训》,同治四年七月初三日)这就是说,任何一个喜爱文学的人,在自己的写作中只可追求一种风格,沿着一个方向发展,不可左右摇摆,忽求阳刚之美,忽求阴柔之美。然而,属文之时,又不可把刚、柔二者看得过于绝对,走阳刚一途就一味求刚,遣词造句处处求刚;走阴柔一途就一味求柔,字字句句无处不柔。而实际上则是总体上以一方为主,而又兼容对方,刚中有柔,柔中带刚,刚柔相济,方称上乘佳作。他说:"无论古今何等文人,其下笔造句,总以'珠圆玉润'四字为主。""世人论文家之语,圆而藻丽者莫如徐(陵)、庾(信),而不知江(淹)、鲍(照)则更圆。进之沈(约)、任(昉)则亦圆,进之潘(岳)、陆(机)则亦圆,又进而溯之东汉之班(固)、张(衡)、崔(骃)、蔡(邕)则亦圆,又进而溯之西汉之贾(谊)、晁(错)、匡(衡)、刘(向)则亦圆。至于马迁、相如、子云三人,可谓力趋险奥,不求圆适矣;而细读之,亦未始不圆。至于昌黎,其志意直欲凌驾子长、卿、云三人,戛戛独造,力避圆熟矣。而久读之,实无一字不圆,无一句不圆。"又说:"柔和渊懿之中,必有坚劲之质、雄直之气运乎其中,乃有以自立。"桐城派大师姚鼐虽为"百代正宗",为文"义精而词俊,夐绝尘表",唯因缺少"雄直之气、驱迈之势",遂仍不免"不厌人意"(《曾文正公书札》第二十七卷,第13页)。为此,曾国藩谆谆教导门人子弟力克此弊。曾国藩的门生张裕钊、长子曾纪泽皆"体质近柔",为文亦趋于阴柔一途,曾国藩深恐他们重蹈姚氏覆辙,屡屡致书,一再告诫,要他们"熟读扬、韩各文,而参以两汉古赋,以救其短"(《曾文正公书札》第八卷,第9页)。

基于上述认识或其他原因,曾国藩虽属桐城文派,但在艺术风格上却更偏于阳刚一途,喜扬雄、韩愈的雄直之气、驱迈之势,并在这方面摸到一些诀窍。他说:"行气为文章第一要义,卿、云之跌宕,昌黎之倔强,尤为行气不易之法。"(《曾文正公家训》,同治元年八月初四日)又说:"古文之法,全在气字上用工夫。"(《曾文正公手书日记》,咸丰十一年十一月初八日)"四象表中惟气势之属太阳者,最难能而可贵。古来文人虽偏于彼三者,而无不在气势上痛下工夫。"(《曾文正公家训》，同治四年七月初三日)而习文之人，欲使自己的文章具有阳刚之美、雄奇之气，其关键也在于行气，其次才是选字、造句。他说："雄奇以行气为上，造句次之，选字又次之。然未有字不古雅而句能古雅、句不古雅而气能古雅者，亦未有字不雄奇而句能雄奇、句不雄奇而气能雄奇者。是文章之雄奇，其精处在行气，其粗处全在造句选字也。"又说："余好古人雄奇之文，以昌黎为第一，扬子云次之。二公之行气，本之天授。至于人事之精当，昌黎则造句之工夫居多，子云则选字之工夫居多。"(《曾文正公家训》，咸丰十一年正月初四日)

基于上述认识，曾国藩认为，要使自己的文章写得有气势，必须在如下两个方面作进一步的努力：一是要处理好文中行气与说理的关系，一是要学好文字训诂之学。他认为，"古文之道，无施不可，但不宜说理"(《曾文正公书札》第九卷，第34页)；倘若说理，就必须处理好行气与说理的关系。他的好友刘蓉曾把两篇宣讲义理的文字寄给他，征求他的意见。曾国藩复信称："大著《游记二首》，以义理言之则多精当，以文字言之终少强劲之气。"(《曾文正公书札》第六卷，第16页)为什么会出现这种情况呢？曾国藩认为，这是因为作者在为文之时不分主次，将行文与说理平均使用力量。"欲发明义理，则当法经说理窟及语录札记(如《读书录》《居业录》《困知录》《思辨录》之属)；欲为文，则当扫荡一副旧习，赤地新立，将前此所业荡然若丧其所有，乃始别有一番文境。望溪所以不得入古人之闾奥者，正为两下兼顾，以致无可怡悦。"(同上)若要避免此弊，只有在为文之时将行气放在首位，以气挟理，方可使道与文"兼至交尽"。他说："文家之有气势，亦犹书家有黄山谷、赵松雪辈，凌空而行，不必尽合于理法，但求气之昌耳。故南宋以后文人好言义理者，气皆不盛。"又说："大抵凡事皆宜以气为主。气能挟理以行，而后虽言理而不厌。否则，气既衰苶，说理虽精，未有不可厌者。犹之作字者，气不贯注，虽笔笔有法，不足观也。"(《曾文正公手书日记》，同治五年十月十四日)

曾国藩还认为，要写出好的文章，必须有文字训诂学的基础。他说："余观汉人文章，未有不精于小学训诂者，如相如、子云、孟坚，于小学皆专著一书。《文选》于此三人之文著录最多。"又说："余于古文，志在效法此三人，并司马、韩愈五家。以此五家之文，精于小学训诂，不妄下一字也。""自宋以后，能文章者不通小学；国朝诸儒，通小学者又不能文章"(《曾文正公家

训》，同治元年五月十四日），故难以再有汉、唐盛时那样的上乘佳作。道光二十六年夏秋之际，正当曾国藩苦心钻研文章之时，忽然对文字训诂之学产生浓厚的兴趣，刻苦攻读段玉裁所注《说文解字》，恐怕与这种认识很有关系。

曾国藩虽然知之甚多，探索到一些古文创作的奥秘，并在文艺理论方面提出一些见解，但却未能用自己的作品一一表现出来。正像他自己所说的那样，"余于古人之文用功甚深，惜未能一一达之腕下，每歉然不怡耳"（《曾文正公家训》，咸丰十年四月二十四日）。究其原因，主要是古文刚刚学成，即已位至卿贰，尤其出办团练以来，长期从事战争，军政事务繁忙，身体又过早衰老，也就没有时间对古文多写多练、反复揣摩了。他对这件事曾解释说："学古文则趋向略有所定，亦以不常作文，故卒无所成。"（《曾文正公手书日记》，咸丰九年三月初一日）又说："平生好为雄奇瑰伟文，近乃平浅无可惊喜，一则精神耗竭，不克穷探幽险；一则军中卒卒少闲适之味。"（《曾文正公书札》第九卷，第34页）还说："余近年颇识古人文章门径，而军中鲜暇，未尝偶作，一吐胸中之奇。"（《曾文正公家训》，同治元年八月初四日）曾国藩死后，王闿运曾送挽联一副，道出了曾国藩的终身遗憾，也解释了其中的原因。联称："平生以霍子孟、张叔大（指汉、明名相霍光、张居正）自期，异代不同功，勘定仅传方面略；经术在纪河间（纪昀，直隶河间人）、阮仪征（阮元，江苏仪征人）之上，致身何太早，龙蛇遗憾礼堂书。"（高伯雨：《中兴名臣曾胡左李》，第34页）"致身何太早"！真是一语中的，道破了曾国藩在古文方面没有登上时代高峰的原因。曾国藩自己最后亦不得不承认，古文不如梅曾亮。梅曾亮系江苏上元人，先学骈体文，颇负盛名，后师事姚鼐，改习古文。其为文气势雄峻，纵横明快，实为桐城文派的后起之秀。他长曾国藩二十五岁，当时亦在京师为官。在曾国藩初学古文之时，梅曾亮已是名满京城的古文大家。而曾国藩与之交游，"心独不肯下之"，暗下决心，要凌越而上，超而过之。待到曾国藩已心力交瘁、年老体衰之时，方不得不看到一个客观现实："今日番视梅伯言之文，反觉有过人之处，往者之见，客气多耳。"（赵烈文：《能静居日记》，同治六年八月二十一日）又说，桐城张氏之算学，宣城梅曾亮之古文诗篇，高邮王氏父子（王念孙、王引之）之训诂学，"实集古人之大成。国藩于此三者，常低徊叹仰，以为不可及"（《曾文正公杂著》第二卷，第2页）。

曾国藩在古文方面确有造诣，虽其总体水平尚不及梅曾亮，但仍不失为有清一代之古文学家。曾国藩一生忙于军务政务，专门的文学作品甚少，且其中很大一部分属于应酬之作，而有些奏稿则写得气势豪迈，情理交融，不失为一篇好文字。其中有些词句和段落，如"每闻春风之怒号，则寸心欲碎；见贼帆之上驶，则绕屋彷徨"（《曾文正公奏稿》第五卷，第27页），"疆吏以城守为大节，不宜以僚属之一言为进止；大臣以心迹定罪状，不必以公禀之有无为权衡"（《曾文正公奏稿》第十六卷，第72页），"与其将来毫无功绩受大言欺君之罪，不如此时据实陈明受畏葸不前之罪"（《曾文正公奏稿》第二卷，第27页），"细察今日之局势，非位任巡抚、有察吏之权者，决不能以治军；纵能治军，决不能兼及筹饷"（《曾文正公奏稿》第九卷，第76页），以及"杀贼有心，治兵无术"（《曾国藩全集·奏稿》岳麓出版社版，第423页），"论兵则已成强弩之末，论饷则久为无米之炊"（《曾文正公奏稿》第二十卷，第51页），等等，皆可谓点睛之笔，读文至此，不能不令人为之动容。

时人与后人都曾给曾国藩的古文以很高的评价。其门人黎庶昌认为，自姚鼐之后百余年来，桐城派流风相沿，"遂有文敝道丧之患。至湘乡曾文正公出，扩姚氏而大之，并功、德、言为一途，携揽众长，铄归掩方，跨越百氏，将遂席两汉而还之三代，使司马迁、班固、韩愈、欧旧修之文绝而复续，岂非所谓豪杰之士、大雅不群者哉！盖自欧阳氏以来，一人而已。"（黎庶昌：《拙尊园丛稿》第二卷，第10页）。民国文人徐凌霄、徐一士兄弟对曾国藩的文章亦推崇备至，称"国藩文章诚有绝诣，不仅为有清一代之大文学家，亦千古有数之大文学家也"。曾国藩与左宗棠、胡林翼三人的奏议各有所长，"均为有清大手笔"，但"若以文学根底论"，则以曾国藩"为独优"（《曾胡谈荟》，《国闻周报》，第六卷，第40期）。

曾国藩在苦心钻研古文的同时，还言传身教，培养出一大批擅长古文的人才。在其幕府之中，不少人都是属文好手，其中尤以张裕钊、吴汝纶、薛福成、黎庶昌受曾国藩影响最深，成就最大，其心法、技巧皆属于桐城文派，而又有自己的显著特点，蔚然成为一个文学派别。故有人称曾国藩为"桐城派中兴的明主"（周作人：《新文学源流》），将曾国藩及其文学弟子名之为"湘乡文派"，与桐城派的另一支派"阳湖派"并列。不过一般学者认为，湘乡文派善属经世致用之文，直接为办理军务、政务服务，很少有如姚鼐、梅曾亮等人所作风景游记之类的专门供人赏阅的文章，虽有不少佳作，但却不能称之为艺术品(王献永:《桐城文派》,中华书局,1992年)。其在文学史上的地位与评价,极易受到政治气候的影响,这大约是一个重要原因,曾国藩所感到终身遗憾者,很可能也就在这一点上。

出版说明

朱东安先生在我社出版学术著作由来已久，最早当溯自1993年出版的《清代全史》，先生负责草拟第七卷第四章关于同治朝内政部分。2013年，我社组织出版"回顾丛书"，先生的学术专著《曾国藩传》位列第一部，受到读者欢迎。此后五年，我社又先后出版先生的学术专著《曾国藩集团与晚清政局》《曾国藩幕府》，以及学术论文集《晚清政治与传统文化》和选注读物《曾国藩文粹》，亦深受读者喜爱。

先生治学谨遵实事求是原则，以探索社会发展的客观规律为己任。多年来主要从事晚清史的基础性研究，而对史学研究中的一些疑难问题，也进行了深入探讨并提出自己的见解。数十年来，历经学术风潮的变幻涨落，先生的著述经受住了时间的考验。

晚清史离我们较近，人们也乐于了解，只是不宜戏说。但实事求是、贴近实际的史学著作，或比戏说更精彩，故先生的著作令读者备受吸引，往往开卷难掩。作为出版工作者，面对作者的信赖和读者的热情，岂可无动于衷！遂将先生的5部作品结为《朱东安晚清史文集》出版，倘于晚清史研究有所裨益，则幸莫大焉。

序

出版说明

禀祖父母 / 01

复贺长龄 / 04

致刘蓉 / 07

致澄弟温弟沅弟季弟 / 12

答刘蓉 / 14

原才 / 19

致澄弟沅弟季弟 / 21

应诏陈言疏 / 23

复胡大任 / 28

议汰兵疏 / 31

敬陈圣德三端预防流弊疏 / 35

备陈民间疾苦疏 / 40

平银价疏 / 44

敬陈团练查匪大概规模折 / 48

与湖南各州县公正绅耆书 / 50

严办土匪以靖地方折 / 53

拿匪正法并现在帮办防堵折 / 56

与骆秉章书 / 58

与张亮基 / 60

复龙启瑞 / 63

沥陈现办情形折 / 66

讨粤匪檄 / 70

靖港败溃自请治罪折（附遗折遗片）/ 73

水师搜剿襄河续获大胜折 / 78

谢宽免处分恩折 / 81

统筹全局折 / 83

谕纪泽 / 87

沥陈办事艰难仍吁恳在籍守制折 / 89

李续宾死事甚烈功绩最多折 / 93

遵旨会商大略折 / 97

遵旨会筹规剿皖逆折 / 100

圣哲画像记 / 103

湖口县楚军水师昭忠祠记 / 114

日记（咸丰九年十一月四日）/ 116

孙芝房侍讲《刍论》序 / 118

致澄弟 / 121

苏常无锡失陷遵旨通筹全局并办理大概情形折 / 122

请起用沈葆桢折 / 126

请留左宗棠襄办江皖军务折 / 128

遵旨兴办淮扬水师　拟派李鸿章先往筹办并请简授实缺折 / 131

致沅弟 / 134

奏请带兵北上以靖夷氛折 / 137

遵旨复奏借俄兵助剿发逆并代运南漕折 / 140

湖南设立东征局请颁发部照折 / 143

谕纪泽纪鸿 / 145

复陈购买外洋船炮折 / 148

日记（咸丰十一年八月十六日）/ 151

沥陈前湖北抚臣胡林翼忠勤勋绩折 / 153

劝诫浅语十六条 / 156

复彭丽生 / 162

参翁同书片 / 164

金陵未克以前请不再加恩于臣家片 / 166

议复借洋兵剿贼片 / 168

参李元度片 / 170

遵旨议复请派员督办广东厘金折 / 173

日记（同治元年五月七日）/ 177

复劳崇光 / 179

查复何桂清退守情形折 / 182

请简亲信大臣会办军务片 / 185

江西厘金整顿情形片 / 187

附陈近日军情仍请简派大臣会办诸务片 / 190

湖南东征局筹饷官绅请予奖叙折 / 193

上恭亲王 / 195

淮南盐运畅通力筹整顿折 / 198

江西牙厘请照旧经收折 / 201

沥陈饷绌情形片 / 205

陈明请停湖南东征局片 / 208

遵旨赴山东剿贼并陈万难迅速缘由折 / 210

裁撤湖南东征局片 / 215

陈国瑞禀批语 / 217

补参陈国瑞折 / 222

再密陈陈国瑞事状片 / 224

查办徽休闹饷勇丁并将获咎营官定拟折 / 226

刘铭传禀批语 / 231

致澄弟 / 233

复郭嵩焘 / 235

复郭崑焘 / 237

新造轮船及上海机器局筹办情形折 / 239

湘军第五案报销折 / 242

金陵湘军陆师昭忠祠记 / 246

筹议直隶练军事宜折 / 251

再议直隶练军事宜折 / 255

湘乡昭忠祠记 / 259

劝学篇示直隶士子 / 262

查明天津教案大概情形折 / 266

密陈教民迷拐等不法情事请由中国官员管理教堂片 / 270

复陈查询各事折 / 273

密陈津案委曲求全大概情形片 / 276

复宝鋆 / 279

调吴大廷操练轮船片 / 282

拟选聪颖子弟出洋学艺折 / 284

大界墓表 / 289

台洲墓表 / 293

禀祖父母

孙男国藩跪禀祖父母大人万福金安：

九月十三日接到家信，系七月父亲在省所发，内有叔父信及欧阳牧云致函。知祖母于七月初三日因占犯致恙，不药而愈，可胜欣幸。

高丽参足以补气，然身上稍有寒热，服之便不相宜，以后务须斟酌用之。若微觉感冒，即忌用。此物平日康强时，和入丸药内服最好。然此时家中想已无多，不知可供明年一单丸药之用否？若其不足，须写信来京，以便觅便寄回。四弟、六弟考试又不得志，颇难为怀。然大器晚成，堂上不必以此置虑。闻六弟将有梦熊之喜[1]，幸甚。近叔父为婶母之病劳苦忧郁，有怀莫宣。今六弟一索得男，则叔父含饴弄孙，瓜瓞日蕃[2]，其乐何如！唐镜海先生德望为京城第一[3]，其令嗣极孝，亦系兄子承继者。先生今年六十五岁，得生一子，人皆以为盛德之报。

英夷在江南，抚局已定。盖金陵为南北咽喉，逆夷既已扼吭而据要害，不得不权为和戎之策，以安民而息兵。去年逆夷在广东曾经就抚，其费去六百万两。此次之费，外间有言二千一百万者。又有言此项皆劝绅民捐输，不动帑藏。皆不知的否。现在夷船已全数出海，各处防海之兵陆续撤回，天津亦已撤退。议抚之使，系伊里布、耆英及两江总督牛鉴三人[4]。牛鉴有失地之罪，故抚局成后即革职拿问。伊里布去广东代奕山为将军[5]，耆英为两江总督。自英夷滋扰，已历二年，将不知兵，兵不用命，于国威不无少损。然此次议抚，实出于不得已。但使夷人从此永不犯边，四海晏然安堵，则以大事小，乐天之道，孰不以为上策哉！

孙身体如常，孙妇及曾孙兄妹并皆平安。同县黄晓潭鉴荐一老妈吴姓

来。渠在湘乡苦请他来,而其妻凌虐婢仆,百般惨酷。黄求孙代为开脱。孙接至家住一月,转荐至方夔卿太守宗钧处,托其带回湖南,大约明春可到湘乡。

今年进学之人,孙见《题名录》[6],仅认识彭惠田一人。不知二十三四都进人否?谢宽仁、吴光煦取一等,皆少年可慕。一等第一,《题名录》刻黄生平,不知即黄星平否?

孙每接家信,常嫌其不详,以后务求详明。虽乡间田宅婚嫁之事,不妨写出,使游子如神在里门。各族戚家,尤须一一示知。幸甚。

敬请祖父母大人万安。馀容后呈。

孙　谨禀

【题解】

写于道光二十二年(1842)九月十七日,是曾国藩写给祖父母的一封家书。文中谈了自己对清政府签订《中英南京条约》的看法。这是曾国藩外交思想的最早流露。曾国藩祖父名玉屏,字星冈。

【注释】

[1] 梦熊:古代迷信说法,认为梦见熊则为生男孩儿的征兆,后来成为祝贺生子的吉祥用语。《诗经·小雅·斯干》:"吉梦维何?维熊维罴。"

[2] 瓜瓞(dié):瓜一代接一代生长,古人常以此喻子孙后代繁盛。大者名瓜,小者名瓞。《诗经·大雅·绵》:"绵绵瓜瓞,民之初生,自土沮漆。"蕃:众多。

[3] 唐镜海:唐鉴,号镜海,湖南善化(今长沙市)人,清代著名理学家。嘉庆十四年进士,选庶吉士,散馆授检讨。历任御史、知府、道员、按察使、布政使、太常寺卿等官。一生潜心治性理之学,主讲金陵书院多年。著有《朱子年谱考异》《读易识》等,编《朱子全集》。

[4] 伊里布:字莘农,满洲镶黄旗人。嘉庆六年进士。曾任钦差大臣、协办

大学士、两江总督等官。耆英：字介春，宗室，隶满洲正蓝旗。官至文渊阁大学士。咸丰八年因罪被杀。牛鉴：字镜堂、雪樵，甘肃武威人。嘉庆十九年进士，选庶吉士。曾任两江总督。

[5] 奕山：字静轩，皇室，隶满洲镶蓝旗。曾任御前大臣、领侍卫内大臣、靖逆将军、黑龙江将军等职。

[6]《题名录》：封建科举时代，每次考试后，将同榜中式者的姓名、年龄、籍贯、名次等汇集刊刻成册，名叫《题名录》。

复贺长龄

国藩顿首,顿首耦庚前辈大人阁下:

二月接奉手示,兼辱雅贶[1],感谢感谢!过蒙矜宠,奖饰溢量。国藩本以无本之学,寻声逐响,自从镜海先生游,稍乃粗识指归,坐瞽见明[2],亦耿耿耳。乃甫涉向道之藩,遽钓过情之誉,是再辱也。

盖尝抉剔平生之病源,养痈藏瘤,百孔杂出,而其要在不诚而已矣。窃以为天地之所以不息,国之所以立,贤人之德业之所以可大、可久,皆诚为之也。故曰:"诚者,物之终始,不诚无物。"今之学者,言考据则持为骋辩之柄,讲经济则据为猎名之津,言之者不怍,信之者贵耳,转相欺谩,不以为耻。至于仕途积习,益尚虚文,奸弊所在,蹈之而不怪,知之而不言,彼此涂饰,聊以自保,泄泄成风,阿同骇异。故每私发狂议,谓今日而言治术,则莫若综核名实;今日而言学术,则莫若取笃实践履之士。物穷则变,救浮华者莫如质。积玩之后,振之以猛,意在斯乎?方今时事孔棘[3],追究厉阶之生[4],何尝不归咎于发难者?彼岂实见天下之大计当痛惩而廓清之哉!岂预知今日之变,实能自我收之哉?不过以语言欺人,思先登要路耳。国藩以兹内省早岁所为,涉览书册,讲求众艺者,何一非欺人之事!所为高谈今古、嘐嘐自许者[5],何一非欺人之言!中夜以思,汗下如雷。顷观先生所为楹帖"道在存诚"云云,旨哉!其暗然君子之言乎?果存诚而不欺,则圣学王道又有他哉!镜海先生庶几不欺者也。倭艮峰前辈见过自讼[6],言动无妄。吴竹如比部天质木讷,贞足干事。同乡则黎月桥前辈至性肫肫[7],陈岱云行己知耻[8],冯树堂有志力学[9],皆勉于笃实者也。

国藩虽愚柔，既闻明训，敢不请事？若夫读书之道，博学详说；经世之才，遍采广询。自度智慧精神，终恐有所不逮。惟当谨守绳墨，不敢以浮夸导子弟，不敢以暴弃殆父母之遗体。其有所进，幸也；无所进，终吾身而已矣。辱承扶掖之盛心，恐不察其浅鄙而期许过实，故谨布一二，以为请益之地，亦附于《皇华》三拜之义云。

书不宣尽，伏维垂鉴。

国藩顿首，顿首

【题解】

此信写于道光二十三年（1843）。贺长龄，字耦耕、耦庚，号西崖、雪霁、耐庵，湖南善化（今长沙市）人。嘉庆十三年庶吉士，曾任云贵总督、湖南布政使等。曾主持编纂《皇朝经世文编》。曾国藩的儿女亲家。在该文中曾国藩着重阐述了对"诚"的看法。

【注释】

[1] 贶（kuàng）：赐与，加惠。《诗经·小雅·彤弓》："我有嘉宾，中心贶之。"《传》曰："贶，赐也。"

[2] 坐眢（yuān）见明：意谓坐在枯井中，得以见光明。眢，井枯无水，枯井。

[3] 孔棘：甚急，十分紧急。《诗经·小雅·采薇》："岂不日戒，狁孔棘。"《笺》曰："棘，急也。"

[4] 厉阶：祸端。《诗经·大雅·桑柔》："谁生厉阶，至今为梗。"

[5] 嘐（xiāo）嘐自许者：志高言大、言行不一的人。

[6] 倭艮峰：倭仁，字艮峰，姓乌齐格里氏，蒙古正红旗人。清代著名理学家。曾上疏反对科甲官员入同文馆学习天文、算学，引起洋务派与顽固派的一场大辩论。曾任工部尚书、文渊阁大学士、文华殿大学士等。著有《倭文端公遗书》。道光年间他与曾国藩同为唐鉴弟子，从其讲习程朱理学，同治年间二人则分别成为顽固派与洋务派的主要代表人物。

[7] 肫（zhūn）肫：诚恳真挚的样子。

[8] 陈岱云：陈源兖，字岱云，湖南茶陵人。曾任安徽池州知府。曾国藩的好友和儿女亲家。

[9] 冯树堂：冯卓怀，字树堂，湖南长沙人。道光十九年解元，曾任四川彭县、万县等县知县。曾做过曾国藩的家庭教师和幕僚。

致刘蓉

去岁辱惠书，所以讲明学术者，甚正且详，而于仆多宽假之词[1]，意欲诱而进之，且使具述为学大指，良厚良厚。盖仆早不自立，自庚子以来[2]，稍事学问，涉猎于前明、本朝诸大儒之书，而不克辨其得失。闻此间有工为古文辞者，就而审之，乃桐城姚郎中鼐之《绪论》[3]，其言诚有可取。于是取司马迁、班固、杜甫、韩愈、欧阳修、曾巩、王安石及方苞之作[4]，悉心而读之，其他六代之能诗者，及李白、苏轼、黄庭坚之徒[5]，亦皆泛其流而究其归，然后知古之知道者，未有不明于文字者也。能文而不能知道者，或有矣，乌有知道而不明文字者乎？古圣观天地之文、兽迮鸟迹而作书契[6]，于是乎有文。文与文相生而为字，字与字相续而成句，句与句相续而成篇。口所不能达者，文字能曲传之。故文字者，所以代口而传之千百世者也。伏羲既深知经纬三才之道而画卦以著之[7]，文王、周公恐人之不能明也[8]，于是立文字以彰之。孔子又作《十翼》[9]，定诸经以阐显之。而道之散列于万事万物者，亦略尽于文字中矣。所贵乎圣人者，谓其立行与万事万物相交错而曲当乎道，其文字可以教后世也。吾儒所赖以学圣贤者，亦藉此文字以考古圣之行，以究其用心之所在。然则此句与句续、字与字续者，古圣之精神语笑胥寓于此。差若毫厘，谬以千里。词气之缓急、韵味之厚薄，属文者一不慎，则规模立变；读书者一不慎，则卤莽无知。故国藩窃谓今日欲明先王之道，不得不以精研文字为要务。

三古盛时，圣君贤相承继熙洽，道德之精沦于骨髓，而学问之意达于闾巷。是以其时虽置兔之野人、汉阳之游女，皆含性贞娴吟咏，若伊、周、召、莱、凡伯、仲山甫之伦[10]，其道足文工，又不待言。降及春秋，王泽衰竭，道固将废，文亦殆殊已。故孔子睹获麟，曰："吾道穷矣！"畏匡曰："斯文将丧！"于是慨然发愤，修订六籍，昭百王之法戒，垂千世而不刊，心至苦，事至盛也。仲尼既没，徒人分布，转相流衍。厥后聪明魁桀之士，或有识解撰著，大抵孔氏之苗裔，其文之醇驳，一视乎见道之多寡以为差。见道尤多者，文尤醇焉，孟轲是也；次多者，醇次焉；见少者，文驳焉；尤少者，尤驳焉。自荀、扬、庄、列、屈、贾而下[11]，次第等差，略可指数。

　　夫所谓见道多寡之分数何也？曰深也，博也。昔者，孔子赞《易》以明天道，作《春秋》以衷人事之至当，可谓深矣。孔子之门有四科，子路知兵，冉求富国[12]，问礼于柱史[13]，论乐于鲁伶，九流之说，皆悉其原，可谓博矣。深则能研万事微芒之几，博则能究万物之情状而不穷于用。后之见道不及孔氏者，其深有差焉，其博有差焉。能深且博，而属文复不失古圣之谊者，孟氏而下，惟周子之《通书》[14]、张子之《正蒙》[15]，醇厚正大，邈焉寡俦。许、郑亦能深博，而训诂之文或失则碎；程、朱亦且深博，而指示之语或失则隘。其他若杜佑、郑樵、马贵与、王应麟之徒[16]，能博而不能深，则文流于蔓矣；游、杨、金、许、薛、胡之俦，能深而不能博，则文伤于易矣。由是有汉学、宋学之分，断断相角[17]，非一朝矣。仆窃不自揆，谬欲兼取二者之长，见道既深且博，而为文复臻于无累。区区之心，不胜奢愿，譬若以蚊而负山，盲人而行万里也，亦可哂已。盖上者仰企于《通书》《正蒙》，其次则笃嗜司马迁、韩愈之书，谓二子诚亦深博，而颇窥古人属文之法。今论者不究二子之识解，辄谓迁之书愤懑不平，愈之书傲兀自喜。而足下或不深察，亦偶同于世人之说，是犹睹《盘》《诰》之聱牙，而谓《尚书》不可读；观郑、卫之淫乱，而谓全《诗》可删，其毋乃漫于一概而未之细推也乎？

　　孟子曰："君子所性，虽大行不加焉，虽穷居不损焉。"仆则谓君子所性，虽破万卷不加焉，虽一字不识无损焉。离书籍而言道，则仁义忠信反躬皆备，尧、舜、孔孟非有馀，愚夫愚妇非不足，初不关乎文字也。即书籍而言道，则道犹人心所载之理也，文字犹人身之血气也，血气诚不可以名理矣，然舍血气，则性理亦胡以附丽乎？今世雕虫小夫，既溺于声律绘藻之末，而稍知道者，又谓读圣贤书，当明其道，不当究其文字，是犹论观人者当观其心所载之理，不当观其耳目言动血气之末也，不亦诬乎？知舍血气无以见心理，则知舍文字无以窥圣人之道矣。

周濂溪氏称文以载道，而以"虚车"讥俗儒。夫"虚车"诚不可，无车又可以行远乎？孔、孟没而道至今存者，赖有此行远之车也。吾辈今日苟有所见，而欲为行远之计，又可不早具坚车乎哉？故凡仆之鄙愿，苟于道有所见，不特见之，必实体行之；不特身行之，必求以文字传之后世。虽曰不逮，志则如斯。其于百家之著述，皆就其文字以校其见道之多寡，剖其铢两而殿最焉[18]。于汉、宋二家构讼之端，皆不能左袒以附一哄；于诸儒崇道贬文之说，尤不敢雷同而苟随。极知狂谬，为有道君子所深屏；然默而不宣，其文过弥甚。聊因足下之引诱而一陈涯略，伏惟悯其愚而绳其愆，幸甚幸甚！

【题解】

此信写于道光二十三年（1843），是曾国藩与好友刘蓉讨论学术问题的通信。曾国藩在信中提出破除门户之见、兼取各家之长的主张。

刘蓉字孟容，号霞仙，湖南湘乡人。曾任陕西巡抚等职。作品有《养晦堂文集》《养晦堂诗集》。

【注释】

[1] 宽假：宽容，宽贷。

[2] 庚子：指道光二十年（1840）。

[3] 姚郎中鼐：即著名的桐城文派主要代表作家姚鼐，官至刑部郎中。详见本书《圣哲画像记》一文注[43]。《绪论》：查姚鼐《古文辞类纂》《惜抱轩全集》并无"绪论"一文，从前后行文看，可能是指姚鼐所作《古文辞类纂·序目》。内称"夫文，无所谓古今也，惟其当而已"，并举六经的例子加以论证，由此引起曾国藩对古文的兴趣。

[4] 司马迁、班固、杜甫、韩愈、欧阳修、曾巩：均见本书《圣哲画像记》

一文注释。王安石：字介甫，号半山，北宋临川（今江西省抚州市）人，著名政治家、文学家。曾任中书门下平章事，行相权，推行新法，史称"王安石变法"。作品有《临川集》《临川集拾遗》《三经新义》等。方苞：字灵皋，号望溪，安徽桐城人。著名散文家，桐城文派的创始人。康熙年间进士，曾任礼部侍郎。作品有《方望溪先生全集》。

[5] 李白、苏轼、黄庭坚：均见本书《圣哲画像记》一文有关注释。

[6] 兽迒（zé）鸟迹：当指鸟兽的足迹。

[7] 经纬三才之道：大意为掌管和治理天下的方法。经纬，规划治理。三才，指天、地、人。《易·说卦》："立天之道曰阴与阳，立地之道曰柔曰刚，立人之道曰仁曰义。"

[8] 文王、周公：均见本书《圣哲画像记》一文有关注释。

[9]《十翼》：《易经》中的十篇，即《上彖》《下彖》《上象》《下象》《上系》《下系》《文言》《说卦》《序卦》《杂卦》，是儒家学者对古代占筮用《周易》所作的各种解释。传为孔子所作。此说不足为信。

[10] 伊、莱：即伊尹、莱朱。伊尹一名挚，莱朱又名仲虺（huǐ），是商汤的相，曾长期辅佐商汤。商汤死后，伊尹又辅佐其孙太甲，继续执掌朝政。周、召（shào）：周公与召公。召公姓姬名奭（shì），一说为周文王之子、周武王之弟（班固《白虎通义》），封地在召，故称召公、召伯。武王灭纣后封于北燕。成王时，与周公姬旦共同辅政，分陕而治，"自陕而西，召公主之；自陕而东，周公主之"。仲山甫：亦作仲山父、中山父，春秋时鲁献公之次子，周宣王时为卿士，参与辅政。《诗经·大雅·烝民》："保兹天子，生仲山甫。"颂扬仲山甫的功德。

[11] 荀：荀子，名况，又称荀卿、孙卿，战国时赵国人。五十岁时始游学于齐国，后因遭谗离开齐国前往楚国，春申君任其为兰陵令。其学说主张人性皆恶，须以礼义来矫正。与孟子的性善说相对立。著有《荀子》一文。韩非和李斯均为其门人。扬、庄：扬雄、庄子。见本书《圣哲画像记》一文有关注释。列：列御寇，战国时郑人，宗黄老之学。死后其弟子辑其言论成《列子》一书，早已佚失，今本《列子》系魏晋时人托名伪作。该书

多取先秦诸子及汉代人的言论，间杂有两晋时的佛教思想和神话，但又被后世视为道教经典之一。屈、贾：屈原、贾谊。贾谊，西汉洛阳人，著名政论家、文学家。文帝时为博士，于历法、服饰、制度、礼乐多有改创。因上疏陈政事、言时弊，为朝臣所嫉，出为长沙王太傅，卒于梁怀王太傅任上，年仅三十三岁。著有《陈政事疏》《过秦论》等。后人辑为《贾谊集》。

[12] 子路、冉求：均为孔子弟子。子路姓仲名由字季路，鲁国人。冉求字子有，又称冉有。

[13] 柱史：即柱下史，周、秦时官职名，实为御史。因其所掌及侍立总在殿柱之下，故有是称。此处指老子，曾任周柱下史。孔子曾问礼于老子。老子姓李名耳字伯阳，又称老聃（dān），春秋时楚国人，著名哲学家、思想家，道家学说的创始人。著有《老子》一书。

[14] 周子：即周敦颐（1017—1073），字茂叔，北宋道州（今湖南省道县）人。著名理学家。其学说采用道家思想，以太极为理，阴阳五行为气，对其后的宋明理学影响极大。程颢、程颐均为其弟子。居于庐山，筑濂溪书堂（濂溪系其出生地），故世称濂溪先生。著有《太极图说》《通书》等，后人编为《周子全书》。

[15] 张子：即张载。详见本书《圣哲画像记》一文注 [23]。

[16] 杜佑、马贵与：详见本书《圣哲画像记》一文注 [34][35]。郑樵（1104—1160）：字渔仲，南宋莆田人，历史学家。著有《通志》、《氏族志》、《动植志》等。王应麟（1223—1296）：字伯厚，号深宁居士，南宋庆元（今浙江省龙泉市）人。理宗淳祐元年进士，官至礼部尚书。著有《困学纪闻》《玉海》《通鉴地理通释》《汉艺文志考证》《深宁集》等。

[17] 龂（yín）龂相角：相互攻击，争论不休。龂龂，争论貌。相角，相互角斗。此处意为互相争吵。

[18] 殿最：古代考核军功和官员政绩时，以上等为最，下等为殿。也用以指科举考试录取名次的第一名与最末一名，第一名为最，末名为殿。

致澄弟温弟沅弟季弟

四位老弟足下：

自七月发信后未接诸弟信，乡间寄信较省城百倍之难，故余亦不望也。

九弟前信有意与刘霞仙同伴读书，此意甚佳。霞仙近来读朱子书大有所见，不知其言语容止、规模气象何如。若果言动有礼，威仪可则，则直以为师可也，岂特友之哉！然与之同居，亦须真能取益乃佳，无徒浮慕虚名。人苟能自立志，则圣贤豪杰何事不可为？何必借助于人！"我欲仁，斯仁至矣"。我欲为孔孟，则日夜孜孜，惟孔孟之是学，人谁得而御我哉[1]？若自己不立志，则虽日与尧舜禹汤同住，亦彼自彼、我自我矣，何与于我哉！去年温甫欲读书省城，吾以为离却家门局促之地而与省城诸胜己者处，其长进当不可限量。乃两年以来看书亦不甚多，至于诗文，则绝无长进，是不得归咎于地方之局促也。去年余为择师丁君叙忠，后以丁君处太远，不能从，余意中遂无他师可从。今年弟自择罗罗山改文，而嗣后杳无信息，是又不得归咎于无良友也。日月逝矣，再过数年则满三十，不能不趁三十以前立志猛进也。

余受父教，而余不能教弟成名，此余所深愧者；他人与余交，多有受余益者，而独诸弟不能受余之益，此又余所深恨者也。今寄霞仙信一封，诸弟可钞存信稿而细玩之。此余数年来学思之力，略具大端。

六弟前嘱余将所作诗录寄回。余往年皆未存稿，近年存稿者不过百馀首耳，实无暇钞写，待明年将全本付回可也。

国藩草

【题解】

写于道光二十四年（1844），是曾国藩写给四个弟弟的家书。曾国潢字澄侯，一直在家为绅，常依仗曾国藩之势干预地方公事。曾国藩称其为四弟或澄弟。曾国华字温甫，出继其叔父曾骥云为嗣。咸丰五年赴湖北清军援江西，解曾国藩围。后随李续宾军行动，咸丰八年死于安徽庐江三河镇。曾国藩称其为温弟或六弟。曾国荃字沅圃，咸丰六年外出带兵，任吉字营统领，曾先后攻陷吉安、景德镇、安庆、天京。历任浙江巡抚、山西巡抚、湖北巡抚、礼部侍郎、两江总督。曾国藩称其为沅弟或九弟。曾国葆字季洪，咸丰三年外出领兵，充营官。咸丰四年因所部败溃裁革，回籍闲居。咸丰九年改名曾贞幹，字事恒，再出领兵，投湖北巡抚胡林翼麾下。后改隶曾国荃部下，同治元年病死于天京城外军营。是曾国藩最小的弟弟，故称其为季弟。

【注释】

[1] 人谁得而御我哉：有人能阻挡我实现自己的目的吗？御，抗拒、抵挡或制止、防备。

答刘蓉

孟容足下：

二年三辱书，一不报答，虽槁木之无情，亦不恝置若此[1]。性本懒怠，然或施于人人，岂谓施诸吾子！每一伸纸，以为足下意中欲闻不肖之言，不当如是已也，辄复置焉。日月在上，惟足下鉴之。伏承信道力学，又能明辨王氏之非[2]，甚盛甚盛！国藩窃有见于仁义之说者，敢略陈大凡，吾子取证而裁焉。

盖天下之道非两不立。是以立天之道曰阴与阳，立地之道曰柔与刚，立人之道曰仁与义，乾坤毁则无以见《易》，仁义不明则亦无所谓道者。传曰：天地温厚之气始于东北而盛于东南，此天地之盛德气也，此天地之仁气也；天地严凝之气始于西南而盛于西北，此天地之尊严气也，此天地之义气也。斯二气者，自其后而言之，因仁以育物，则庆赏之事起；因义以正物，则刑罚之事起。中则治，偏则乱。自其初而言之，太和絪缊流行而不息，人也，物也，圣人也，常人也，始所得者均耳。人得其全，物得其偏。圣人者，既得其全，而其气质又最清且厚，而其习又无毫发累。于是曲践乎所谓仁义者，夫是之谓尽性也。推而放之凡民而准，推而放之庶物而准，夫是之谓尽人性、尽物性也。常人者，虽得其全而气质拘之，习染蔽之，好不当则贼仁，恶不当则贼义[3]，贼者日盛，本性日微，盖学问之事自此兴也。

学者何？复性而已矣[4]；所以学者何？格物诚意而已矣[5]。格物则剖仁义之差等而缕晰之，诚意则举好恶之当于仁义者而力卒之，兹其所以难也。吾之身与万物之生，其理本同一源，乃若其分，则纷然而殊矣。亲亲与民殊，仁民与物殊，乡邻与同室殊，亲有杀，贤有等[6]，或相倍蓰，或相什佰，或相千万[7]，如此其不齐也。不知其分而妄施焉，过乎仁，其流为墨[8]；过乎义，其流为杨[9]。生于心，害于政，其极皆可以乱天下，不至率兽食人不止。故凡格物之事，所为委曲繁重者，剖判其不齐之分焉尔。

　　朱子曰："人心之灵，莫不有知。"此言好恶之良知也。曰天下之物，莫不有理。惟于理有未穷，故其知有不尽。此言吾心之知有限，万物之分无穷，不究乎至殊之分，无以洞乎至一之理也。今王氏之说，曰致良知而已，则是任心之明，而遂曲当乎万物之分，果可信乎？冠履不同位，凤凰鸱鸮不同栖，物所自具之分殊也。瞽瞍杀人，皋陶执之，舜负之；鲧堙洪水，舜殛之，禹郊之，物与我相际之分殊也。仁义之异施，即物而区之也。今乃以即物穷理为支离，则是吾心虚悬一成之知于此，与凡物了不相涉，而谓皆当乎物之分，又可信乎？朱子曰："知为善以去恶，则当实用其力，务决去而求必得之。"此言仁义之分，既明则当，毕吾好恶以既其事也。今王氏之说，曰"即知即行"，"格致即诚意功夫"，则是任心之明，别无所谓实行。心苟明矣，不必屑屑于外之迹，而迹虽不仁不义，亦无损于心之明，是何其简捷而易从也。循是说而不辨，几何不胥天下而浮屠之趋哉[10]？尧、舜、禹、汤、文、武、周公、孔子之学岂有他与？即物求道而已。物无穷，则分殊者无极，则格焉者无已时；一息而不格，则仁有所不熟，而义有所不精。彼数圣人者，惟息息格物，而又以好色恶臭者竟之，乃其所以圣也。不如是，吾未见其圣也。自大贤以下，知有精粗，行有实不实，而贤否以次区焉。

　　国藩不肖，亦谬欲从事于此。凡伦类之酬酢、庶务之磨砻，虽不克衷之于仁，将必求所谓蔼然者焉；虽不克裁之于义，将必求所谓秩然者焉。日往月来，业不加修，意言意行，尤悔丛集，求付一物之当其分而不可得，盖陷溺者深矣。自维此生，纵能穷万一之理，亦不过窥钻奇零，无由底于逢原之域。然终不敢弃此而他求捷径，谓灵心一觉，立地成圣也。下愚之人甘守下愚已耳，智有所不照，行有所不慊，故常馁焉，不敢取彼说者，廓清而力排之。愚者多柔，理有固然。今足下崛起僻壤，乃能求先王之道、开学术之蔀，甚盛甚盛！此真国藩所祷祀以求者也。

此间有太常唐先生，博闻而约守，矜严而乐易，近著《国朝学案》一书，崇二陆二张之归[11]，辟阳儒阴释之说，可谓深切著明，狂澜砥柱。又有比部六安吴君廷栋[12]、蒙古倭君，皆实求朱子之指而力践之。国藩既从数君子后与闻末论，而浅鄙之资兼嗜华藻，笃好司马迁、班固、杜甫、韩愈、王安石之文章，日夜以诵之不厌也。故凡仆之所志，其大者盖欲行仁义于天下，使凡物各得其分；其小者则欲寡过于身，行道于妻子，立不悖之言以垂教于宗族乡党。其有所成与，以此毕吾生焉；其无所成与，以此毕吾生焉。辱知最厚，辄一吐不怍之言[13]，非敢执途人而断断不休如此也。

贱躯比薄，弱不胜思，然无恙，合室无恙。郭大栖吾舍，又有冯君卓怀课吾儿，都无恙，且好学。

国藩再拜

【题解】

这是曾国藩与刘蓉讨论学术问题的又一封通信，时间约在道光二十五年（1845）。

【注释】

[1] 恝（jiá）置：淡然处之而不介意。恝，无愁的样子。

[2] 王氏：指王守仁（1472—1528），字伯安，明代浙江余姚人。孝宗弘治十二年进士。武宗时为奸宦刘瑾所不容而被贬，刘瑾被诛后出任庐陵知县，擢右佥都御史，巡抚南赣，总督两广，官至南京兵部尚书，封新建伯，卒谥文成。主张以心为本体，提倡"格物致知""求理于吾心"，与朱熹的"外心以求理"的观点相对立。被称为姚江学派，又称阳明学派，学者称其为阳明先生（他曾居住于故乡阳明洞）。有《王文成全书》。

[3] 好（hào）不当（dàng）则贼仁，恶（wù）不当则贼义：意为人的日常习惯及对人与事物的好恶如不得当，则会损害仁、义，影响良好品德的养成。

[4] 复性：儒家持性善说与先验论，认为仁义与天地共存，与人俱生，圣人、

常人、小人原本相差不大，只是由于后天修养的不同而区别开来。所以学习就是去掉后天形成的不良品性和习惯，恢复人的先天善良的本性。

[5] 格物：探究事物及其变化的原理。格，穷究，考索。西方物理学引入我国之初，曾被称为格物之学。

[6] 亲有杀（shài），贤有等：意为亲疏有差别，贤能分等级。《礼记·中庸》："亲亲之杀，贤贤之等，礼所生也。"杀，等差。

[7] 倍蓰（xǐ）：五倍。蓰，五倍为蓰。什佰：即十百。什，通"十"。《孟子·滕文公上》："夫物之不齐，物之情也。或相倍蓰，或相十百，或相千万。"

[8] 墨：墨子，墨家。墨子名翟（dí），春秋战国之际的思想家、政治家。宋国人（一说为鲁国人），做过宋国大夫，卒于楚国。主张兼爱、非攻、尚贤、尚同、节用，反对儒家的繁礼厚葬，提倡非乐薄葬。《孟子·尽心上》："墨子兼爱，摩顶放踵，利天下为之。"称墨子主张爱无差等，不分亲疏厚薄。为了推行兼爱，即使损伤自己的身体，亦所不顾。提倡舍己为人，对后世游侠影响很大。其学派称为墨家，有严密的组织。

[9] 杨：杨朱，字子居，又称杨子、阳子、阳生，战国时魏人。其生活年代晚于墨子、早于孟子。与墨子的兼爱、利天下的思想相反，他主张"贵生""爱己"，不以物累，孟子指斥其"拔一毛而利天下，不为也"。提倡极端利己主义。著述不传，其学说主张散见于《孟子》《庄子》《荀子》《韩非子》及《列子》。

[10] 几何不胥天下而浮屠之趋哉：几年之后大家岂不都变成佛门弟子了吗？几何，若干，多少。胥，与，相与，皆。浮屠，亦作"浮图"，梵文"佛陀"的译音，意指佛、佛徒（即僧人）、塔。此处意为佛徒。

[11] 二陆二张：二陆指陆九渊、陆九龄。陆九渊字子静，南宋抚州金溪（今属江西）人。孝宗乾道八年进士。长期在家乡贵溪的象山讲学，世人称为象山先生。心学的创始人。曾与朱熹于鹅湖会讲，所论多不合。朱熹问学重道，主张"理在气先"，且好注经；陆九渊则重德性，主张"心即是理"，只须切己自反，理即自然而明，谓学苟知道，《六经》皆我注脚。从此理

学分为朱、陆两家。著有《象山先生全集》。陆九龄字子寿，学者称为复斋先生。陆九渊之二兄。乾道五年进士。与弟九渊互为师友，其学说既相合，又有所不同。著有《复斋文集》。其长兄陆九韶，字子美，称梭山先生，著有《梭山文集》《梭山日记》。兄弟三人又被称为三陆子，其学说则被称为"三陆子之学"。二张指张载、张栻。张载详见本书《圣哲画像记》一文注[23]。张栻字敬夫、乐斋，号南轩，南宋绵竹（今属四川）人，后迁居衡阳。抗金名将张浚之子，著名学者。青年时曾随父参赞军务，后曾任吏部侍郎、右文殿修撰。与朱熹、吕祖谦为讲学之友，时人称之为"东南三贤"。著有《论语孟子说》《太极图说》《经世编年》《南轩集》等。

[12] 吴廷栋：字竹如、彦甫，晚号拙修老人，清安徽霍山人。官至刑部侍郎。治理学，系曾国藩好友。著有《拙修集》。

[13] 怍（zuò）：惭愧。

原才

　　风俗之厚薄奚自乎[1]？自乎一二人之心之所向而已。民之生，庸弱者戢戢皆是也[2]。有一二贤且智者，则众人君之而受命焉，尤智者所君尤众焉。此一二人者之心向义，则众人与之赴义；一二人者之心向利，则众人与之赴利。众人所趋，势之所归，虽有大力，莫之敢逆。故曰："挠万物者莫疾乎风。"风俗之于人之心，始乎微，而终乎不可御者也。

　　先王之治天下，使贤者皆当路在势，其风民也皆以义，故道一而俗同。世教既衰，所谓一二人者，不尽在位，彼其心之所向，势不能不腾为口说，而播为声气；而众人者，势不能不听命，而蒸为习尚[3]。于是乎徒党蔚起，而一时之人才出焉。有以仁义倡者，其徒党亦死仁义而不顾；有以功利倡者，其徒党亦死功利而不返。水流湿，火就燥，无感不雠，所从来久矣。今之君子之在势者，辄曰："天下无才。"彼自尸于高明之地，不克以己之所向，转移习俗，而陶铸一世之人。而翻谢曰："无才。"谓之不诬可乎？否也。十室之邑，有好义之士，其智足以移十人者，必能拔十人中之尤者而材之。其智足以移百人者，必能拔百人中之尤者而材之。

　　然则转移习俗而陶铸一世之人，非特处高明之地者然也。凡一命以上，皆与有责焉者也。有国家者，得吾说而存之，则将慎择与共天位之人；士大夫得吾说而存之，则将惴惴乎谨其心之所向，恐一不当，而坏风俗，而贼人才。循是为之，数十年之后，万有一收其效者乎，非所逆睹已。

【题解】

此文为曾国藩参加道光二十七年（1847）大考时所交试卷之一。文中阐述了人才思想，时间较早，有参考价值。

【注释】

[1] 风俗之厚薄奚自乎：厚，淳厚、忠厚、宽厚。薄，刻薄、轻微。奚，何，胡。全句意思是风俗的好坏从何而来？或者风俗的好坏是如何造成的呢？

[2] 戢（jí）戢：聚集貌。杜甫《又观打鱼》："小鱼脱漏不可记，半死半生犹戢戢。"

[3] 蒸为：蒸，蒸发，指液体化为气体而上升。这里借以形容风俗，意思是升华、发展、形成、演变。蒸为，慢慢变成。

致澄弟沅弟季弟

澄侯、子植[1]**、季洪三位老弟足下：**

五月寄去一信，内有大考赋稿，想已收到。

六月二日蒙皇上天恩及祖父德泽，予得超升内阁学士。顾影扪心，实深惭悚。湖南三十七岁至二品者，本朝尚无一人。予之德薄才劣，何以堪此！近年中进士十年得阁学者，惟壬辰季仙九师、乙未张小浦及予三人[2]。而予之才地，实不及彼二人远甚，以是尤深愧仄。

冯树堂就易念园馆，系予所荐，以书启兼教读，每年得百六十金。李竹屋出京后，已来信四封。在保定，讷制台赠以三十金[3]，且留乾馆与他。在江苏，陆立夫先生亦荐乾俸馆与他[4]。渠甚感激我。考教习，余为总裁，而同乡寒士如蔡贞斋等皆不得取，余实抱愧。

寄回祖父、父亲袍褂二副。祖父系夹的，宜好好收拾。每月一看，数月一晒，百岁之后，即以此为敛服，以其为天恩所赐，其材料外间买不出也。父亲做棉的，则不妨长着，不必为深远之计。盖父亲年未六十，将来或更有君恩赐服，亦未可知。

祖母大人葬后，家中诸事顺遂，祖父之病已好，予之癣疾亦愈，且骤升至二品，则风水之好可知，万万不可改葬。若再改葬，则谓之不祥，且大不孝矣。然其地予究嫌其面前不甚宽敞，不便立牌坊、起诰封碑亭，又不便起享堂、立神道碑。予意欲仍求尧阶相一吉地，为祖父大人将来寿藏。弟可将此意禀告祖父，不知可见允否？盖诰封碑亭，断不可不修，而祖母又断不可改葬，将来势不能合葬。乞禀告祖父，总以祖父之意为定。

前此问长女对袁家、次女对陈家，不知堂上之意如何？现在陈家信来，谓我家一定对,渠甚欢喜。馀容后具。

兄　国藩草

【题解】

此信写于道光二十七年(1847)六月十八日,是曾国藩给曾国潢、曾国荃、曾国葆三位弟弟的一封家信,信中谈到自己升迁之快,世所罕匹。

【注释】

[1] 子植:大约是曾国荃原来的名字或字号。

[2] 季仙九:季芝昌,字云书、仙九,江苏江阴人。道光十二年壬辰探花。曾任军机大臣、吏部和户部侍郎、闽浙总督等官。曾国藩道光十八年参加会试时的房师。张小浦:张芾,字黼侯、小浦,陕西泾阳人。道光十五年乙未庶吉士,曾任钦差大臣、江西巡抚等官。

[3] 讷制台:讷尔经额,字近堂,满洲正白旗人。曾任钦差大臣、文渊阁大学士等。时为直隶总督。

[4] 陆立夫:陆建瀛,字立夫,湖北沔阳人。道光二年庶吉士,曾任两江总督等职。

应诏陈言疏

奏为应诏陈言事：

二月初八日，奉皇上谕令，九卿科道有言事之责者，于用人、行政一切事宜，皆得据实直陈，封章密奏。仰见圣德谦冲[1]，孜孜求治。臣窃维用人、行政二者，自古皆相提并论，独至我朝则凡百庶政皆已著有成宪[2]，既备既详，未可轻议。今日所当讲求者，惟在用人一端耳。方今人才不乏，欲作育而激扬之，端赖我皇上之妙用。大抵有转移之道，有培养之方，有考察之法，三者不可废一，请为我皇上陈之。

所谓转移之道，何也？我朝列圣为政，大抵因时俗之过而矫之，使就于中[3]。顺治之时疮痍初复，民志未定，故圣祖继之以宽；康熙之末，久安而吏弛，刑措而民偷，故世宗救之以严；乾隆、嘉庆之际，人尚才华，士骛高远，故大行皇帝敛之以镇静，以变其浮夸之习。一时人才循循规矩准绳之中，无有敢才智自雄、锋芒自逞者。然有守者多，而有猷有为者渐觉其少。大率以畏葸为慎，以柔靡为恭。以臣观之，京官之办事通病有二，曰退缩，曰琐屑；外官之办事通病有二，曰敷衍，曰颟顸。退缩者，同官互推，不肯任怨，动辄请旨，不肯任咎是也；琐屑者，利析锱铢，不顾大体，察及秋毫，不见舆薪是也。敷衍者，装头盖面，但计目前剜肉补疮，不问明日是也；颟顸者，外面完全，而中已溃烂，章奏粉饰，而语无归宿是也。有此四者，习俗相沿，但求苟安无过，不求振作有为，将来一有艰巨，国家必有乏才之患。我大行皇帝深知此中之消息，故亟思得一有用之才，以力挽颓风。去年京察人员，数月之内，擢臬司者三人，擢藩司者一人，盖亦欲破格超迁，整顿积弱之习也。无如风会所趋，势难骤变。今若遽求振作之才，又恐躁竞者因而幸进，转不足以收实效。臣愚以为欲使有用之才不出范围之中，莫若使之从事于学术。汉臣诸葛亮曰："才须学，学须识。"盖至论也。然欲人才皆知好学，又必自我皇上以身作则，乃能操转移风化之本。臣考圣祖仁皇帝登极之后，勤学好问，儒臣逐日进讲，寒暑不辍；万寿圣节，不许间断；三藩用兵，亦不停止；召见廷臣，辄与之往复讨论。故当时人才济济，好学者多。至康熙末年，博学伟才，大半皆圣祖教谕而成就之。今皇上春秋鼎盛，正与圣祖讲学之年相似。臣之愚见，欲请俟二十七月后，举行逐日进讲之例。四海传播，人人向风。召见臣工，与之从容论难，见无才者，则勖之以学，以痛惩模棱罢软之习[4]；见有才者，则愈勖之以学，以化其刚愎、刻薄之偏。十年以后，人才必大有起色。一人典学于宫中，群英鼓舞于天下，其几在此[5]，其效在彼，康熙年间之往事，昭昭可观也。以今日之委靡因循，而期之以振作；又虑他日更张偾事，而泽之以《诗》《书》。但期默运而潜移，不肯矫枉而过正。盖转移之道，其略如此。

所谓培养之方，何也？凡人才未登仕版者，姑不具论。其已登仕版者，如内阁、六部、翰林院最为荟萃之地，将来内而卿相，外而督抚，大约不出此八衙门。此八衙门者，人才数千，我皇上不能一一周知也。培养之权，不得不责成于堂官。所谓培养者，约有数端：曰教诲，曰甄别，曰保举，曰超擢。堂官之于司员，一言嘉奖，则感而图功；片语责惩，则畏而改过。此教诲之不可缓也。榛棘不除，则兰蕙减色；害马不去，则骐骥短气。此甄别之不可缓也。嘉庆四年、十八年，两次令部院各保司员，此保举之成案也。雍正年间，甘汝来以主事而赏人参，放知府；嘉庆年间，黄钺以主事而充翰林，入南斋[6]。此超擢之成案也。盖尝论之，人才譬之禾稼，堂官之教诲，犹种植耘耔也。甄别则去其稂莠也，保举则犹灌溉也，皇上超擢，譬之甘雨时降，苗勃然兴也。堂官常常到署，譬之农夫日日田间，乃能熟悉穑事也。今各衙门堂官，多内廷行走之员，或累月不克到署，与司员恒不相习，自掌印、主稿数人而外，大半不能识面，譬之嘉禾、稂莠，听其同生同落于畎亩之中，而农夫不问。教诲之法无闻，甄别之例亦废，近奉明诏保举，又但及外官，而不及京秩，培养之道，不尚有未尽者哉！自顷岁以来，六部人数日多，或二十年不得补缺，或终身不得主稿；内阁、翰林院员数亦三倍于前，往往十年不得一差，不迁一秩，固已英才摧挫矣。而堂官又多在内廷，终岁不获一见，如吏部六堂，内廷四人；礼部六堂，内廷四人；户部六堂，皆直内廷；翰林两掌院，皆直内廷。在诸臣随侍御园，本难分身入署，而又或兼摄两部，或管理数处。为司员者，画稿则匆匆一面[7]，白事则寥寥数语[8]，纵使才德俱优，曾不能邀堂官之一顾，又焉能达天子之知哉！以若干之人才，近在眼前，不能加意培养，甚可惜也。臣之愚见，欲请皇上稍为酌量，每部须有三四堂不入直内廷者，令其日日到署，以与司员相砥砺。翰林掌院，亦须有不直内廷者，令其与编、检相濡染。务使属官之性情、心术，长官一一周知。皇上不时询问，某也才，某也直，某也小知，某也大受，不特属官之优劣粲然毕呈，即长官之深浅亦可互见。旁考参稽，而八衙门之人才，同往来于圣主之胸中。彼司员者，但令姓名达于九重，不必升官迁秩，而已感激无地矣。然后保举之法、甄别之例，次第举行乎旧章。皇上偶有超擢，则梗楠一升[9]，而草木之精神皆振。盖培养之方，其略如此。

所谓考察之法，何也？古者询事、考言二者并重。近来各衙门办事，小者循例，大者请旨，本无才猷之可见，则莫若于言考之。而召对陈言，天威咫尺，又不宜喋喋便佞，则莫若于奏折考之矣。国家定例，内而九卿科道，外而督抚藩臬，皆有言事之责。各省道员，不许专折谢恩，而许专折言事。乃十馀年间，九卿无一人陈时政之得失，司道无一折言地方之利病，相率缄默，一时之风气，有不解其所以然者；科道间有奏疏，而从无一言及主德之隆替，无一折弹大臣之过失，岂君为尧、舜之君，臣皆稷、契之臣乎[10]？一时之风气，亦有不解其所以然者。臣考本朝以来，匡言主德者，孙嘉淦以自是规高宗[11]，袁铣以寡欲规大行皇帝[12]，皆蒙优旨嘉纳，至今传为美谈；纠弹大臣者，如李之芳参劾魏裔介，彭鹏参劾李光地[13]，厥后四人，皆为名臣，亦至今传为美谈。自古直言不讳，未有盛于我朝者也。今皇上御极之初，又特诏求言，而褒答倭仁之谕，臣读之，至于抃舞感泣，此诚太平之象。然臣犹有过虑者，诚见我皇上求言甚切，恐诸臣纷纷入奏，或者条陈庶政，颇多雷同之语，不免久而生厌；弹劾大臣，惧长攻讦之风，又不免久而生厌。臣之愚见，愿皇上坚持圣意，借奏折为考核人才之具，永不生厌斁之心[14]。涉于雷同者，不必交议而已；过于攻讦者，不必发钞而已。此外则但见其有益，初不见其有损。人情狃于故常，大抵多所顾忌，如主德之隆替、大臣之过失，非皇上再三诱之使言，谁肯轻冒不韪？如藩臬之奏事、道员之具折，虽有定例，久不遵行，非皇上再三迫之使言，又谁肯立异以犯督抚之怒哉？臣亦知内外大小，群言并进，即浮伪之人，不能不杂出其中。然无本之言，其术可以一售，而不可以再试，朗鉴高悬，岂能终遁！方今考九卿之贤否，但凭召见之应对；考科道之贤否，但凭三年之京察；考司道之贤否，但凭督抚之考语。若使人人建言，参互质证，岂不更为核实乎？臣所谓考察之法，其略如此。三者相需为用，并行不悖。

臣本愚陋，顷以议礼一疏，荷蒙皇上天语褒嘉，感激思所以报。但憾识见浅薄，无补万一。伏求皇上怜其愚诚，俯赐训示，幸甚。谨奏。

【题解】

此疏写于道光三十年（1850）。咸丰皇帝即位之初，曾诏令大臣上疏言事，就朝廷的用人和政务提出意见、建议。该疏与后面的几封奏折都是曾国藩应诏而作并呈上的。本文主要讲人才问题。

【注释】

[1] 谦冲：谦虚，谦逊。

[2] 成宪：既定大法，或固有的国法。成，定，既定。宪，大，根本。

[3] 中：即"折中至当"的简略语。中，正中，引申为正好，不上不下、不左不右、不偏不倚。

[4] 罢（pí）：同"疲"。

[5] 几（jī）：细微的迹象，引申为事物及其变化的端倪。

[6] 南斋：即南书房，清代翰林在内廷陪侍皇帝读书的地方，康熙时创立，位于故宫乾清宫西南隅。一度成为发号施令、议论国政之所，后专司内廷的文辞书画等事务，也间或议及国政。因有机会接近皇帝，故入值南书房成为翰林院官员最羡慕的差事。

[7] 画稿：在文书、文件上签字。匆匆一面：意为粗粗一看。六部的有关文书一般由司员草拟，最后由尚书、侍郎等堂官定稿、签字。

[8] 白事：此处指口头禀报有关之事。白，告白，禀白。

[9] 楩（pián）楠：喻指国家栋梁之材。楩，南方大木，即黄楩木。楠，常绿乔木，主要生长在云贵川湘等地，树干既高且粗，材质坚密，气味芳香，是建筑和家具制造的优良木材。

[10] 稷、契：皆为传说中上古时代的贤臣。稷，传说上古时主管农业的官名，烈山氏之子名柱，与周弃先后任此职，后皆成为五谷之神。《左传·昭公二十九年》："有烈山氏之子曰柱，为稷，自夏以上祀之；周弃亦为稷，自商以来祀之。"契，传说为商族始祖帝喾（kù）之子，为虞舜之臣，因助大禹治水有功，任为司徒，封于商。

[11] 高宗：清高宗，乾隆皇帝的庙号。规：规劝。

[12] 大行皇帝：皇帝死去称薨，又称大行。死去不太久的皇帝也称大行皇帝。此指嘉庆皇帝。

[13] 孙嘉淦、袁铣、李之芳、魏裔介、彭鹏、李光地：均系乾隆、嘉庆两朝大臣，其中孙嘉淦和李光地最为有名。孙嘉淦曾上疏规劝、批评乾隆皇帝。曾国藩其后所上的《敬陈圣德三端预防流弊疏》，很像是模仿孙嘉淦的上述奏疏。李光地是福建安溪人，字晋卿，号厚庵，清代理学家。官至文渊阁大学士。曾奉命主编《性理精义》《朱子大全》等书，是清代中期倡导程朱理学的重要人物。著有《榕村全集》等。

[14] 厌斁（yì）：厌恶，厌弃。

复胡大任

莲舫仁兄同年左右：

去腊奉到手书，恳恳数千言。昔睹皱蔑之面[1]，今知故人之心。别纸所陈数事，空山忧戚之中，乃能蠡伤民瘼[2]，遂欲拯桑梓于水火，起疮痍而沐浴之。其为恻怛[3]，岂胜钦挹[4]。

以世风之滔滔，长民者之狭隘酷烈，而吾子伏处闾巷，内度身世，郎署浮沉，既茫乎未有畔岸；外观乡里，饥溺满眼，又汲汲乎有生涯日蹙之势。进不能以自效，退不足以自存，则吾子之迫切而思，以吁于九阍者[5]，实仁人君子之至不得已也。然事顾有难者，自客春求言以来，在廷献纳不下数百馀章，其中岂乏嘉谟至计？或下所司核议，辄以"毋庸议"三字了之；或通谕直省，则奉行一文之后，已复高阁束置，若风马牛之不相与。如足下所条数事，盖亦不能出乎交议、通谕之外，其究亦归于簿书尘积堆中，而书生之血诚，徒以供胥吏唾弃之具。每念及兹，可为愤懑。故初奉尊书，本思投匦径献[6]，继念身处山中，而属他人上书阙下，近世已无此风，且足下祥琴未届[7]，反授人以口实。故与可亭同年熟商，若其托名他氏，无难缕晰入告；若以尊名特达，则恐无益于民，先损于身，固未可率尔以尝也。中如林、周二公仿汉代绣衣直指之说[8]，良足以铲剧贼而惩墨吏。国藩将据以上请，会林公遽归道山，周公奉命抚粤，而粤西盗贼亦日炽而不可向迩。于是事有专重，而治盗之使不复能旁及矣。

今春以来，粤盗益复猖獗，西尽泗、镇，东极平、梧[9]，二千里中几无一尺净土。推寻本原，何尝不以有司虐用其民，鱼肉日久，激而不复反顾。盖大吏之泄泄于上，而一切废置不问者，非一朝夕之故矣。国藩尝私虑，以为天下有三大患：一曰人才，二曰财用，三曰兵力。人才之不振，曾于去岁具疏略陈大指；财用、兵力二者，昨又具疏言之。兹录一通，敬尘清览，未审足下以为有补万一否？如以为可行，则他日仍当渎请也。

  国藩学识短浅，自以蹴跻高位[10]，不敢不悚切讲求。奈疾病相寻，心血亏损，夜不善寐，稍一构思，辄心动手颤。年方壮岁，境亦安荣，而脆耗如此，理不可解。蒲苇之质，势难坚强，以谬附于松柏，辱足下知爱，合倾诚相告耳。至于簪绂之荣、骄人之态[11]，虽在不肖，犹能涤此腥秽。足下乃以衔版见投，毋乃细人视我，而鄙为不足深语。今亦不复相璧，但求捐此陋俗，而时以德言箴我，幸甚无量！书不详尽，伏维鉴察，并乞多谢王君子寿[12]。倘有药石，幸贶故人，瞻望云天，企伫曷已[13]。

【题解】

写于咸丰元年（1851）。这是曾国藩给好友的一封信，表露了对时局的担忧和对清政府的不满。胡大任字莲舫，湖北监利人。道光十八年进士。是曾国藩的同年和幕僚，亦是胡林翼的幕僚，曾任河南按察使、山西布政使等职。

【注释】

[1] 蠲蔑（zōng miè）：字然明，春秋时郑国大夫。初隐于宫廷武士之中，后因一言之善为郑相子产所知，曰：吾往日见蔑之面而已，今吾见其心矣。

[2] 衋（xì）：伤痛貌。

[3] 恻怛（cè dá）：忧伤的意思。恻，凄怆，伤痛。怛，痛苦，悲伤；或畏惧，惊吓。

[4] 钦挹（yì）：佩服，推重。钦，钦佩，敬佩。挹，舀，汲取。又通作抑、揖。

[5] 九阍（hūn）：即九门。京师有九门，故负责京都治安的步兵统领又称九门提督。九阍即指京师，实际指皇帝。吁于九阍，即指应诏上疏言事，向皇帝提意见与建议。

[6] 匦（guǐ）：匣子，小箱子。类似今日之意见箱。

[7] 祥琴未届：祥，此处指祥礼，大祥之礼。古制父母丧后二周年举行祭祀，称大祥。夏历隔年闰月，故二周年计期为二十五个月。清代居父母丧时间为三年，为官者需免职回籍守丧，或称守制、丁忧、丁艰。父母丧又有内、外之分，称内忧、外艰。其计期按昼、夜双计，故三年之期实算只有二十七个月，与古大祥之期近似。三年届满释（脱掉）丧服，称服阕，即服丧之期结束，为官者可重新起用。琴，弹拨乐器。这里泛指乐器、音乐、一切娱乐活动。大概丧期之内是不能奏乐的。未届，不到。祥琴未届是祥琴之期未届的略语。意思是居丧之期未满，服阕之日未到。

[8] 绣衣直指：又称绣衣直指使者、绣衣使者、绣衣御史，汉代官名，类似后世之钦差大臣，则权力更有过之。

[9] 西尽泗、镇，东极平、梧：泗、镇、平、梧指清代广西省之泗城府（今凌云）、镇安府（今德保）、平乐府、梧州府，分别在最西端与最东端。意即整个广西。

[10] 躐（liè）跻：此处意为超升于，自谦之语。躐，超越。《礼记·檀弓》上："及葬毁宗，躐行出于大门，殷道也。"跻，登，升。

[11] 簪绂（fú）：簪即簪子，古人用来插定发髻或将冠巾、冠帽连接于头发的一种长针，也是一种装饰品。绂同市，古代官员的服饰。簪绂，这里指冠服、顶戴，是做官的意思。

[12] 王子寿：王柏心，字子寿，学者，著有《百柱堂诗集》等。

[13] 企伫曷已：企盼感念之情难以抑制。企，期盼，盼望。伫，伫立，久立而等待。曷，同"何"。

议汰兵疏

奏为简练军实以裕国用事：

臣窃维天下之大患，盖有二端：一曰国用不足，一曰兵伍不精。

兵伍之情状，各省不一。漳、泉悍卒，以千百械斗为常；黔、蜀冗兵，以勾结盗贼为业；其他吸食鸦片，聚开赌场，各省皆然。大抵无事则游手恣睢，有事则雇无赖之人代充，见贼则望风奔溃，贼去则杀民以邀功。章奏屡陈，谕旨屡饬，不能稍变锢习。

至于财用之不足，内外臣工，人人忧虑。自庚子以至甲辰，五年之间，一耗于夷务，再耗于库案，三耗于河决，固已不胜其浩繁矣。乙巳以后，秦、豫两年之旱，东南六省之水，计每岁歉收恒在千万以外，又发帑数百万以赈救之。天下财产安得不绌？宣宗成皇帝每与臣下言及开捐一事，未尝不咨嗟太息，憾宦途之滥杂，悔取财之非计也。臣尝即国家岁入之数与岁出之数而通筹之，一岁本可馀二三百万。然水旱偏灾，尧、汤不免。以去年之丰稔，而江、浙以大风而灾，广西以兵事而缓，计额内之歉收，已不下百馀万，设更有额外之浮出，其将何以待之？今虽捐例暂停，而不别筹一久远之策，恐将来仍不免于开捐。以天下之大，而无三年之蓄，汲汲乎惟朝夕之图，而贻君父之忧，此亦为臣子者所深耻也。

当此之时，欲于岁入常额之外，别求生财之道，则搜括一分，民受一分之害，诚不可以妄议矣。至于岁出之数，兵饷为一大宗。臣尝考本朝绿营之兵制，窃见乾隆四十七年增兵之案，实为兵饷赢绌一大转关，请即为我皇上陈之：

自康熙以来，武官即有空名坐粮。雍正八年因定为例：提督空名粮八十分，总兵六十分，副将而下，以次而减，下至千总五分，把总四分，各有名粮。又修制军械，有所谓公费银者，红白各事，有所谓赏恤银者，亦皆取给于名粮。故自雍正至乾隆四十五年以前，绿营兵数虽名为六十四万，而其实缺额常六七万。至四十六年增兵之议起，武职坐粮，另行添设养廉，公费、赏恤另行开销。正项向之所谓空名者，悉全挑补实额，一举而添兵六万有奇，于是费银每年二百馀万。此臣所谓饷项赢绌一大转关者也。是时海内殷实，兵革不作，普免天下钱粮已经四次，而户部尚馀银七千八百万。高宗规模宏远，不惜散财以增兵力。其时大学士阿桂即上疏陈论，以为国家经费，骤加不觉其多，岁支则难为继。此项新添兵饷，岁近三百万，统计二十馀年，即须用七千万，请毋庸概增。旋以廷臣议驳，卒以增设。至嘉庆十九年，仁宗睹帑藏之大绌，思阿桂之远虑，慨增兵之仍无实效，特诏裁汰。于是各省次第裁兵一万四千有奇。宣宗即位，又诏抽裁冗兵，于是又裁二千有奇。乾隆之增兵，一举而加六万五千，嘉庆、道光之减兵，两次仅一万六千。国家经费耗之如彼其多且易也，节之如此其少且难也。

臣今冒昧之见，欲请汰兵五万，仍复乾隆四十六年以前之旧。骤而裁之，或恐生变，惟缺出而不募补，则可徐徐行之，而万无一失。医者之治疮疤，甚者必剜其腐肉而生其新肉。今日之劣弁赢兵，盖亦当量为简汰以剜其腐者，痛加训练以生其新者。不循此二道，则武备之弛，殆不知所底止。自古开国之初，恒兵少而国强，其后兵愈多则力愈弱，饷愈多则国愈贫。北宋中叶，兵常百二十五万，南渡以后，养兵百六十万，而军益不竞。明代养兵至百三十万，末年又加练兵十八万，而孱弱日甚。我朝神武开国，本不借绿营之力。康熙以后，绿营屡立战功，然如三藩、准部之大勋[1]，回疆、金川之殊烈[2]，皆在四十六年以前。至四十七年增兵以后，如川楚之师、英夷之役，兵力反远逊于前。则兵贵精而不贵多，尤为明效大验也。八旗劲旅亘古无敌，然其额数常不过二十五万，以强半翊卫京师，以少半驻防天下，而山海要隘，往往布满，国初至今，未尝增加。今即汰绿营五万，尚存汉兵五十馀万，视八旗且将两倍，权衡乎本末，较量乎古今，诚不知其不可也。近者广西军兴，纷纷征调外兵，该省额兵二万三千，土兵一万四千，闻竟无一人足用者。粤省如此，他省可知。言念及此，可胜长虑。臣闻各省之兵，稍有名者，如湖南之镇筸、江南之寿春、浙江之处州，天下不过数镇。裁汰之法，或精强之镇不动，而多裁劣营；或边要之区不动，而多裁腹地；或营制太破，归而并之；或汛防太散，撤而聚之。是在兵部之精审、督抚之体察，未可卤莽以从事耳。诚使行臣之说，缺出不补，不过六年，五万可以裁毕。以一马二步计之，每年可省饷银一百二十万。十年以外，于经费大有裨益。此项银两不轻动用，督抚岁终奏解户部，另行封存，专备救荒之款，永塞开捐之路。养兵为民也，备荒亦为民也，塞捐以清仕途，尤爱民之大者也。一分一毫，天子无所私利于其间，岂非三代公心，贤于后世搜括之术万万者哉！

若夫训练之道，则全视乎皇上精神之所属。臣考本朝以来大阅之典，举行凡二十馀次。或于南苑，或于西厂，或于芦沟桥、玉泉山，天弧亲御，外藩从观，军容一肃，藩部破胆。自嘉庆十七年至今，不举大阅者四十年矣。凡兵以劳而强，以逸而弱。承平日久，京营之兵既不经战阵之事，又不见搜狩之典，筋力日懈，势所必然。伏求皇上于三年之后，行大阅之礼，明降谕旨，早示定期。练习三年，京营必大有起色。外省营伍，势难遽遍，求皇上先注意数处，物色将才，分布天下要害之地。但使七十一镇之中有十馀镇可为腹心，五十馀万之中有十馀万可为长城，则缓急之际，隐然可恃，天子之精神一振，山泽之猛士云兴，在我皇上加意而已。昔宋臣庞籍汰庆历兵八万人[3]，遂以大苏边储；明臣戚继光练金华兵三千人[4]，遂以荡平倭寇。臣书生愚见，以为今日论兵，正宜法此二事。谨抄录乾隆增兵，嘉庆、道光减兵三案进呈，伏乞饬下九卿、科道详议。斯道甚大，臣鲜阅历，不胜悚惶待命之至。谨奏。

【题解】

写于咸丰元年(1851)。这是曾国藩试图解决国家武备问题的一个尝试。虽称汰兵疏,实际上则着眼于整个军事问题,其中心思想是采用"剜腐生新"的办法使绿营武装起死回生,以能担负起镇压民众起义的任务。由于这次试探失败,其后曾国藩才另起炉灶,创立湘军。

【注释】

[1] 三藩、准部之大勋:三藩、准部、回疆、金川是清代前期进行的四次大战役,皆以绿营为主力,都取得胜利。三藩指清初所封的吴三桂、耿仲明、尚可喜三个藩王,封地分别在今云南、福建、广东。康熙十二年清政府下令削藩,吴三桂、耿精忠(耿仲明孙、耿继茂子)、尚之信(尚可喜子)相继叛乱,直至康熙二十年才最后平定。准部即准噶尔部,清代卫拉特蒙古四部之一,势力遍及天山南北,康熙年间叛乱。自康熙二十九年至乾隆二十二年,经多次用兵,始最后平定。

[2] 回疆、金川之殊烈:回疆,又称回部,是清代对天山南路维吾尔族的通称。乾隆年间曾对回疆用兵,征服这一地区,据说葬于清东陵的香妃就是维吾尔族人,大约是在这一时期到北京的。金川,有大金川、小金川,在今四川省境内。雍正元年设金川安抚使,与旧土司分领两个地区。其后清政府曾对这一地区用兵,最后以胜利告终。

[3] 庞籍:字醇之,北宋城武(今山东省成武县)人。进士。曾任观文殿大学士、同平章事等,封颍国公。

[4] 戚继光:字元敬,号南塘,晚号孟诸,明代山东蓬莱人。抗倭名将、军事家。招募义乌精壮编练新军,号戚家军,所向无敌,平定东南沿海倭患。又镇守蓟州十数年。曾任福建总督等职。著有《纪效新书》《练兵实纪》《止止堂集》等。

敬陈圣德三端预防流弊疏

奏为敬陈圣德、仰赞高深事：

臣闻美德所在，常有一近似者为之淆。辨之不早，则流弊不可胜防。故孔门之告六言，必严去其六弊。臣窃观皇上生安之美德，约有三端。而三者之近似，亦各有其流弊，不可不预防其渐，请为我皇上陈之。

臣每于祭祀侍仪之顷，仰瞻皇上对越肃雍[1]，跬步必谨[2]，而寻常莅事，亦推求精到，此敬慎之美德也。而辨之不早，其流弊为琐碎，是不可不预防。人臣事君，礼仪固贵周详，然苟非朝祭大典，难保一无疏失。自去岁以来，步趋失检，广林以小节被参；道旁叩头，福济、麟魁以小节被参；内廷接驾，明训以微仪获咎；都统暂署，惠丰以微仪获咎。在皇上仅予谴罚，初无苛责之意，特恐臣下误会风旨，或谨于小而反忽于大，且有谨其所不必谨者。行礼有仪注，古今通用之字也，近来避皇上之嫌名，乃改为行礼礼节[3]。朔望常服，既经臣部奏定矣，而去冬忽改为貂褂；御门常服挂珠，既经臣部奏定矣，而初次忽改为补褂。以此等为尊君，皆于小者谨其所不必谨，则于国家之大计必有疏漏而不暇深求者矣。夫所谓国家之大计，果安在哉？即如广西一事，其大者在位置人才，其次在审度地利，又其次在慎重军需。今发往广西人员不为不多，而位置之际未尽妥善。姚莹年近七十，曾立勋名，宜稍加以威望，令其参赞幕府，若泛泛差遣委用，则不能收其全力。严正基办理粮台，而位卑则难资弹压，权分则易致牵掣。夫知之而不用，与不知同；用之而不尽，与不用同。诸将既多，亦宜分为三路，各有专责：中路专办武宣大股，西路分办泗、镇、南、太，东路分办七府一州。至于地利之说，则钦差大臣宜驻扎横州，乃可以策应三路。粮台宜专设梧州，银米由湖南往者，暂屯桂林，以次而输于梧；由广东往者，暂屯肇庆，以次而输于梧。则四方便于支应，而寇盗不能劫掠。今军兴一载，外间既未呈进地图，规画全势，而内府有康熙舆图、乾隆舆图，亦未闻枢臣请出，与皇上熟视审计。至于军需之说，则捐输之局万不可开于两粤，捐生皆从军之人，捐资皆借凑之项，辗转挪移，仍于粮台乎取之。此三者皆就广西而言，今日之大计也。即使广西无事，而凡为臣子者，亦皆宜留心人材，亦皆宜讲求地利，亦皆宜筹画国计，图其远大，即不妨略其细微。汉之陈平[4]，高祖不问以决狱[5]；唐之房、杜[6]，太宗惟责以求贤。诚使我皇上豁达远观，罔苛细节，则为大臣者不敢以小廉曲谨自恃，不敢以寻行数墨自取竭蹶，必且穆然深思，求所以宏济于艰难者。臣所谓防琐碎之风，其道如此。

又闻皇上万几之暇[7]，颐情典籍；游艺之末亦法前贤，此好古之美德也。而辨之不细，其流弊徒尚文饰，亦不可不预防。自去岁求言以来，岂无一二嘉谟至计？究其归宿，大抵皆以"无庸议"三字了之。间有特被奖许者，手诏以褒倭仁，未几而疏之万里之外；优旨以答苏廷魁，未几而斥为乱道之流。是鲜察言之实意，徒饰纳谏之虚文。自道光中叶以来，朝士风气专尚浮华，小楷则工益求工，试律则巧益求巧。翰、詹最优之途[8]，莫如两书房行走，而保荐之时，但求工于小楷者；阁部最优之途，莫如军机处行走，而保送之时，但取工于小楷者。衡文取士，大典也，而考差者亦但论小楷、试律，而不复计文义之浅深。故臣常谓欲人才振兴，必使士大夫考古来之成败，讨国朝之掌故，而力杜小楷、试律工巧之风，乃可以崇实而黜浮。去岁奏开日讲，意以人臣陈说古今于黼座之前，必不敢不研求实学，盖为此也。今皇上于军务倥偬之际，仍举斯典，正与康熙年三藩时相同。然非从容召见，令其反复辨说，恐亦徒饰虚文而无以考核人才。目前之时务虽不可妄议，本朝之成宪独不可称述乎！皇上于外官来京，屡次召见，详加考核。今日之翰、詹，即异日之督抚、司道也，甫脱乎小楷、试律之间，即与以兵、刑、钱、谷之任，又岂可但观其举止便捷，语言圆妙，而不深究其深学真识乎？前者，臣工奏请刊布《御制诗文集》，业蒙允许。臣考《高祖文集》刊布之年，圣寿已二十有六；列圣《文集》刊布之年，皆在三十、四十以后；皇上春秋鼎盛，若稍迟数年再行刊刻，亦足以昭圣度之谦冲，且明示天下以敦崇实效、不尚虚文之意。风声所被，必有朴学兴起，为国家任栋梁之重。臣所谓杜文饰之风，其道如此。

臣又闻皇上娱神淡远，恭己自怡，旷然若有天下而不与焉者，此广大之美德也。然辨之不精，亦恐厌薄恒俗而长骄矜之气，尤不可以不防。去岁求言之诏，本以用人与行政并举。乃近来两次谕旨，皆曰"黜陟大权，朕自持之"。在皇上之意，以为中无纤毫之私，则一章一服，皆若奉天以命德。初非自执己见，岂容臣下更参末议，而不知天视自民视，天听自民听，国家设立科道，正民视民听之所寄也。皇上偶举一人，军机大臣以为当，左右皆曰贤，未可也；臣等九卿以为当，诸大夫皆曰贤，未可也；必科道百僚以为当，然后为国人皆曰贤。黜陟者，天子一人持之；是非者，天子与普天下人共之。宸衷无纤毫之私，可以谓之公，未可谓之明也。必国人皆曰贤，乃合天下之明以为明矣。古今人情不甚相远，大率戆直者少，缄默者多，皇上再三诱之使言，尚且顾忌濡忍，不敢轻发苟见；皇上一言拒之，谁复肯干犯天威？如禧恩之贪黩、曹履泰之污鄙，前闻物论纷纷，久之竟寂无弹章，安知非畏雷霆之威而莫敢先发以取罪哉！自古之重直臣，非特使彼成名而已。盖将借其药石，以折人主骄侈之萌，培其风骨，养其威棱，以备有事折冲之用，所谓"疾风知劲草"也。若不取此等，则必专取一种谐媚软熟之人，料其断不敢出一言以逆耳而拂心，而稍有锋芒者，必尽挫其劲节而销铄其刚气。一旦有事，则满庭皆疲苶沓泄，相与袖手，一筹莫展而后已。今日皇上之所以使赛尚阿视师者，岂不知千金之弩轻于一发哉？盖亦见在廷他无可恃之人也。夫平日不储刚正之士，以培其风骨而养其威棱，临事安所得人才而用之哉！目今军务警报，运筹于一人，取决于俄顷，皇上独任其劳，而臣等莫分其忧，使广西而不遽平，固中外所同虑也；然使广西遽平，而皇上意中或遂谓天下无难办之事，眼前无助我之人，此则一念骄矜之萌，尤微臣区区所大惧也。昔禹戒舜曰："无若丹朱傲。"周公戒成王曰："无若殷王受之迷乱[9]。"舜与成王，何至如此！诚恐一念自矜，则直言日觉其可憎，佞谀日觉其可亲，流弊将靡所底止。臣之过虑，实类乎此。

此三者辨之于早，只在几微之间；若待其弊既成而后挽之，则难为力矣。臣谬玷卿陪[10]，幸逢圣明在上，何忍不竭愚忱，以仰裨万一！虽言之无当，然不敢激切，以沽直声；亦不敢唯阿，以取容悦。伏惟圣慈垂鉴。谨奏。

【题解】

写于咸丰元年（1851）。这是一封直接批评咸丰皇帝的奏章。奕詝阅后大怒，欲治其罪，经军机大臣多方劝解始免，且优词褒奖，但只做做样子，对曾国藩的批评则丝毫没有接受。曾国藩也从此接受教训，再不敢批评皇帝、指责朝政。

【注释】

[1] 对越肃雍：对答称扬，整齐和谐。此为恭维、称扬皇帝的谀词。

[2] 跬（kuǐ）步：古时指半步，相当于今之一步。《司马法》："一举足曰跬，跬三尺。两举足曰步，步六尺。"常用以喻数量微小。《大戴礼记·劝学》："是故不积跬步，无以致千里。"

[3] "行礼有仪注"四句：咸丰皇帝名爱新觉罗·奕詝，"仪注"与"奕詝"音同，故有"近来避皇上之嫌名"之说。

[4] 陈平：汉初阳武（今河南省原阳县东南）人，多智谋，好用奇计，佐高祖平天下，复联合周勃平吕氏而安刘，迎立汉文帝。曾任丞相多年。

[5] 高祖：指汉高祖，姓刘名邦字季，沛县人。原为泗水亭长，参加陈胜起义，与项羽联合推翻秦王朝，又征战五年，战胜项羽，建立西汉王朝。

[6] 房、杜：指房玄龄、杜如晦。房玄龄字乔，唐初临淄（今山东省淄博市）人，曾任中书令、尚书左仆射等职，主编《晋书》。杜如晦字克明，唐初京兆杜陵（今陕西省西安市东南）人，曾任尚书右仆射等职。

[7] 几：同"机"。

[8] 翰、詹：即翰林院、詹事府。翰林院始设于唐代。清代翰林院曾一度代

行内阁职能，后成为备皇帝顾问、培养干部的场所。詹事府原为掌管太子庶务的机关。清代康熙之后不设太子，詹事府便成为翰林院官员升转的过渡之地。故翰、詹并称，成为官员读书养望、以备升迁的地方。

[9] 殷王受：即商纣王，又称帝辛、受辛，殷代最后一个帝王，被周武王打败，自焚身死。

[10] 卿陪：又称卿贰、陪臣，指皇帝身边的大臣。这里是指六部九卿，即六部堂官（尚书、侍郎）与中央各院、司、寺正副职官员，如大理寺卿、少卿等。当时曾国藩任礼部右侍郎，故谦称谬玷（意为玷辱，即称自己不称职）卿陪。

备陈民间疾苦疏

奏为备陈民间疾苦,仰副圣主爱民之怀事:

臣窃闻国贫不足患,惟民心涣散,则为患甚大。自古莫富于隋文之季,而忽致乱亡,民心去也;莫贫于汉昭之初,而渐致乂安,能抚民也。我朝康熙元年至十六年,中间惟一年无河患,其馀岁岁河决,而新庄、高堰各案为患极巨;其时又有三藩之变,骚动九省,用兵七载,天下财赋去其大半,府藏之空虚,殆有甚于今日。卒能金瓯无缺,寰宇清谧,盖圣祖爱民如伤,民心固结而不可解也。我皇上爱民之诚,足以远绍前徽。特外间守令,或玩视民瘼,致圣主之德意不能达于民,而民间之疾苦不能诉于上。臣敢一一缕陈之:

一曰银价太昂,钱粮难纳也。苏、松、常、镇、太钱粮之重,甲于天下。每田一亩,产米自一石五六斗至二石不等,除去佃户平分之数与抗欠之数,计业主所收,牵算不过八斗。而额征之粮已在二斗内外,兑之以漕斛,加之以帮费,又须去米二斗。计每亩所收八斗,正供已输其六,业主只获其二耳。然使所输之六斗,皆以米相交纳,则小民犹为取之甚便。无如收本色者少,收折色者多。即使漕粮或收本色,而帮费必须折银,地丁必须纳银。小民力田之所得者米也,持米以售钱,则米价苦贱而民怨;持钱以易银,则银价苦昂而民怨。东南产米之区,大率石米卖钱三千,自古迄今,不甚悬远。昔日两银换钱一千,则石米得银三两。今日两银换钱两千,则石米仅得银两五钱。昔日卖米三斗,输一亩之课而有馀[1];今日卖米六斗,输一亩之课而不足。朝廷自守岁取之常,小民暗加一倍之赋。此外如房基,如坟地,均须另纳税课。准以银价,皆倍昔年。无力监追者,不可胜计。

州县竭全力以催科，犹恐不给，往往委员佐之，吏役四出，昼夜追比[2]，鞭朴满堂，血肉狼藉，岂皆酷吏之为哉！不如是，则考成不及七分，有参劾之惧；赔累动以巨万，有子孙之忧。故自道光十五年以前，江苏尚办全漕，自十六年至今，岁岁报歉，年年蠲缓，岂昔皆良而今皆刁？盖银价太昂，不独官民交困，国家亦受其害也。浙江正赋与江苏大略相似，而民愈抗延，官愈穷窘，于是有"截串"之法。"截串"者，上忙而预征下忙之税，今年而预截明年之串。小民不应，则稍减其价，招之使来。预截太多，缺分太亏，后任无可复征，使循吏亦无自全之法，则贪吏愈得借口鱼肉百姓，巧诛横索，悍然不顾。江西、湖广课额稍轻，然自银价昂贵以来，民之完纳愈苦，官之追呼亦愈酷。或本家不能完，则锁拿同族之殷实者而责之代纳；甚者或锁其亲戚，押其邻里。百姓怨愤，则抗拒而激成巨案。如湖广之耒阳、崇阳，江西之贵溪、抚州，此四案者，虽闾阎不无刁悍之风[3]，亦由银价之倍增、官吏之浮收、差役之滥刑，真有日不聊生之势。臣所谓民间之疾苦，此其一也。

二曰盗贼太众，良民难安也。庐、凤、颍、亳一带，自古为群盗之薮，北连丰、沛、萧、砀，西接南、汝、光、固，此皆天下腹地，一有啸聚，患且不测。近闻盗风益炽，白日劫淫，捉人勒赎，民不得已而控官。官将往捕，先期出示，比至其地，牌保辄诡言盗遁。官吏则焚烧附近之民房，示威而后去；差役则讹索事主之财物，满载而后归，而盗实未遁也；或诡言盗死，毙他囚以抵此案，而盗实未死也。案不能雪，赃不能起，而事主之家已破矣。吞声饮泣，无力再控；即使再控，幸得发兵会捕，而兵役平日皆与盗通，临时卖放，泯然无迹；或反借盗名以恐吓村愚，要索重贿，否则，指为盗伙，火其居而械系之；又或责成族邻，勒令缚盗来献，直至缚解到县，又复索收押之费，索转解之资。故凡盗贼所在，不独事主焦头烂额，即最疏之戚、最远之邻，大者荡产，小者株系，比比然也。往者嘉庆川、陕之变，盗魁刘之协者，业就擒矣，太和县卖而纵之，遂成大乱。今日之劣兵蠹役，豢盗纵盗，所在皆是，每一念及，可为寒心。臣在刑部见疏防盗犯之稿，日或数十件，而行旅来京言被劫不报、报而不准者，尤不可胜计。南中会匪名目繁多，或十家之中，三家从贼，良民逼处其中，心知其非，亦姑且输金钱、备酒食，以供盗贼之求而买旦夕之安。臣尝细询州县所以讳盗之故，彼亦有难焉者。盖初往踩缉，有拒捕之患；解犯晋省，有抢夺之患；层层勘转，道路数百里，有繁重之患；处处需索，解费数百金，有赔累之患；或报盗而不获，则按限而参之；或上司好粉饰，则目为多事而斥之。不如因循讳饰，反得晏然无事。以是愈酿愈多，盗贼横行，而良民更无安枕之日。臣所谓民间之疾苦，此又其一也。

三曰冤狱太多，民气难伸也。臣自署理刑部以来，见京控、上控之件，奏结者数十案，咨结者数百案，惟河南知府黄庆安一案、密云防御阿祥一案，皆审系原告得实，水落石出。此外各件，大率皆坐原告以虚诬之罪，而被告者反得脱然无事。其科原告之罪，援引例文，约有数条：或曰申诉不实，杖一百；或曰蓦越进京告重事不实，发边远军；或曰假以建言为由，挟制官府，发附近军；或曰挟嫌诬告本管官，发烟瘴军。又不敢竟从重办也，则曰怀疑误控，或曰诉出有因，于是有收赎之法，有减等之方，使原告不曲不直，难进难退，庶可免于翻案；而被告则巧为解脱，断不加罪。夫以部民而告官长，诚不可长其刁风矣。若夫告奸吏舞弊，告蠹役诈赃，而谓案案皆诬，其谁信之乎？即平民相告，而谓原告皆曲，被告皆直，又谁信之乎？圣明在上，必难逃洞鉴矣。臣考定例所载，民人京控，有提取该省案卷来京核对质讯者，有交督抚审办者，有钦派大臣前往者。近来概交督抚审办，督抚发委首府，从无亲提之事；首府为同寅弥缝，不问事之轻重，一概磨折恫喝，必使原告认诬而后已。风气所趋，各省皆然，一家久讼，十家破产，一人沉冤，百人含痛，往往有纤小之案，累年不结，颠倒黑白，老死囹圄，令人闻之发指者。臣所谓民间之疾苦，此又其一也。

此三者皆目前之急务。其盗贼太众、冤狱太多二条，求皇上申谕外省，严饬督抚，务思所以更张之。其银价太昂一条，必须变通平价之法。臣谨摅管见[4]，另拟银钱并用章程一折，续行入奏。国以民为本，百姓之颠连困苦，苟有纤毫不得上达，皆臣等之咎也。区区微诚，伏乞圣鉴。谨奏。

【题解】

写于咸丰元年（1851）。这是曾国藩企图挽回人心的一次尝试，希望清政府能调整政策，稳定社会秩序。其疏中所言银价太昂、盗贼太众、冤狱太多三者，都是当时最突出的社会问题，也是当时人们最不满的问题。

【注释】

[1] 课：即课税，应向国家交纳之赋税。在当时也称地丁银，包括地税与丁税两项，以银交纳，按亩征收（自实行摊丁入亩后，丁银按土地亩数摊入各户征收）。

[2] 追比：严厉追逼，限期交纳，逾期杖责。

[3] 闾阎：原指里巷的门，后专指里巷，此处则指里巷官员，亦泛指县以下基层政权或百姓。

[4] 摅（shū）：发表的意思。

平银价疏

奏为贵钱贱银以平银价而苏民困事：

臣于本月陈奏民间疾苦一疏，声明银价太昂，另折具奏，思所以变通之。窃惟十年以来，中外臣工奏疏言钱法者，前后不下十余人。皆思贵钱贱银，以挽积重之势。而臣所深服者，惟二十四年吴文镕一疏[1]、二十五年刘良驹一疏、二十六年朱嶟一疏[2]。此三疏者，皆奉旨交军机大臣会同户部议奏。户部又交各省议复。旋以外间复奏议论不一，此事停搁不行。臣反复思维，民生切害之痛，国计日绌之由，实无大于此者。谨就三臣原奏所及，参以管见，拟为银钱并用章程数条，伏候圣鉴。

一，部定时价，每年一换也。凡民间银钱之贵贱、时价之涨落，早晚不同，远近亦异。若官收、官放而不定一确凿之价，则民间无法适从，胥吏因而舞弊。查吴文镕原奏内称，照各省时价由藩司酌定，于开征前十日颁示各属。朱嶟所奏与吴文镕大略相同，惟称多不过一千七百，少不过二千二百，稍示限制而已。刘良驹所奏则以为由部酌中定价，若捐输案内以制钱一千五百文抵银一两之例。厥后户部议复，酌定每两折钱一千五百文，核准在案。臣愚以为时价可换二千，若骤改为一千五百以放兵饷，则哗然矣。应请部颁定酌，每年一换。如现在时价换一千九百有奇，部改为一千八百，则耳目不至乎大骇，而官民皆得以相安。明年时价稍平，则部价亦从而稍减。令各省每年奏报银价，九月奏到户部，酌定明年之价，于十月奏闻，求皇上明降谕旨：明年每银一两抵制钱若干文。收之民者不许加分毫，放之兵者不许加分毫，穷乡僻壤，誊黄遍谕，凡一切粮串、田单、契尾、监照、捐照等件，概将本年银价刻入，海内皆知，妇孺共晓，坚如金石，信如四时，庶民不致生怨，胥吏不能舞弊也。其与官项全无交涉，市肆涨落与部价不符，仍置不问。至现在八旗搭放兵饷，每两抵钱一千文，外省搭放兵饷，每两抵钱数千百文不等，不足以昭划一。应俟新章定后，概从每年所定部价，以免参差。

一，京外兵饷，皆宜放钱也。查刘良驹原奏，兵饷分成放钱；吴文镕则言外省之兵，概放钱文；朱嶟一折于兵饷尤为详细，其说以为京营分建东西两库，东四旗兵赴东库领钱，西四旗兵赴西库领钱，外省之钱则分道库、府库存贮，省标城守之兵由藩司支放，外标外营之兵由藩司发帖，持向各道、府、厅、州支领。臣愚以为朱嶟之说实属可行。凡兵丁领银之后，皆须换钱而后适用，应请嗣后八旗兵饷，皆各平分，一半仍放银两，一半搭放钱文。其外省绿营，一概放钱。各州县所收钱文，有道员处解存道库，无道员处解存府库，无知府处解存直隶州、厅库，由藩司发帖，持向各处支领。庶钱无解省累重之烦，而兵丁无减平克扣之苦。至驻防各兵，仍旧放银，以免纷更。

一，部库入项，亦可收钱也。查户部所收各项，惟井田科之旗租、捐纳房之常捐，系京库坐收之款，此外皆由各省解运来京。刘良驹原奏内称常捐银两尽可收钱，朱嶟奏内称长芦盐价可解钱以充京饷。臣愚以为不特此也，旗租银两，本系近京小民佃种，其所纳皆系钱文，官为易银，转费周折，不若即令解钱入京。常捐大捐之银，亦可酌收钱文。计此二项，每年可得百馀万串。至于外省解京之款，如长芦、山东盐课，尽可解钱进京，直隶、山东地丁起运之项，亦可运钱，应令此二省督抚，每年各解钱百万串入京。又令两淮盐运使每年解钱二百万串入京。合之京局鼓铸之钱，共得六百馀万串，足以资运转矣。臣虽至愚，岂不知钱质笨重，搬运艰难？然不行天下至难之事，不足挽天下积重之势，大利所在，未可以小小窒碍辄畏难而苟安也。且较之滇、黔之铜铅，江、广之漕粮，难易相去悬远矣。其解钱之官，须照铜员之例，量与津贴之费，务使毫无赔累，官兵称便，共计帮费不过二三万金，所失无几，而所转移者大矣。

一，地丁正项，分县收钱也。凡出项莫大于兵饷，入项莫大于地丁。

查吴文镕、刘良驹、朱嶟三臣折内，皆极言地丁收钱之益。臣愚以为当分县办理。如云、贵、川、广、闽、蜀、甘肃，此七省者，本省之丁赋不足充本省之兵饷，初无起解之项，其地丁银两，应即全数收钱，以省镠辚[3]。此外各省，除去存留及兵饷二项，尚有馀银解运京库协济邻省者，其地丁银两，应令一两以下小户全数收钱，一两以上大户银钱各半兼收，不必按成指派，不必分析名目，使小民易知易从。其或患收钱太多，不便起运者，州县自行换银解省，以备京款协款之用。

一，外省用项，分别放钱也。查各省廉俸、工需、役食等项，名曰存留坐支之款。前吴文镕、刘良驹、朱嶟三折及户部议复一折，皆言此项可全行放钱，应即遵照办理。至两河经费，刘良驹、朱嶟及户部三折，皆言可搭成用钱。臣闻从前林则徐在汴工，目前陆建瀛在丰工，皆令远近州县辇钱到工，以防市价居奇、银价骤跌之患。东河捐输案内，曾令以钱报捐，是河工在在需钱，其理易明。应请嗣后南河每年解钱百万串到工，于两淮盐课、江苏地丁项下各半分解；东河每年解钱五十万串到工，于河南、山东地丁项下各半分解。

一，量减铜运，以昂钱价也。查朱嶟原奏内称暂停鼓铸，一弛一张，庶钱重而价渐平。臣愚以为铸不可停，而运不可不减。侧闻云南铜务，洞老山空，民怨官困。滇铜不足，搜买外省；外省不足，偷买宝局，实有万不能继之势。应请于六运中酌量停一二运，使云南官民稍纾积困。其铜本之项，即可采买钱文，并可于炉头、匠役量加优恤，以期铸造坚好，庶钱质日精，钱价日起。俟十年后，滇厂稍旺，再复六运，各停炉之省，亦渐次开卯，务使天下官民皆知钱之可贵，而不知辇运之苦，则相安无事，庶不终受纹银出洋之苦矣。

以上六条，皆就吴文镕、刘良驹、朱嶟三臣奏议，参以鄙意，粗定规模，伏求饬下户部妥议。抄录三臣原奏进呈，备圣明采择施行。谨奏。

【题解】

写于咸丰元年（1851），是曾国藩为解决银贵钱贱问题而提出的几项办法。

【注释】

[1] 吴文镕：字甄甫，号云巢，一号竹孙，江苏仪征人。嘉庆二十四年进士，改翰林院庶吉士。历任湖北乡试正考官，翰林院侍讲、侍读，提督河南、顺天学政，詹事府詹事，礼部、刑部、户部侍郎，内阁学士，福建、江西、浙江巡抚，闽浙、云贵总督。咸丰年间任湖广总督，咸丰四年正月，与太平军的西征部队战于湖北黄州，兵败后投水塘而死。谥"文节"。系曾国藩的座师。

[2] 刘良驹：江西南丰县人，曾任两淮盐运使。朱嶟：字仰山，号樾堂，云南通海人。嘉庆二十五年庶吉士。官至礼部侍郎。

[3] 缪葛（jiāo gé）：又作缪葛，用以形容交错纠缠的样子，或深远的样子，或广大的样子。此处指交错纠缠，难以理清。

敬陈团练查匪大概规模折

奏为遵旨帮办团练查匪事务，敬陈现办大概规模仰祈圣鉴事：

本月十三日准湖南巡抚咨称，承准军机大臣字寄：咸丰二年十一月二十九日奉上谕："前任丁忧侍郎曾国藩，籍隶湘乡，闻其在籍，其于湖南地方人情自必熟悉。着该抚传旨，令其帮同办理本省团练乡民、搜查土匪诸事务。伊必尽力，不负委任等因。钦此。"又于十五日接巡抚函称：武昌省城被贼攻陷。闻信之下，不胜愤憾。贼势猖獗如此，于大局关系匪轻，念我皇上宵旰南顾，不知若何焦灼。臣虽不才，亦宜勉竭愚忠，稍分君父之忧。即于十七日由家起程，二十一日驰抵省城，与抚臣面商一切，相对感欷。

伏维圣谕团练乡民一节，诚为此时急务。然团练之难，不难于操习武艺，而难于捐集费资。小民倚财为命，即苦口劝谕，犹迟疑而不应；若经理非人，更哗然而滋扰，非比嘉庆川楚之役，官给练费，不尽取之民也。臣此次拟访求各州县公正绅耆，以书信劝谕，使之董理其事，俾百姓知自卫之乐，而不复以捐资为苦，庶几有团练之实效，而无扰累之流弊。

至圣谕搜查土匪一节，前日抚臣张亮基曾有一札，严饬各州县查拿土匪痞棍。令州县力能捕者自捕之，力不能者专丁送信至抚臣署内，设法剿办。现在各州县遵札办理，屡破巨案，业有成效。臣又以信谕绅耆，令其留心查察，本团之匪徒断不能掩本团绅耆之耳目，绅耆密告州县，州县密告抚臣，即日派人剿捕，可期无案不破。

抑臣又有请者，逆匪既破武昌，凶焰益炽，如湖南、安徽、江西毗连之省，皆为其所窥伺。长沙重地，不可不严为防守。臣现来省察看，省城兵力单薄，询悉湖南各标兵丁多半调赴大营，本省行伍空虚，势难再调；附近各省又无可抽调之处，不足以资守御。因于省城立一大团，认真操练，就各县曾经训练之乡民，择其壮健而朴实者招募来省，练一人收一人之益，练一月有一月之效。自军兴以来二年有馀，时日不为不久，糜饷不为不多，调集大兵不为不众，而往往见贼逃溃，未闻有与之鏖战一场者；往往从后尾追，未闻有与之拦头一战者；其所用兵器，皆以大炮、鸟枪远远轰击，未闻有短兵相接以枪靶与之交锋者。其故何哉？皆由所用之兵未经训练，无胆无艺，故所向退怯也。今欲改弦更张，总宜以练兵为务。臣拟现在训练章程，宜参访前明戚继光、近人傅鼐成法[1]，但求其精，不求其多；但求有济，不求速效。诚能实力操练，于土匪足资剿捕，即于省城防守，亦不无裨益。臣与抚臣熟商，意见相同。谨将现办情形敬陈大概，伏乞皇上圣鉴训示。谨奏。

【题解】

写于咸丰二年（1852）十二月二十二日（1853年1月30日）。折中提出编练民团乡勇，"但求其精，不求其多；但求有济，不求速效"，表明曾国藩治军之始，便形成了这一明确的思想，并在其军事生涯中始终坚持这种思想。同时，还提议在省城设一大团，加紧训练，以期有成，此实为编练湘军的开始。

【注释】

[1] 傅鼐：字重庵，浙江山阴（今绍兴市）人。官至湖南按察使。嘉庆初年，他曾用建筑碉堡和编练地主武装相结合的办法，成功地镇压了湘西苗民起义。

与湖南各州县公正绅耆书

启者：

自逆匪窜扰湖南以来，我百姓既受粤寇杀戮之惨，又加以土匪之抢劫、潮勇之淫掠，丁壮死于锋镝，老弱转于沟壑，种种毒苦，不堪言状，而其最可痛恨者，尤有二端。

逆匪所到之处，掳我良民，日则看守不许外出，夜则围宿不许偷逃。约之为兄弟，诱之以拜上[1]。从之则生，背之则死。掳入贼中，不过两月，头发稍深，则驱之临阵。每战以我民之被掳者列于前行，而彼以牌刀手压其后，反顾亦杀，退奔亦杀。我民之被掳者，进则为官兵所擒，退则为牌刀手所杀，不得已，闭目冒进，冲锋力战。数战之后，终归于死。生为被胁之民，死为含冤之鬼。但见其从逆，谁怜其苦衷？此其可痛恨者一也。

潮勇在楚，奸淫抢掠，诚所不免，然现已遣回广东。其在湖南滋扰之时不甚久，经过之地不甚多，岂比粤寇之穷凶极恶？粤寇所淫之妇，何止万数！所焚之屋，何止十万！所屠之民，何止百万！近因恶潮勇之故，遂有一种莠言，称颂粤寇，反谓其不奸淫，反谓其不焚掠，反谓其不屠戮。愚民无知，一唱百和，议论颠倒，黑白不分。此其可痛恨者二也。

现在逆匪已陷湖北，凶焰益炽。湖南与之唇齿相依，烽火相望，若非人人敌忾，家家自卫，何以保我百姓安生而乐业哉？国藩奉天子命，办理本省团练事务。是用致书各州县公正绅耆，务求努力同心，佐我不逮。团练之道非他，以官卫民，不若使民自卫；以一人自卫，不若与众人共相卫，如是而已。其有地势利便、资财丰足者，则或数十家并为一村，或数百人结为一寨，高墙深沟，屹然自保。如其地势不便，资财不足，则不必并村，不必结寨，但数十家联为一气，数百人合为一心，患难相顾，闻声相救，亦自足捍御外侮。农夫、牧童皆为健卒，櫌锄、竹木皆为兵器，需费无多，用力无几，特患我民不肯实心奉行耳。国家承平日久，刑法尚宽，值兹有事之秋，土匪乘间窃发，在在有之，亦望公正绅耆严立团规，力持风化。其有素行不法、惯为猾贼造言惑众者，告之团长、族长，公同处罚，轻则治以家刑，重则置之死地。其有逃兵、逃勇经过乡里劫掠扰乱者，格杀勿论！其有匪徒痞棍聚众排饭、持械抄抢者，格杀勿论！若有剧盗成群、啸聚山谷，小股则密告州县，迅速掩捕；大股则专人来省，或告抚院辕门，或告本处公馆。朝来告，则兵朝发；夕来告，则兵夕发，立时剿办，不逾晷刻[2]。除丑类以安善良，清内匪以御外患，想亦众绅耆所乐为效力者也。

  国藩奉命以来，日夜悚惕。自度才能浅薄，不足谋事。惟有"不要钱、不怕死"六字，时时自矢[3]，以质鬼神，以对君父，即藉以号召吾乡之豪杰。湖南之大，岂乏忠义贯金石、肝胆照日星之人？相与倡明大义，辅正除邪，不特保桑梓于万全，亦可荡平贼氛，我国家重有赖焉者也。时艰孔亟[4]，翘企维殷[5]，书不十一，诸维心鉴。

【题解】

写于咸丰三年（1853）。这是曾国藩动员湖南士绅反对太平天国的一封公开信。信中除对太平天国大肆攻击诬蔑外，还提出"不要钱、不怕死"的口号以自律。

【注释】

[1] 拜上：即太平天国所信奉之拜上帝教，亦称拜上帝会。

[2] 晷（guǐ）刻：片刻，顷刻。《梁书·侯景传》："筑围堰水，三板仅存，举目相看，命悬晷刻，不忍死亡，出战城下。"晷，即日晷，古时以日影定时刻的仪器。原指日影，后引申为时光，又据此原理制成日间计时器。

[3] 自矢：自我端正，自我激励。矢，正直，端正，亦作"誓"讲。

[4] 孔：甚，很，非常。

[5] 翘企维殷：翘首企望，十分殷切。

严办土匪以靖地方折

奏为严办土匪以靖地方，恭折奏闻仰祈圣鉴事：

正月初九日，准湖南巡抚咨称，咸丰二年十二月三十日奉上谕："湖南筹办拨兵募勇各事宜，即着责成张亮基、潘铎会同在籍侍郎曾国藩妥为办理。钦此。"又于二月初一日，准署理湖南巡抚咨称：咸丰三年正月初三日奉上谕："朕思除莠即以安良，即有会匪地方，亦莠民少而良民多，封疆大吏，惟当翦除百恶，即可保卫善良。所有浏阳、攸县各处匪徒，即着该署督抚等认真查办，并着会同在籍侍郎曾国藩，体察地方情形，应如何设法团练以资保卫之处，悉心妥筹办理等因。钦此。"仰见我皇上南顾焦虑，无时或释。去年臣初至省城，抚臣张亮基调拨湖南外营兵一千名，招募湘乡练勇一千名来省防御。至正月初间，粤匪东窜，武昌业已收复，长沙即可解严。署督臣张亮基、署抚臣潘铎皆与臣商，所有留省之云南、河南各兵，即行分别撤回；新旧招募之勇，亦即分别裁汰。共留兵勇三千馀人，已足以资防守；即间有土匪窃发，亦足以资剿办。

至于团练一事，臣前折略陈大概，曾言捐钱敛费之难。近来博采舆论，体察民情，知乡团有多费钱文者，亦有不必多费钱文者。并村结寨，筑墙建碉，多制器械，广延教师，招募壮士，常操技艺。此多费钱文，民不乐从者也。不并村落，不立碉堡，居虽星散，闻声相救，不制旗帜，不募勇士，农夫牧竖，皆为健卒，耰锄竹木，皆为兵器。此不必多费钱文，民所乐从者也。多费钱文者，不免于扰累地方，然以之御粤匪，则仍不足；不必多费钱文者，虽未能大壮声势，然以之防土匪，则已有馀。今粤匪全数东下，各县乡团专以查拿土匪为主。臣是以剀切晓谕，令其异居同心，互相联络，不多费钱，不甚劳力，以冀百姓之鼓舞而听从。

湖南会匪之多，人所共知。去年粤逆入楚，凡入添弟会者，大半附之而去，然尚有馀孽未尽。此外又有所谓串子会、红黑会、半边钱会、一股香会，名目繁多，往往成群结党，啸聚山谷，如东南之衡、永、郴、桂，西南之宝庆、靖州，万山丛薄，尤为匪徒卵育之区。盖缘近年有司亦深知会匪之不可遏，特不欲其祸自我而发，相与掩饰弥缝，以苟且一日之安，积数十年应办不办之案，而任其延宕；积数十年应杀不杀之人，而任其横行，遂以酿成目今之巨寇。今乡里无赖之民，嚣然而不靖，彼见夫往年命案、盗案之首犯常逍遥于法外，又见夫近年粤匪、土匪之肆行皆猖獗而莫制，遂以为法律不足凭、官长不足畏也。平居造作谣言，煽惑人心，白日抢劫，毫无忌惮。若非严刑峻法，痛加诛戮，必无以折其不逞之志，而销其逆乱之萌。臣之愚见，欲纯用重典以锄强暴，但愿良民有安生之日，即臣身得残忍严酷之名亦不敢辞；但愿通省无不破之案，即剿办有棘手万难之处亦不敢辞。署督臣张亮基、署抚臣潘铎，皆思严厉整顿，力挽颓风，时时相与筹商，誓当尽除湖南大小各会匪，涤瑕去秽，扫荡廓清，不敢稍留馀孽，以贻君父之忧。其匪徒较多之地，如东南之衡、永、郴、桂，臣当往衡州驻扎数月，就近查办；西南之宝、靖各属，臣当往宝庆驻扎数月，就近查办。所至常带兵勇数百、文武数员，以资剿捕之用。联络本地之乡团，使之多觅眼线，堵截要隘，以一方之善良，治一方之匪类，可期无巢不破，无犯不擒。此臣拟办会匪之大概情形也。至于教匪、盗匪，与会匪事同一律。

三者之外，又有平日之痞匪与近时新出之游匪。何谓游匪？逃兵、逃勇奔窜而返，无资可归，无营可投，沿途逗留，随处抢掠。此游匪之一种也。粤寇蹂躏之区，财物罄空，室庐焚毁，弱者则乞丐近地，强者则转徙他乡，或乃会聚丑类，随从劫掠。此游匪之一种也。大兵扎营之所，常有游手数千随之而行，或假充长夫，或假冒馀丁，混杂于买卖街中，偷窃于支应局内，追大营既远，辗转流落，到处滋扰。此游匪之又一种也。臣现在省城办理街团，于此三种游匪，尤认真查拿，遇有形迹可疑、曾经抢掠结盟者，即用巡抚令旗，恭请王命，立行正法。臣寓馆设审案局，派委妥员二人，拿获匪徒，立予严讯。即寻常痞匪，如奸胥、蠹役、讼师、光棍之类[1]，亦加倍严惩，不复拘泥成例、概以宽厚为心。当此有事之秋，强弱相吞，大小相侵，不诛锄其刁悍害民者，则善良终无聊生之日，不敢不威猛救时，以求于地方有益。

所有臣遵旨会商拨兵募勇各事宜，及现拟查办匪徒规模，谨陈大概，伏求皇上训示。至臣移驻衡、宝各郡，容俟长沙办有头绪，另行专折奏请。伏乞圣鉴。谨奏。

【题解】

写于咸丰三年（1853）二月十二日，曾国藩在这封奏折中系统地提出镇压湖南民众零散反清活动的理论与政策。

【注释】

[1] 奸胥：奸诈的胥吏。胥吏，即有才智的吏。封建社会的国家各级政权的办事人员分为官和吏，清代官分十品十九级，一至九品每品分正、从两级，最后一品称未入流，不分级，未入流以下则为吏。这只是一个大概的区分。有时小官也称小吏，大官则称大吏，如总督、巡抚往往称封疆大吏。蠹役：贪蠹的差衙。蠹，蛀虫，如木蠹、书蠹。人们通常把贪污分子比作蠹虫。

拿匪正法并现在帮办防堵折

奏为搜拿匪徒，随时正法，并现在帮办防堵，恭折奏闻仰祈圣鉴事：

窃臣奉命搜查土匪，曾于二月十二日具奏。臣寓馆设审案局，派委妥员二人，拿获匪徒，讯明定供，即用巡抚令旗，立行正法，奏蒙圣鉴在案。维时已派准升同知前署石门县知县刘建德在局审案[1]，旋又添派准升直隶州前任清泉知县厉云官轮流审讯[2]。自上年粤匪窜逼长沙，各处抢劫之案层见迭出。臣设局以来，控告纷纷，或签派兵役缉拿，或札饬绅士跟捕，或着落户族勒令跟交，或即令事主自行擒缚。一经到案讯明，立予正法。计斩决之犯壹百肆名，立毙杖下者贰名，监毙狱中者叁拾壹名。此外，札饬各州县擒拿匪党，赍呈供折，批令无庸解省、就地正法者，不在此数。又如安化蓝田串子会匪，前经札饬湘乡县知县朱孙诒密往掩捕[3]，擒获九十二名，其陆续正法者，俟结案后另折会奏，亦不在此数。虽用刑稍过于严峻，而地方颇借以安静。臣受命来省将及半年，办理各案粗有头绪。六月十二日为臣母丧一周年之期，本拟奏明回籍，敬修小祥之礼[4]，稍尽人子之心。适闻粤匪分股回窜江西，业于十八日逼临南昌省城，湖南与之壤地相接，唇齿相依，人心惊惶，纷纷迁徙。臣受恩深重，明知贼逼邻境，断不敢以事权不属，稍存推诿之见，又何敢以军旅未娴，阴怀畏葸之心？惟有殚竭愚忱，昼夜不懈，与抚臣襄办一切，或坚守省城，或出堵要隘，臣俱无所辞避。除防堵事宜业经另折会奏外，谨附驿陈明。伏乞皇上圣鉴。谨奏。

【题解】

写于咸丰三年(1853)。这是曾国藩对半年来"查拿土匪"一事所做的总结。

【注释】

[1] 刘建德:字馨室,广东人。官至候补道员。他与厉云官、朱孙诒都曾充任曾国藩的幕僚。

[2] 厉云官:字伯符,江苏仪征人。官至湖北按察使。

[3] 朱孙诒:字石樵,江西清江人。官至浙江盐运使。在其任湖南湘乡县知县期间,纠合罗泽南、王鑫、刘蓉等人积极编练湘勇,为曾国藩后来创建湘军提供了最初的组织基础。

[4] 小祥:古时父母死后一周年之祭礼称小祥;父母死后两周年可以除灵,故两周年之祭礼称为大祥。《仪礼·士虞礼》:"期而小祥……又期而大祥。"注曰:"小祥,祭名。祥,吉也。"

与骆秉章书

吁门老前辈大人阁下：

初五夜亥刻，接奉初三夜惠书两件；初六日巳刻，又接初四日巳刻惠函，具审一切。

茶陵之事，塔将、王同知想亦能了结[1]。张润农太守接侍札[2]，并尊处续止之札，已将回永明矣。适徐道接安游击信，言修、荔事尚不紧要，而茶陵吴牧专差来此，痛哭请兵，遂飞札仍调其留祁阳之兵星夜来衡，即赴安、攸一带兜剿。王璞山虽未接到尊札，而适以前书事来衡，待各勇到齐，亦即赴茶陵会剿。四路共有二千馀人，想此股残匪，无难速灭也。

衡山、桂东各案，务求近日出奏。其兴宁一案，俟查明再行续奏。永明龙虎关之役，乡团极为出力，将来可归兴宁一次汇保。

杨承义之勇，散之恐不容易。岷樵相契之人[3]，侍无不深知者。此人素所未闻，恐非深知也。散勇极为难事，动辄流毒无穷。侍出省后，闻新化勇实未散去，又私行招回二百来衡。杨承义之勇若散，必须令赵公细细体察也。

粤匪复据九江，两湖诚为可虑。然张石翁在北[4]，布置必有可恃。南省三千馀兵，并集一城，坚守自是有馀。在外之师，除调赴茶陵四起二千馀人外，尚有邹、陈在浏阳，储、周在兴宁，及随侍之勇共三千馀人，合岷樵所统之楚、湘各勇四千人，皆与长沙首尾相应，呼吸相通，无难数日即集。

侍今年在省所办之事，强半皆侵官越俎之事。以为苟利于国，苟利于民，何嫌疑之可避？是以贸然为之。自六月以来，外人咎我不应干预兵事。

永顺一事[5]，竟难穷究。省中文武员弁皆知事涉兵者，侍不得过而问焉。此语揭破，侍虽欲竭尽心血，果何益乎？是以抽掣来此[6]，意欲再练劲旅，重养声威，不特欲护省垣，即国家大局，亦须臾未忘。王璞山之志事，侍亦有志焉！至如来示所云，从桑梓做起，此自一定之理，无烦盛嘱。目前再还长沙，则实无寸益，徒滋姗笑；若畏祸远避，则生死大故，计之已熟，断不偷活取巧，诒知好差。区区之心，伏惟亮鉴。顺请台安，不一。

【题解】

写于咸丰三年（1853）九月六日，是曾国藩移驻衡州后写给骆秉章的信。信中着重解释了自己离开长沙的原因。骆秉章字吁门，号儒斋，广东花县人。道光十二年庶吉士。曾任湖南巡抚、四川总督、协办大学士等职，时任湖南巡抚。

【注释】

[1] 塔将、王同知：塔将指塔齐布，字智亭，姓托尔佳（一作陶佳）氏，满洲镶黄旗人；湘军陆师统领，曾任湖南提督等职，时为长沙协副将。王同知指王鑫，字璞山，湖南湘乡人；湘军陆师统领，官至按察使衔补用道，时为候补同知。著有《练勇刍言》《阵法新编》《尺一偶存》。

[2] 侍：皇帝侍生的意思，翰林院庶吉士为皇帝所钦点，故有此专称。

[3] 岷樵：江忠源字岷樵，湖南新宁人。举人。曾任湖北按察使、安徽巡抚。

[4] 张石翁：指署湖广总督张亮基。张亮基字石卿，江苏铜山（今徐州市）人，举人，曾任山东巡抚、贵州巡抚、云贵总督等职。

[5] 永顺一事：永顺即湖南永顺府，大约湖南提督标兵多系永顺籍，故称提标兵为永顺兵。永顺一事指咸丰三年六月湖南提标兵欺压湘军并围攻曾国藩衙署、伤及亲兵一事，曾国藩为避永顺兵之祸，由长沙移驻衡州。

[6] 抽掣（chè）：抽身。掣，牵引，拽，抽取。

与张亮基

石卿仁兄大公祖同年大人阁下：

二十五日奉惠书，未即笺复，比闻简调山东，自以密迩畿辅[1]，重资鸿筹[2]，作镇海岱。惟两湖吏治方就整饬，军政亦有起色，遽尔移节东征，不独文武方振之纲莫为赓续，即南北绅庶，亦若失所依倚。

弟自今岁以来，所办之事，强半皆冒侵官越俎之嫌，只以时事孔艰，苟利于国，或益于民，即不惜攘臂为之，冀以补疮痍之万一，而扶正气于将歇。练勇之举，亦非有他，只以近日官兵在乡，不无骚扰，而去岁潮勇有奸淫掳掠之事，民间倡为谣言，反谓兵勇不如贼匪之安静。国藩痛恨斯言，恐民心一去不可挽回，誓欲练成一旅，秋毫无犯，以挽民心而塞民口。每逢三、八操演，集诸勇而教之，反复开说至千百语，但令其无扰百姓。自四月以后，间令塔将传唤营兵，一同操演，亦不过令弁委前来听我教语。每次与诸弁兵讲说，至一时数刻之久，虽不敢云说法点顽石之头，亦诚欲以苦口滴杜鹃之血[3]。练者其名，训者其实；听者甚逸，讲者甚劳。今各弁固在，具有天良，可覆按而一一询也。国藩之为此，盖欲感动一二，冀其不扰百姓，以雪兵勇不如贼匪之耻，而稍变武弁漫无纪律之态。迨六月初，提军到省[4]，谓防堵不宜操兵，盛暑不宜过劳，遂切责塔将，而右护清将[5]。而中丞亦疑弟不宜干预兵事。会弟与老兄有举塔劾清之折，同时并发，而尊处又有札斥塔将何不操练，提军遂疑兄与弟并力排之，皆挟私见而非公忠也，岂其然哉！岂其然哉！嗣后兵勇相争，弟虽常持正议，而每抑勇而伸兵。自谓寸心无私，可见谅于人人。逮初六日兵哗之变出，论者或谓是有指嗾，或谓早伏阴机，何不预为之所？君子直道而行，岂肯以机械崄巇与人相竞御哉[6]？惟弟本以乡绅，半涉官事，全恃虚声以弹压匪徒，一有挫损，则宵小得以窥伺[7]，而初终恐难一律，是以抽掣转移，暂驻衡州。盖因二月一奏，曾言上四属土匪极多，将来请驻衡数月也。

到衡不十日，而茶陵、安仁相继失守，去衡州较近，距长沙略远。弟奏中亦虑及此，曾言吉安土匪，恐被江西剿急，窜入安、酃一带，不幸言中。弟来衡似不为无益，现已命塔副将、王同知之勇自北往攻，王县丞及舍弟之勇自西往攻[8]。东南两路，令驻扎兴宁之湘勇兜截，未审能即日扑灭否。然系乌合，想无足深虑。

至于粤贼大局，若以各处兵力剿之，恐终难了此。鄙意欲练勇万人，概归岷樵管带，或犹能指挥如意。除岷老现带之楚勇、湘勇四千外，拟再练六千人。弟别有寄岷老信、寄王县丞鑫信，王君亦有与弟书，三件皆抄呈敝座师甄甫先生，计日内已到。阁下如有暇，试一取阅，亦足以知微志之所存。其练勇之费，不能不取之捐输。国藩虽不才，敝乡之仁人君子，犹当有起而应我者。不审鸿裁果以为然否？粤贼竟据九江，田家镇之师不审果足资堵御否？如贼势稍纾，大旆当即北发[9]，相去益远，会合无因，依依之情，笔不能罄。诸惟心照，顺请台安。

【题解】

写于咸丰三年（1853）。这是曾国藩给前署湖广总督、山东巡抚张亮基的信。信中主要谈了他训练驻长沙兵勇的情况以及由长沙移驻衡州的原因。

【注释】

[1] 密迩畿辅：靠近京城或距京师较近。密迩，靠近。畿辅，京师郊区。

[2] 重资鸿筹：即借重您的雄才大略。

[3] 杜鹃之血：传说杜鹃由蜀帝转化而来，啼叫时口中滴血。左思《蜀都赋》："碧出苌弘之血，鸟生杜宇之魄。"白居易《琵琶引》："其间旦暮闻何物，杜鹃啼血猿哀鸣。"

[4] 提军：指湖南提督鲍起豹，他反对曾国藩训练士兵，并怂恿提标兵围攻曾国藩公馆。咸丰四年四月因他事被劾革职。

[5] 清将：指长沙协副将德清，因他反对曾国藩训练兵勇，曾国藩罗列各事，将其革职。

[6] 机械崄巇（xiǎn xī）：机诈险恶。机械，机巧，巧诈。崄巇，本指地形高峻险要，后用以形容人心的险恶。

[7] 宵小：盗匪之类，坏人。

[8] 舍弟：此处指曾国葆。

[9] 大旆（pèi）：大旗。旆，旌旗。

复龙启瑞

翰臣尊兄年大人阁下[1]：

顷奉惠函，伏审动止康胜，德业益懋，至以为慰！

谕及陈告民瘼一节[2]，实有万不得已，具征仁人君子之用心。二三十年来，士大夫习于优容苟安，榆修袂而养姁步[3]，昌为一种不白不黑、不痛之痒之风[4]。见有慷慨感激以鸣不平者，则相与议其后，以为是不更事[5]，轻浅而好自见[6]。国藩昔厕六曹[7]，目击此等风味，盖已痛恨次骨[8]。今年承乏团务，见一二当轴者[9]，自藩弥善，深闭固拒[10]，若惟恐人之攘臂而与其间也者[11]。欲固执谦德，则于事无济，而于心亦多不可耐，于是攘臂越俎，诛斩匪徒，处分重案，不复以相关白[12]。方今主忧国弱，仆以近臣，而与闻四方之事，苟利民人，即先部治而后上闻，岂为一己自专威福，所以尊朝廷也。来示之指，殆与鄙衷若合符契[13]。

近日大局益不可问，江岷樵至庐以后，即被逆贼围逼。其戚刘君长佑带楚勇千馀，自鄂继往[14]，其胞弟又带楚勇千馀自湘继往，皆未知能果至救援否。黄州既为贼据，修垒浚壕，俨然隅负[15]；巴河以下，贼舟柮比鳞次，动盈百里，湖北船炮，皆无可恃。而崇中丞参劾吴制军闭城株守[16]，不图进剿。谕旨切责。顷制军奏明出省至黄州一带督战，极小之舟、无几之炮、未练之勇、屡逃之兵，驱之赴敌，至则溃耳。崇公既不知事理，而冒昧一劾；制军亦宜据理复陈，不宜轻于一进。此行关系鄂省之安危，即南北之大局所系也。国藩奉命赴皖援剿，救焚拯溺，岂敢少缓？只以办船之事，非仓卒所能毕工，而张德圃观察回东购炮[17]，至今尚无确耗，此间专候此项炮位，庶足稍壮声威[18]。计起行之期，当在正月之末耳。专泐布复[19],即请刻安,诸惟心鉴。

【题解】

这是曾国藩给好友龙启瑞的信,写于咸丰三年(1853)十二月十六日。信中主要谈自己对当时官场腐败风气的不满。龙启瑞字翰臣、辑五,广西临桂人。道光二十一年状元,曾国藩曾题诗祝贺。曾任江西布政使等职。著有《经德堂全集》。其父龙光甸曾历任湖南溆浦、黔阳、湘乡、武陵等县知县。

【注释】

[1] 年:即同年。科举时代同年考取举人、进士的士子称同年。

[2] 民瘼(mò):民间百姓的疾苦。

[3] 姁(qú)步:走路怡然自得的样子。《吕氏春秋·论大》:"燕雀争处于一室之下,子母相哺也,姁姁焉相乐也。"姁姁,悠然、喜悦貌。

[4] 昌:同"倡",倡导,倡行。

[5] 更(gēng)事:经历过事。

[6] 自见(xiàn):自我表现。见,同"现"。

[7] 厕:同"侧",此处作侧身于、置身于讲。六部:指吏、礼、兵、刑、户、工六部。

[8] 次骨:入骨。次,至,及。

[9] 当轴者:当权者。轴,本为车轴,引申为中心、枢纽。

[10] 深闭固拒:意为拒绝得非常坚决、固执。

[11] 攘臂:捋袖伸臂,形容急不可待,马上就要参与或动手的样子。

[12] 关白:禀报。

[13] 符契:古代发布命令的信物或凭证,上有雕刻或印制的图文,发布命令和执行命令者各执一半,相互拼合图文,相符方才有效。此处意为完全一致。

[14] 刘长佑：字子默，号印渠，湖南新宁人，举人，湘军统领，曾任两广、直隶总督。

[15] 隅负：即负隅顽抗之意。

[16] 崇中丞：湖北巡抚崇纶，字荷卿，满洲正白旗。咸丰二年三月赴湖北巡抚任，咸丰四年二月丁忧，五月被革职。中丞，原为御史官名，明初设都察院，其副都御史一职相当于御史中丞。清代各省巡抚循例皆兼右都御史衔，故巡抚亦可称中丞。

[17] 张德圃：张敬修字德圃，广西道员。曾国藩曾奏调其赴湖南办水师，但广西始终未予放行。

[18] 庶足：想必能够。庶，想来。足，足以，足够。

[19] 专泐（lè）：专门书写。泐，同"勒"，本指铭刻，后引申为书写。

沥陈现办情形折

奏为沥陈现办情形，微臣愚见恭折奏明，仰祈圣鉴事：

窃臣前月复奏赴皖援剿，俟张敬修解炮到楚，乃可成行一折，于十二月十六日奉到朱批："现在安省待援甚急，若必偏执己见，则太觉迟缓。朕知汝尚能激发天良，故特令汝赴援，以济燃眉。今观汝奏，直以数省军务一身克当，试问汝之才力能乎、否乎？平时漫自矜诩[1]，以为无出己之右者，及至临事，果能尽符其言甚好，若稍涉张皇，岂不贻笑于天下！着设法赶紧赴援，能早一步，即得一步之益。汝能自担重任，迥非畏葸者比[2]。言既出诸汝口，必须尽如所言，办与朕看。钦此。"仰见圣谕谆谆，周详恳至，见臣之不事畏葸而加之教诲，又虑臣之涉于矜张而严为惩诫。跪诵之下，感悚莫名。惟现办之情形与微臣之愚见，恐我皇上尚有未尽知者，不得不逐条陈明，伏候训示。

一，起行之期，必俟张敬修解炮到楚。查张敬修在广东购炮千馀尊，分为十起运解来楚，现在头起业经到衡，仅八十位，其后九起尚无信息。臣屡次咨催，又专差迎催，本月十六日永兴境内又有匪徒，道路阻梗，实为十分焦急。臣所办之战船，新造者九十号，改造者百馀号，合之雇载者共四百号，可于正月中旬一律完毕。自兴工之日起，统计不满八十日，昼夜催赶，尚不迟缓。惟炮位至少亦须八百尊，乃敷分配。前次钦奉谕旨，令广东购办炮位千馀尊，限三个月解楚。计算正月之末，总可陆续解到；纵不能全到，稍敷配用，即行起程。

一，黄州以下，节节有贼，水路往援之兵不能遽达皖境，前两奉援鄂之旨，命臣筹备炮船，肃清江面；后两奉援皖之旨，命臣驶入大江，顺流东下，直赴安徽等因。查现在黄州以下，节节被贼占据，修城浚濠，已成负嵎之势，与前月情形又已迥殊。若舟师东下，必须克复黄州，攻破巴河，扫清数百里江面贼踪[3]，乃克达于皖境。此则万难之事，微臣实无把握。万一黄州、巴河之贼亦如扬州、镇江之坚守抗拒，则臣之到皖无期。现在安徽待援甚急，前次江忠源之戚刘长佑带楚勇千余，自湖北前往，又令其胞弟江忠浚带勇一千[4]，自湖南继往；又有滇兵一千，自湖南拨往。计湖南由陆路援皖之兵已三千馀矣。臣奉命由水路前往，阻隔黄州一带，何能遽行扫清，直抵安徽？目前之守候船、炮，其迟缓之期有限，将来之阻隔江面，其迟缓之期尤多，昼夜焦思，诚恐有误皖省大事，不能不预行奏明。

一，现在大局，宜堵截江面，攻散贼船，以保武昌。今年两次贼舟上窜，湖南防堵耗费甚多，湖北、江西亦各耗费数十万。三省合力防堵之说，系臣骆秉章与臣函内言之；四省合防之说，系臣江忠源与臣函内言之；待南省船炮到鄂，即与北省水师合力进剿，系臣吴文镕与臣函内言之，是以臣前折内声叙。兹奉到批谕："今观汝奏，直以数省军务一身克当，试问汝之才力能乎、否乎"等因。臣自度才力实属不能。而三臣者之言，臣以为皆系切要之务。该逆占据黄州、巴河一路，其意常在窥伺武昌。论目前之警报，则庐州为燃眉之急；论天下之大局，则武昌为必争之地。何也？能保武昌则能扼金陵之上游，能固荆、襄之门户，能通两广、四川之饷道；若武昌不保，则恐成割据之势，此最可忧者也。目今之计，宜先合两湖之兵力，水陆并进，以剿为堵，不使贼舟回窜武昌，乃为决不可易之策。若攻剿得手，能将黄州、巴河之贼渐渐驱逐，步步进逼，直至湖口之下、小孤之间，与江西、安徽四省合防，则南服犹可支撑。臣之才力固不能胜，臣之见解亦不及此，此系吴文镕、骆秉章、江忠源三臣之议论。然舍此办法，则南数省殆不可问矣。臣此次东下，拟帮同吴文镕照此办理。前折未及详叙，故复缕陈之。

一，臣所练之勇，现在郴、桂剿办土匪，不能遽行撤回。湖南土匪，惟衡、永、郴、桂最多，臣二月一折、八月一折已详言之。自驻扎衡州以来，除江西之匪窜入茶陵、安仁一起外，其馀本处土匪，窜扑常宁、嘉禾、蓝山等县城及盘踞道州之四庵桥，经臣派勇随处攻剿，先后扑灭。昨十二月十五日，又有一股窜入永兴县城，亦经派勇往剿。现在臣之练勇在桂属者尚有千馀人，在郴属者八百人。昨十二日奉到谕旨："曾国藩着仍遵前旨，督带船勇，速赴安徽江面。至湖南常宁一带土匪，即责成骆秉章迅即妥办"等因。目下桂属正在搜捕之际，未便遽行更换；郴州、永兴正在危急之际，不能不星速进剿。且待船将办齐、炮将到齐，再将各勇撤回，带赴下游。如尚未剿毕，则由省城调兵前来更换。

一，饷乏兵单，微臣竭力效命，至于成效，则不敢必[5]。臣以丁忧人员，去年奏明不愿出省办事，仰蒙圣鉴在案；此次奉旨出省，徒以大局糜烂，不敢避谢。然攻剿之事，实无胜算。臣系帮办团练之人，各处之兵勇既不能受调遣，外省之饷项，亦恐不愿供应。虽谕旨令抚臣供支，而本省藩库现仅存银五千两，即起程一月之粮，尚恐难备；且贼势猖獗如此，岂臣区区所能奏效？兹奉批谕："平时漫自矜诩，以为无出己之右者，及至临事，果能尽符其言甚好，若稍涉张皇，岂不贻笑于天下！言既出诸汝口，必须尽如所言，办与朕看"等因。臣自维才智浅薄，惟有愚诚，不敢避死而已。至于成败利钝，一无可恃。皇上若遽责臣以成效，则臣惶悚无地。与其将来毫无功绩，受大言欺君之罪，不如此时据实陈明，受畏葸不前之罪。臣不娴武事，既不能在籍终制[6]，贻讥于士林[7]；又复以大言偾事[8]，贻笑于天下。臣亦何颜自立于天地之间乎！中夜焦思，但有痛哭而已。伏乞圣慈垂鉴，怜臣之进退两难，诚臣以敬慎，不遽责臣以成效。臣自当殚竭血诚，断不敢妄自矜诩，亦不敢稍涉退缩。

以上五条，皆臣据实直陈，毫无欺饰，伏求皇上圣鉴训示。谨奏。

【题解】

写于咸丰三年（1853）十二月二十一日。针对咸丰皇帝的严厉斥责，曾国藩在该奏折中陈明自己已经办理和正在办理的军务，同时分析了当前严峻的形势，委婉地说明自己处境的艰难，以及在准备不充分的情况下贸然出兵可能造成的不利局面，在婉转地为自己辩解的同时，再次表明船、炮不齐，决不出征的决心。

【注释】

[1] 矜诩（xǔ）：自骄自吹。矜，自以为贤能。诩，说大话，夸耀。

[2] 畏葸（xǐ）：畏惧。葸，害怕，胆怯。

[3] 艅（zōng）：船队。

[4] 江忠浚：字达川，湖南新宁人。江忠源胞弟。曾任四川布政使等职。

[5] 不敢必：不敢肯定。必，决定，肯定。

[6] 终制：结束守孝三年之期。制，指旧时父母去世，儿子须在家守孝三年的制度。

[7] 士林：学术界、知识界。

[8] 偾（fèn）事：败事。偾，覆败。

讨粤匪檄

为传檄事[1]：

逆贼洪秀全、杨秀清称乱以来[2]，于今五年矣。荼毒生灵数百馀万，蹂躏州县五千馀里。所过之境，船只无论大小，人民无论贫富，一概抢掠罄尽，寸草不留。其掳入贼中者，剥取衣服，搜刮银钱；银满五两而不献贼者，即行斩首。男子日给米一合，驱之临阵向前，驱之筑城浚壕。妇人日给米一合，驱之登陴守夜[3]，驱之运米挑煤。妇女而不肯解脚者，则立斩其足以示众妇；船户而阴谋逃归者，则倒抬其尸以示众船。粤匪自处于安富尊荣，而视我两湖、三江被胁之人，曾犬豕牛马之不若。此其残忍惨酷，凡有血气者，未有闻之而不痛憾者也！

自唐虞三代以来[4]，历世圣人扶持名教，敦叙人伦，君臣父子，上下尊卑，秩然如冠履之不可倒置。粤匪窃外夷之绪，崇天主之教，自其伪君伪相，下逮兵卒贱役，皆以兄弟称之。谓惟天可称父，此外凡民之父，皆兄弟也；凡民之母，皆姊妹也。农不能自耕以纳赋，而谓田皆天王之田；商不能自贾以取息，而谓货皆天王之货；士不能诵孔子之经，而别有所谓耶苏之说、《新约》之书。举中国数千年礼义人伦、诗书典则，一旦扫地荡尽。此岂独我大清之变，乃开辟以来名教之奇变，我孔子、孟子之所痛哭于九原！凡读书识字者，又乌可袖手安坐，不思一为之所也[5]！

自古生有功德，没则为神。王道治明，神道治幽。虽乱臣贼子、穷凶极丑，亦往往敬畏神祇。李自成至曲阜[6]，不犯圣庙；张献忠至梓潼[7]，亦祭文昌。粤匪焚郴州之学宫，毁宣圣之木主[8]，十哲两庑[9]，狼藉满地。嗣是所过郡县，先毁庙宇，即忠臣义士，如关帝、岳王之凛凛[10]，亦皆污其宫室，残其身首。

以至佛寺、道院、城隍、社坛，无庙不焚，无像不灭。斯又鬼神所共愤怒，欲一雪此憾于冥冥之中者也！

本部堂奉天子命[11]，统师二万，水陆并进，誓将卧薪尝胆，殄此凶逆[12]，救我被掳之船只，拔出被胁之民人。不特纾君父宵旰之勤劳，而且慰孔孟人伦之隐痛；不特为百万生灵报枉杀之仇，而且为上下神祇雪被辱之憾。是用传檄远近，咸使闻知：倘有血性男子，号召义旅，助我征剿者，本部堂引为心腹，酌给口粮；倘有抱道君子，痛天主教之横行中原，赫然奋怒，以卫吾道者，本部堂礼之幕府，待以宾师；倘有仗义仁人，捐银助饷者，千金以内给予实收部照，千金以上专折奏请优叙[13]；倘有久陷贼中，自拔来归，杀其头目，以城来降者，本部堂收之帐下，奏授官爵；倘有被胁经年，发长数寸，临阵弃械，徒手归诚者，一概免死，资遣回籍。

在昔汉、唐、元、明之末，群盗如毛，皆由主昏政乱，莫能削平。今天子忧勤惕厉[14]，敬天恤民，田不加赋，户不抽丁。以列圣深厚之仁，讨暴虐无赖之贼。无论迟速，终归灭亡，不待智者而明矣。若尔被胁之人，甘心从逆，抗拒天诛，大兵一压，玉石俱焚，亦不能更为分别也。

本部堂德薄能鲜，独仗"忠信"二字为行军之本。上有日月，下有鬼神；明有浩浩长江之水，幽有前此殉难各忠臣烈士之魂，实鉴吾心，咸听吾言。檄到如律令，无忽！

【题解】

这是曾国藩咸丰四年（1854）春出征时发布的檄文。文中极尽混淆是非、颠倒黑白之能事，但也表现出其孤立敌人、争取民心的策略思想。

【注释】

[1] 传檄（xí）：发布官府征召、晓谕或声讨的文书。檄，古代官府用以征召、晓谕或声讨的文书。本文系声讨文书。

[2] 洪秀全：原名仁坤，广东花县人，太平天国运动领袖，称天王。杨秀清：

广西桂平人，太平天国主要领导人，称东王。

[3]陴：城墙上的女墙。

[4]唐虞三代：唐、虞是传说中的部落联盟领导人尧、舜的部族，此处指尧、舜时代，实际是国家形成初期。三代指夏、商、周三朝，唐虞三代以来，意即有史以来。

[5]一为之所：有所作为。

[6]李自成：本名鸿基，陕西米脂人。明末农民起义领袖，曾攻占北京，推翻明王朝，建立大顺政权，称帝，建号永昌。最后被清军打败。

[7]张献忠：字秉吾，号敬轩，陕西延安柳树涧（今定边县东）人。明末农民起义领袖，曾在成都建立大西政权，称帝，建号大顺。最后被清军打败。

[8]宣圣：指孔子，其最高封号是大成至圣文宣王。

[9]两庑（wǔ）：正堂（东西）两侧带走廊的房子。庑，堂周的廊屋、廊房。

[10]关帝、岳王：关帝指三国时的蜀国大将关羽。关羽字云长，山西解县（今临猗县西南）人。死后被神化，尊为关公、关帝。岳王指南宋抗金名将岳飞。岳飞字鹏举，相州汤阴人。死后被追封鄂王。有《岳武穆遗文》。

[11]部堂：六部尚书、侍郎称六部堂官，简称部堂，即部的主管官员。曾国藩为丁忧在籍的前礼部侍郎，故自称本部堂。

[12]殄（tiǎn）：灭绝、消灭掉。

[13]优叙（xù）：从优授予官职。叙，按规定等级次第授官或按功绩大小给予奖励都称叙，如诠叙、奖叙。这里说的优叙只能是名号、官职，包括空衔、候选、候补、实缺各官。

[14]忧勤惕厉：忧国忧民、勤于政事、兢兢业业、励精图治。

靖港败溃自请治罪折（附遗折遗片）

奏为靖港战败，水师半溃，请旨将臣交部从重治罪，并现在急筹补救，吁请特派大臣总统此军，恭折奏祈圣鉴事：

窃臣自三月十四日回泊省河，二十四五等日派水师剿贼靖港，两获胜仗；二十八九、初一、初二、初三、初四等日派水陆各营在湘潭连获大胜，杀贼近万人，烧船千馀号，大股歼灭，克复县城，现已会同抚臣另折具报。惟初二日靖港水勇溃败，实由微臣调度乖方[1]，有不忍不直陈于圣主之前者。自去冬钦奉谕旨，速援皖、鄂两省之盼望既殷，微臣之求效愈急，而其办理亦愈乖谬。臣之所以失者，约有数端：

征战之事，论胆技或兵不如勇，论纪律则勇不如兵。募勇万馀人，必须有大员协同管带，又须有文武员弁及得力绅士一二百人节节统辖，乃足互相维系。我皇上前次谕旨即已预虑及之。臣先时未能奏请大员帮同管带，又未尝多调文武员弁分布各营。每营仅一二官绅主之，纪纲不密，维系不固，以致溃散。其谬一也。

靖港之战，臣因湘潭水陆大捷，意欲同时并举，破贼老巢，使贼首尾不能相顾。是日风太顺，水太溜，进战则疾驶如飞，退回则寸步难挽。逮贼舟来逼，炮船牵挽维艰，或纵火自焚，或间以资贼，战舰失去三分之一，炮械失去四分之一。是日但知轻进之利，不预为退败之地。其谬二也。

水勇无曾经行阵之人，不得已招集船户、水手编派成军，训练未及一月。陆勇虽曾经训练，亦须随同久经战阵之兵接仗一二次，乃可期得力。今驱未经战阵之勇，骤当百战凶悍之贼，一营稍挫，全军气夺，非真勇不可用，乃臣不善调习而试用之故。其谬三也。

臣整军东下，本思疾驱出境，乃该逆大举南犯，臣师屡挫，鄂省危急不能速援，江面贼氛不能迅扫，大负圣主盼望殷切之意。清夜以思，负罪甚大，愧愤之馀，但思以一死塞责。然使臣效匹夫之小谅，置大局于不顾，又恐此军立归乌有，我皇上所倚以为肃清江面之具者，一旦绝望，则臣身虽死，臣罪更大。是以忍耻偷生，一面俯首待罪，一面急图补救。现在臣处一军，除溃败及汰遣外，水师仅留湘潭大胜五营二千馀人，陆路仅存战胜湘潭与留防平江之勇二千馀人，若率以东下，太觉单薄。而大小战船自洞庭遭风、靖港退败以后，存者须加修葺，失者仍须添造。臣前于二月初五在湘潭时，察知水勇未必可恃，当即咨商广西抚臣劳崇光代募曾经战阵之水勇一千名。旋准咨复，已在浔、梧一带如数招募，委知府李孟群管带[2]。臣已迭次咨催，令其迅速前来。又臣于三月初七日在岳州遇风坏船，回省时即派人往衡州续造大快蟹船二十号。又准两广督臣叶名琛咨称[3]，现派总兵陈辉龙督水师二百六十名，解炮一百位，已于二月二十五日起程前来。此时尚未见到，亦已咨催。合此三者，又将水手认真挑换，一两月间水师当有起色。但微臣自憾虚有讨贼之志，毫无用兵之才，孤愤有馀，智略不足，仰累圣主知人之明，请旨将臣交部从重治罪，以示大公；并吁恳皇上天恩，特派大臣总统此军。臣非敢因时事万难，遂推诿而不复自任，未经赴部之先，仍当竭尽血诚，一力经理。如船只已修，水勇可恃，臣亦必迅速驰赴下游，不敢株守片刻。所有微臣办理错谬，据实直陈，自请治罪，并请特派大臣缘由，恭折由驿具奏，伏乞皇上圣鉴训示。谨奏。

附：靖港败溃后未发之遗折遗片

未发之遗折

为臣力竭身殉，恭具遗折，仰祈圣鉴事：

臣自岳州战败后，即将战船于十四日调往长沙。十五、十六贼匪水陆大队全数上犯。水路贼舟湾泊离省数十里之靖江〔港〕、乔口、樟木〔树〕港一带。陆路之贼于二十五辰刻陷宁乡。臣派往宁乡防堵之勇千八百人在东门外鏖战，自辰至未，杀贼甚多。而贼匪愈聚愈众，多至二万馀人，将臣之勇环围数重，死伤极多，馀众溃围而出。

二十七日，贼匪即破湘潭。分股至涟江之易俗河及湘水之上游掳船数百号。臣派副将塔齐布、都司李辅朝、千总周凤山等由陆路往剿[4]；又派候选知府褚汝航、候补知县夏銮、千总杨载福[5]、文生彭玉麟[6]、邹世琦等营由水路往剿。自二十八日至初二日，塔齐布五获胜仗，前者杀死长发贼四千馀人，踏破贼营数座，烧毁木城一座，实为第一战功。水师褚汝航等烧毁贼船至五百馀号之多，亦为近年所仅见。此二案均由抚臣另行详细奏报。

臣于初二日自带舟师五营千馀人、陆勇八百人，前往靖江攻剿贼巢。不料陆路之勇与贼战半时之久，即行奔溃；而水师之勇见陆路既溃，亦纷纷上岸奔窜。大小战船有自行焚烧者，有被贼抢去者，有尚扎省河者；水勇竟至溃散一半；船、炮亦失去三分之一。臣愧愤之至，不特不能肃清下游江面，而且在本省屡次丧师失律，获罪甚重，无以对我君父。谨北向九叩首，恭折阙廷，即于□□日殉难。

臣读书有年，窃慕古人忠愤激烈之流。惟才智浅薄，过不自量，知小谋大，力小任重。前年奉命帮办团防，不能在籍守制，恭疏辞谢。臣以墨经出外莅事[7]，是臣之不孝也；去年奉命援鄂援皖，不自度其才之不堪，不能恭疏辞谢，辄以讨贼自任，以至一出偾事，是臣之不明也。臣受先皇帝知遇之恩，通籍十年，浮跻卿贰[8]。圣主即位，臣因事陈言，常蒙褒纳；间有戆激之语，亦荷优容。寸心感激，思竭涓埃以报万一[9]。何图志有馀而力不足，忠愤填胸，而丝毫不能展布。上负圣主重任之意，下负两湖士民水火倒悬之望。臣之父，今年六十有五，自臣奉命剿贼，日日以家书勉臣尽心王事，无以身家为念；凡贮备干粮、制造军械，臣父亦亲自经理。今臣曾未出境，自取覆败，尤大负臣父荩忠之责。此数者，皆臣愧恨之端。

论臣贻误之事，则一死不足蔽辜；究臣未伸之志，则万古不肯瞑目。所有微臣力竭殉难，谨具遗折哀禀于圣主之前，伏乞圣慈垂鉴。谨奏。

未发之遗片

再：

臣自去岁以来，日夜以讨贼为心。曾书檄文一道，刊刻张贴。今事无一成，贻笑天下；而臣之心，虽死不甘。谨将檄文抄呈御览，一以明臣区区之志，一以冀激发士民之心。

臣死之后，皇上必于两广、湖南择一讨贼之人。陆路之将，则臣去年所保之塔齐布，实为忠勇绝伦，深得士卒心，愿我皇上畀以重任[10]。水路之将，难得统领大员，现在湘潭获胜之褚汝航、夏銮、杨载福等，均可自将一军。

臣于二月初间，咨行广西抚臣劳崇光续召粤勇一千[11]。三月中旬，又在衡州续造大船二十号，约于四五月可齐。广东水师陈辉龙，亦于近日可到。而臣忽以靖江之败，失去船、炮，臣是以愧恨不能自容。伏冀皇上速简贤员，总统水军，而以塔齐布总统陆军。但使灭贼有期，则臣虽死，犹足以少赎罪愆。不胜瞻恋之至。谨附片具奏。

【题解】

写于咸丰四年（1854）。曾国藩在靖港败后准备自杀，已写好遗折、遗片，后知湘军在湘潭大胜，遂改变主意，上折请罪。故今日留下二折一片。

【注释】

[1] 调度乖方：调度不得法，方法错误或调度失误。

[2] 李孟群：字鹤人，河南光州（今潢川县）人。道光二十七年（1847）进士。原为广西桂平知县，后升浔州知府，积极参与镇压太平军的战争。咸丰四年调赴湖南，归曾国藩指挥。先领水军，后改领陆军，咸丰九年死于庐州。官至安徽布政使、署理安徽巡抚。

[3] 叶名琛：字昆臣，湖北汉阳人。道光十五年庶吉士。曾任广东巡抚、两

广总督。咸丰七年英法联军进攻广州,叶名琛不战、不和、不守、不死、不降、不走,终致城陷被俘,死于印度加尔各答。

[4] 李辅朝、周凤山:皆湘军陆师营官。周凤山曾任统领,咸丰六年溃败于江西樟树镇,咸丰七年溃败于江西吉安。

[5] 杨载福:字厚庵,湖南善化(今长沙市)人。同治初年,为避同治皇帝载淳名讳,改名杨岳斌。行伍出身。湘军水师统领。曾任福建水路提督、陕甘总督等职。

[6] 彭玉麟:字雪琴,湖南衡阳人,诸生,湘军水师统领。曾任兵部尚书,未赴任,仅每年巡阅长沙一次。

[7] 墨绖(dié):黑色的丧服。丧服为白色,属凶服,不吉利。守制期间,遇有战争或大事要办,就把丧服染成黑色,出征或出外做事。绖,原指丧服中系在头上或腰间的麻带、蔗绳,后泛指整套丧服,或孝服。

[8] 洊(jiàn)跻卿贰:意为渐渐跻身于部院大臣。洊,再次,亦通"荐",此处则通"渐"。卿贰,泛指地位很高的朝官。

[9] 涓埃:滴水和轻尘。常喻指微小的事物、力量或微薄的贡献。

[10] 畀(bì):给,给予,付与。

[11] 劳崇光:字辛阶,湖南善化人。道光十二年庶吉士。历任广西巡抚、广东巡抚、两广总督、云贵总督等职。

水师搜剿襄河续获大胜折

奏为水师搜剿襄河，续获大胜，烧船千馀号，恭折奏祈圣鉴事：

窃自二十三日官军大战武汉，烧毁贼船千馀号，克复两城，鄂省上下二百馀里大江已无贼踪，惟襄河之内贼船尚多。襄河即汉水，居民及船户皆称为小河者也。其正流上通安陆、襄阳，以达于兴安、汉中，其旁派则北枝通于德安、孝感、应城，南枝通赤野湖、沙湖，以达于沔阳、荆州。该逆盘踞武汉之时，其国宗丞相等率老贼守城，而别遣轻悍之贼在襄河南北掳粮，号令于贼，名曰打先锋；诛求于民，名曰催贡。有船千馀号，屯驻蔡店、系马口、长江埠、侏儒山等处，游弈无常[1]。近北枝者，有署督臣杨店一军堵剿；近南枝者，可由侏儒山、新滩口以出大江。前此臣国藩进扎金口之时，曾奏明留水师千馀人驻防新滩口，盖恐襄河贼舟由该处以抄袭我后路也。自八月十一日双保、福炘二镇在仙桃镇失利以后，贼舟愈多，其气愈炽。二十三日克复两城，臣等即拟分派水师，入襄河口内溯流搜剿。二十四日探报贼舟千馀，已由蔡店顺流而下，将冲出大江，与官军决一死战。魁玉、杨昌泗亲至臣国藩舟次，自请督荆兵攻防陆路，而请臣发水师迎而剿之。臣国藩即派各营以大船错布汉口内外，而以三板迅入迎击。入仅数里，该逆已连樯而下。其前队自杨林沟登岸者约二千人，魁玉等令官兵佯退，杨昌泗及参将恒泰率兵勇自龟元寺绕至杨林沟抄贼之尾，贼众败溃。适战船雷轰而入，该逆开炮抵敌，以河身太窄，贼船太挤，不能回旋取势。该逆仓皇失措，时开时泊，倏进倏反，后船之炮往往自击前船之贼，喧争互詈[2]。我军乘隙逼入，将火球、火蛋杂乱抛掷，间以喷筒、火箭，往来驰突。其凶悍之贼虽以火球回掷我军，而怯弱之贼与被掳之水手已纷纷凫水登岸逃窜，老贼持刀砍杀，不能禁止。窜至北岸汉口者，幸得脱免；窜至南岸汉阳者，辄被魁玉、杨昌泗之兵截剿，歼毙无数，生擒二百馀名，斩首百馀级。

陆军收队后，水师复乘胜追入。追及上游，有悍贼数舟，掷火包急扑我军。各船出入于浓烟烈焰之中，猝不及避，军士伤亡十馀人，营官守备萧捷三头面、手足俱受烧伤。杨载福等力前抢救，矛刺一贼堕水，焚悍者数舟，众贼乃扑水大溃。自三更以后，贼船逃窜一空。我水军既不放炮，亦不扬声，惟各持火球、火蛋，每隔一船，辄掷一火，凡行二十馀里，至罗家墩地方，将贼船千馀号悉数烧尽。四更始行收队。臣国藩在鲇鱼套，与汉水中隔大别一山，遥望火光自山后透出，照见江中波纹尽赤，屋瓦可数，比二十一、二十二两夜尤烈也。盖缘汉水逼仄[3]，乘贼船拥挤喧乱之时而击之。又荆州陆路之兵、两岸被害之民，亦乘间助而纵火；即船户被掳已久，怨极思归，亦有自燔其船以逃者[4]，皆若与水军联为一气。是以二十馀号战船，用力甚少，成功甚多。自有此战，襄河以内贼舟无几。更酌留船只，遍为搜剿。从此一意东下，无后路牵制之虞矣。

然臣等细察大局，尚有可虑者数端。水师抢船太多，私匿藏货，破城以后，水陆弁勇各获财物，颇有饱则思飏之意。又以岳州酷暑苦战，保奏稍迟，颇生觖望[5]，时出怨言。屡胜之馀，志骄气溢，殊觉散佚[6]，暗伏挫败之机。此可虑者一也。武昌窜出之贼，臣塔齐布洪山截剿，虽歼去四千，然逃者尚多。汉阳窜出之贼，则截剿无几，现有逃归下游蕲、黄一带，尚有数万。自岳州以下直至金陵数千里，久已沦为异域，小民劫于凶威，蓄发纳贡，习为固然。虽经谕令剃发，而乡民畏贼之暴，狐疑观望。崇阳、兴国、蕲州、黄、孝等处乱民尤多，设官军稍有挫衄，则四面皆贼，饷道易断。此可虑者二也。水陆两军银钱、子药，丝毫皆取给于湖南，此后去湘日远，不特饷项支绌，势难长久接济；且千里以外，转输尤艰，军火、银米一有缺乏，军士溃散，前功尽弃。此可虑者三也。现在机势大有可乘，臣等急思东下，以图克复沿江诸城。然念三者，步步艰难，又不能不熟思审度，缕陈于圣主之前。所有水师续获大胜，并臣等筹虑各条，恭折由驿驰奏,伏乞圣慈垂鉴,训示施行。谨奏。

【题解】

写于咸丰四年(1854)。这是曾国藩攻占武昌、汉阳后呈给清政府的奏折。折中提出急攻长江下游的"三可虑",颇有经营湖北、巩固上游之意,但未被清政府采纳,从而造成其后坐困中游的局面。

【注释】

[1] 游弈:巡逻。多用于水军。亦作"游弋"。《南史·樊毅传》所附"樊猛":"时(樊)猛与左卫将军蒋元逊领青龙(一种较小的战船)八十艘为水军,于白下(今南京市北)游弈,以御隋六合兵。"

[2] 詈(lì):骂,责骂。

[3] 仄(zè):此处为狭窄的意思。

[4] 燔(fán):烧,焚烧。

[5] 觖(jué)望:不满意,抱怨。

[6] 散佚:零散、遗失。文中之意是说队伍散漫,纪律松懈。

谢宽免处分恩折

奏为恭谢天恩事：

本年二月十七日，承准军机大臣字寄，咸丰五年正月十二日奉上谕："曾国藩自出兵以后，均能与塔齐布协力同心，扫除群丑。此时偶有小挫，尚于大局无损。曾国藩自请严议之处，着加恩宽免等因。钦此。"

窃臣杀贼有心，治兵无术。上年十二月十二日，因水师乘胜攻入内河，溯流迎剿，欲净洗鄱湖以内之船。该逆将隘卡加筑，以致内外隔绝，被贼划焚袭老营。臣治军年馀，当声威稍振之后，忽有此挫，上厪宵旰之忧劳，调度乖方，罪无可逭[1]。乃荷逾格天恩[2]，宽免处分。皇上之鉴原愈挚，微臣之感激愈深。惟有殚竭血诚，力图补救，或可稍赎愆尤。现在造船添勇，将次就绪，即当亲督出湖，水陆痛剿，迅扫逆氛，冀仰答高厚鸿慈于万一。所有微臣感悚下忱，理合缮折叩谢天恩，伏乞皇上圣鉴。谨奏。

【题解】

写于咸丰五年（1855）。咸丰四年底，湘军水陆夹攻九江、湖口，太平军利用湘军屡胜后滋生的骄狂之气和急于求战的心理，将湘军水师的轻便战船一百二十馀艘诱入鄱阳湖，尔后塞断湖口水卡，修筑工事，装备大炮，将其封锁在湖内，湘军水师遂被肢解，外江水师仅剩运转不灵、笨重的大战船，完全丧失了作战能力。十二月十二日、二十五日，太平军两次夜袭湘军外江水师，湘军大败，战船损失无数，曾国藩座船亦被俘获。曾国藩又一次投水自尽，被幕僚救起后，羞愤难当，又欲策马敌营赴死，被罗泽南、刘蓉等部下僚属死力劝阻。湖口惨败是湘军继靖港大败之后遭受的又一次重创，外江水师几乎全军覆没。此奏折是曾国藩对清政府免除其湖口惨败之罪的谢恩折。对这次失败，折中以"杀贼有心，治兵无术"自解。

【注释】

[1] 罪无可逭(huàn)：所犯罪行无法逃脱应得的惩罚，即不可原谅。逭，逃避。

[2] 荷：肩负，承受。逾格：超过规格。

统筹全局折

奏为统筹全局，将臣等一军应办事宜分条驰奏，仰祈圣鉴事：

窃正月十九日用地雷轰毙贼众，及内河水师重加整理情形，业经奏明在案。自后该匪未敢出城。二月十二日，逆贼约出千馀，分路来扰，四处山脚，广为埋伏。我军不动声色，暗自提防。该匪之凶悍者，一股进前猛扑，臣塔齐布分道抄击，贼众败窜，毙四十馀名，生擒十二名，当予凌迟枭示。

屡接各路文报及探卒禀报，臣等两次所遣回李孟群、彭玉麟等炮船，于正月初七、初九先后到鄂，共船一百三十馀号，分泊武昌城下，屡次开仗获胜。北岸之贼，其由黄梅、广济攻扑督臣杨霈营盘而上犯者[1]，已于初七日窜至汉口；其由小池口、武穴沿江岸而上犯者，初九日始窜至黄州。自黄州以下各市镇，如巴河、兰溪、蕲州、武穴、隆坪等处，现均有贼盘踞。南岸初本无贼，北岸之贼分千馀人由富池口南渡至兴国州，掳人数千，攻陷兴国、通山、崇阳、通城等州县，现尚分屯崇阳、咸宁、兴国，时扰江西武宁境上。九江之贼，于新坝添筑砖城，对岸小池口亦筑砖城，为死守抗拒之计。其在鄱湖以东者，湖口之贼虐役乡民，增高城堞，梅家洲大筑土城，长逾三里，贼卡、浮桥至今未拆，上盖木板，加以土石。都昌之贼，攻扑饶州，又有匪党自东流、建德而来，并集于饶州，分扰乐平、石镇街，屯聚于景德镇，合计七八千人。又东窜祁门、休宁，并有攻陷徽州之信。伪翼王石达开、伪丞相罗大纲久踞九江、湖口两处[2]。而饶州贼党亦张罗大纲之旗帜，意将侵扰广信，窥伺浙江等各情。此近日探报各路贼情之大略也。

以湖北、安徽、江西三省全局论之，陆路须有劲兵四支，水路须有劲兵两支，乃足以资剿办。北岸自蕲水、广济、黄梅以达于太湖、宿松，是为内一路；自汉口、黄州、蕲州、田镇、武穴滨江而下以达于小池口、望江县，是为外一路；南岸自九江以上，兴国、通山、崇阳、武宁等属，皆土匪勾结粤贼之渊薮，是为西一路；自湖口以下东流、建德、饶、池、徽、宁四府，皆逆匪觊觎浙江之要途，是为东一路。北岸之黄梅、太湖，前临大江，后枕灊岳，一山绵亘数县，屏蔽舒、庐，为该逆必争之地；南岸池洲虽瘠区，而大通镇、殷家汇水陆交冲，南窥徽、严，东障芜湖，亦为该逆必争之地。故南岸以东一路为最要，而西路次之；北岸以内一路为最要，而滨江一路次之。此四路者，须陆兵四支，缺一不可者也。水师自武昌以达湖口为上一支，自小孤山逾东西梁山以达太平、采石为下一支，乃与红单船相接。两支各自成军，分段肃清，庶免首尾不顾、腹背受敌之患，亦缺一不可者也。今臣等水军陷入鄱湖之船百馀号，回救鄂省之船百馀号，业已分为上下两支，似有因祸得福之机。然内湖一军，臣国藩来江整理造船添勇，无难就绪。回鄂一军，以被风击坏之船，当将士疲劳之后，与汉口新窜之贼相持，臣等又不能分身前往统领，日夜悬念。每闻春风之怒号，则寸心欲碎；见贼帆之上驶，则绕屋彷徨。不知李孟群等果能添置小船，复振军威否？至陆路须劲旅四支，而臣等只此一军，欲分为两支，则立形单弱；欲常聚一处，而事势所迫，有不得不分者，又不敢过于持重，致失机宜也。谨就目前之急务，度臣等力之所能办者，分条布置，为我皇上陈之。

一、现在贼窜饶州、乐平，分扰景德镇、祁门、徽州等处，所谓东路者也，为江、浙转饷之路，亦为奏报入京之路，关系大局非轻。臣等分派罗泽南统带湘勇三千，由江西省城绕出湖东，攻剿饶州之贼；又与抚臣陈启迈合募平江勇四千，同剿东路。俟饶郡克复，即引兵直下，或趋景德镇，或由建德进攻池洲。此路有重兵，使安庆之贼大为震动，则浙江之患可以少纾。臣等前折所谓贼攻我之所必救，我亦攻贼之所必救也。

一、悍贼石达开等坚守九江及对岸之小池口，臣塔齐布一军仍留五千人稳住浔郡，伺隙攻城，使贼不敢全数上窜武汉，亦不敢奔突他处。惟前此攻围浔城至万五千人之多，两次派胡林翼、王国才回援鄂省六千馀人[3]，此次派罗泽南驰剿饶州者又三千人[4]，存浔官军，过形单薄，俟筹添兵勇，续行具奏。

一、正月二十八日，臣国藩派水师船六十馀号至康山地方驻扎，外防大江之贼驶船入湖，内防饶州之贼掳船出湖，其馀弁勇尚在江省修船，日内修完，大队进扎南康、青山一带。其湖口贼卡、浮桥既坚，铺以木板，填以土石，人力难以遽破。俟春江盛涨，水陆并攻，即当力破浮桥，冲出大江。

一、臣国藩来江已逾月馀，日内船只修齐，即驻扎鄱阳湖内，四处游绎，西近臣塔齐布九江一军，声息常通；东近罗泽南饶州一军，调度亦便。两军相隔已在六百里外，全赖水师在湖中递接信息，庶几首尾相应。如东路攻剿得手，能至彭泽、东流等处，将来水师出江，乃得所依护而无孤悬之患。

以上四条，就目前之急务，臣等力之所能行者，筹商办理。是否有当？伏乞皇上圣鉴，训示施行。

再，臣等正月初五、初八、廿七日三次奏报，均未奉到朱批。此次改由湖南绕出荆州驿递进京，合并声明。谨奏。

【题解】

写于咸丰五年（1855）。这是曾国藩湖口败后根据战争形势的变化所做出的新部署。此时曾国藩兵、饷两乏，坐困中游，"每闻春风之怒号，则寸心欲碎；见贼帆之上驶，则绕屋彷徨"，开始了他治军以来最为困难的时期。

【注释】

[1] 杨霈：字慰农，汉军镶黄旗。道光九年进士。曾任湖广总督。咸丰五年被革职。

[2] 石达开：广西贵县人，太平天国运动主要领导人之一，重要将领。封翼王。同治二年被俘后为清军处死。罗大纲：初名亚旺，广东揭阳人，一说顺德人，一说广西人。太平天国著名将领，咸丰四年与石达开、林启荣三人共守九江、

湖口、梅家洲，大败湘军。

[3] 胡林翼：字贶生，号润芝，湖南益阳人。道光十六年庶吉士。曾任湖北巡抚等职。

[4] 罗泽南：字仲岳，号罗山，湖南湘乡人。孝廉。湘军陆师统领。曾补授浙江宁绍台道，未赴任。治理学，著有《西铭讲义》《小学韵语》《人极衍义》等。

谕纪泽

字谕纪泽儿：

　　胡二等来，接尔安禀，字画尚未长进。尔今年十八岁，齿已渐长，而学业未见其益。陈岱云姻伯之子号杏生者，今年入学，学院批其诗冠通场[1]。渠系戊戌二月所生，比尔仅长一岁，以其无父无母，家渐清贫，遂尔勤苦好学，少年成名。尔幸托祖父余荫，衣食丰适，宽然无虑，遂尔酣豢佚乐，不复以读书立身为事。古人云："劳则善心生，佚则淫心生。"孟子云："生于忧患，死于安乐。"吾虑尔之过于佚也。新妇初来，宜教之入厨作羹，勤于纺绩，不宜因其为富贵子女，不事操作。大、二、三诸女已能做大鞋否？三姑一嫂，每年做鞋一双寄余，各表孝敬之忱，各争针黹之工。所织之布，做成衣袜寄来，余亦得察闺门以内之勤惰也。余在军中不废学问，读书写字未甚间断，惜年老眼蒙，无甚长进。尔今未弱冠，一刻千金，切不可浪掷光阴。四年所买衡阳之田[2]，可觅人售出，以银寄营，为归还李家款。父母存，不有私财，士庶人且然，况余身为卿大夫乎？

　　余癣疾复发，不似去秋之甚。李次青十七日在抚州败挫[3]，已详寄沅浦函中。现在崇仁加意整顿，三十日获一胜仗。口粮缺乏，时有决裂之虞，深用焦灼。

　　尔每次安禀详陈一切，不可草率，祖父大人之起居、合家之琐事、学堂之工课，均须详载。切切此谕。

【题解】

写于咸丰六年(1856)。这是曾国藩写给曾纪泽的家书。信中谆谆劝诫子女刻苦读书,勤俭持家,以保持父祖家风。曾纪泽字劼刚,曾国藩长子。曾任驻英、法、俄大臣。光绪初年被派赴俄国,重新谈判收回伊犁地区问题。曾纪泽据理力争,与俄国签订《中俄伊犁条约》(又称《中俄改订条约》),争回了崇厚在沙俄胁迫下擅自签订的《里瓦几亚条约》中划失的伊犁南境特克斯河流域相当可观的中国领土。曾著《中国先睡后醒论》,主张"强兵"优先于"富国"。官至户部左侍郎,卒谥"惠敏"。著有《曾惠敏公全集》。

【注释】

[1] 冠通场:场,按文中即湖南学政在长沙府收录府、县生员的考场。通场,即全场,整个考场。冠,原为帽子,此处为全场之冠、全场第一。冠通场,即整个考场之冠。

[2] 四年:此指咸丰四年(1854)。

[3] 李次青:李元度字次青,湖南平江人。举人。湘军统领,曾国藩幕僚,曾任云南按察使、贵州布政使等职。

沥陈办事艰难仍吁恳在籍守制折

奏为沥陈微臣办事艰难竭蹶，终恐贻误，吁恳在籍守制，恭折奏祈圣鉴事：

窃臣谬厕戎行，与闻军事。仰蒙圣慈垂注，帱载恩深[1]。凡有奏请，多蒙俞允；即有过失，常荷宥原。遭逢圣明，得行其志，较之古来疆场之臣掣肘万端者，何止霄壤之别！惟以臣之愚，处臣之位，历年所值之时势，亦殊有艰难情状无以自申者，不得不略陈于圣主之前。

定例军营出缺，先尽在军人员拔补，给予札付。臣处一军，概系募勇，不特参、游、都、守以上无缺可补，即千、把、外委亦终不能得缺。武弁相从数年，虽保举至二三品，而充哨长者仍领哨长额饷，充队目者仍领队目额饷。一旦告假，即时开除，终不得照绿营廉俸之例，长远支领。弁勇互生猜疑，徒有保举之名，永无履任之实。或与巡抚、提督共事一方，隶人衙门则挑补实缺，隶臣麾下则长生觖望。臣未奉有统兵之旨，历年在外，不敢奏调满汉各营官兵。实缺之将领太少，大小不足以相维，权位不足以相辖。去年会筹江西军务，偶欲补一千、把之缺，必婉商巡抚，请其酌补。其隶九江镇标者，犹须商之总兵，令其给予札付。虽居兵部堂官之位，而事权反不如提、镇。此办事艰难之一端也。

国家定制，各省文武黜陟之权[2]，责成督抚。相沿日久，积威有渐。督抚之喜怒，州县之荣辱，进退系焉。州县之敬畏督抚，盖出于势之不得已。其奉承意旨，常探乎心之所未言。臣办理军务，处处与地方官相交涉。文武僚属，大率视臣为客，视本管上司为主。宾主既已歧视，呼应断难灵通。防剿之事，不必尽谋之地方官矣。至于筹饷之事，如地丁、漕折、劝捐、抽厘，何一不经由州县之手？或臣营抽厘之处，而州县故为阻挠。或臣营已捐之户,而州县另行逼勒。欲听之,则深虑事势之窒碍;欲惩之,则恐与大吏相龃龉。钱漕一事,小民平日本以浮收为苦,近年又处积困之馀。自甲寅冬间,两路悍贼窜入江西,所在劫掠,民不聊生。今欲于未经克复之州县征收钱漕,劝谕捐输,则必有劲旅屯驻,以庇民之室家,而又或择良吏,以恤民隐;或广学额,以振士气;或永减向日之浮收;或奏豁一年之正课,使民感惠于前,幸泽于后。庶几屡捐而不怨,竭脂膏奉公上而不以为苦。然此数者,皆巡抚之专政。臣身为客官,职在军旅,于劝捐扰民之事,则职分所得为;于吏治、学额、减漕、豁免诸务,则不敢越俎代谋。纵欲出一恺恻详明之告示,以儆官邪而慰民望,而身非地方大吏,州县未必奉行,百姓亦终难见信。此办事艰难之一端也。

　　臣帮办团练之始,仿照通例,镌刻木质关防,其文曰"钦命帮办团防查匪事务前任礼部右侍郎之关防";咸丰四年八月,臣剿贼出境,湖南抚臣咨送木印一颗,其文曰"钦命办理军务前任礼部侍郎关防";九江败后,五年正月换刻"钦差兵部侍郎衔前礼部侍郎关防";是年秋间补缺,又换刻"钦差兵部右侍郎之关防"。臣前后所奉援鄂、援皖,筹备船、炮,肃清江面诸谕,皆系接奉廷寄,未经明降谕旨,外间时有讥议。或谓臣系自请出征,不应支领官饷;或谓臣未奉明诏,不应称钦差字样;或谓臣曾经革职,不应专折奏事。臣低首茹叹[3],但求集事,虽被侮辱而不辞。迄今岁月太久,关防之更换太多,往往疑为伪造,酿成事端。如李成谋战功卓著,已保至参将矣,被刑辱于芷江县,出示以臣印札而不见信;周凤山备历艰辛,已保至副将矣,被羁押于长汀县,亦出示以臣印札而不见信。前福建巡抚吕佺孙,曾专函驰询臣印不符之故。甚至捐生领臣处之实收,每为州县猜疑,加之鞫讯[4];或以为不足据,而勒令续捐。今若再赴军营,又须另刻关防,歧舛愈多[5],凭信愈难。臣驻扎之省,营次无定,间有部颁紧要之件,亦不径交臣营。四年所请部照,因久稽而重请;六年所请实官执照,至今尚无交到确耗。此外文员之凭、武官之札,皆由督抚转交,臣营常迟久而不到。军中之事,贵取信如金石,迅速如风霆,而臣则势有所不能。斯又办事艰难之一端也。

兹三者其端甚微，关系甚巨。臣细察今日之局势，非位任巡抚、有察吏之权者，决不能以治军；纵能治军，决不能兼及筹饷。臣处客寄虚悬之位，又无圆通济变之才，恐终不免于贻误大局。凡有领军之责者，军覆则死之；有守城之责者，城破则死之。此天地之常经、古今之通义。微臣讲求颇熟，不敢逾闲。今楚军断无覆败之患，省城亦无意外之虞。臣赴江西，无所容其规避，特以所陈三端艰难情形既如此，而夺情两次，得罪名教又如彼。斯则宛转萦思，不得不泣陈于圣主之前者也。臣冒昧之见，如果贼势猖狂，江西危迫，臣当专折驰奏，请赴军营，以明不敢避难之义。若犹是目下平安之状，则由将军、巡抚会办，事权较专，提挈较捷。臣仍吁恳天恩，在籍终制，多守数月，尽数月之心；多守一年，尽一年之心。出自圣主逾格鸿慈，不胜惶恐待命之至。所有沥陈办事艰难，仍吁恳终制缘由，恭折驰奏。伏乞皇上圣鉴，训示施行。谨奏。

【题解】

写于咸丰七年（1857）。这是曾国藩向清政府索要地方行政权的一封奏折。折中所言"细察今日之局势，非位任巡抚、有察吏之权者，决不能以治军；纵能治军，决不能兼及筹饷"，实属当时战争的客观情势。但当时清政府还没能认识这一点，并未感到有授予曾国藩地方大权的必要，所以曾国藩此奏不仅没有得到江西地方大权，还受到舆论的攻击，陷于非常狼狈的境地。后世历史学者也往往以此作为曾国藩嗜权的根据，实际上是很不客观的。

【注释】

[1] 帱（dào）载：即天之所覆、地之所载之意，形容其广大无边。帱，覆盖。

[2] 黜陟（chù zhì）：官吏职位的进退升降。黜，贬谪，革除，罢免。陟，登，升，提升。

[3] 茹（rú）叹：轻声叹息，低声叹息，把叹息声重新吞回自己肚子里。忍

气吞声的意思。

[4] 鞠（jū）讯：审讯犯人。鞠，审讯。

[5] 歧舛（chuǎn）：相互矛盾，前后不一。歧，叉开。舛，彼此相违背。

李续宾死事甚烈功绩最多折

奏为巡抚衔浙江藩司李续宾死事甚烈，功绩最多，恭折奏祈圣鉴事：

窃臣于上年十月，闻皖北三河镇官军失利，比念李续宾刚烈性成，必已见危致命。惟相距过远，未悉其死事情形。兹据其胞弟李续宜禀称[1]：李续宾自攻克潜、太、舒、桐四县后，遵旨进攻庐州。因三河镇为舒、庐冲要，贼筑伪城一座、坚垒九座。九月二十八日进扎三河，十月初二日亲攻九垒下之。适粤逆陈玉成率大股贼自六合、庐江来援[2]，捻逆张乐行率大股贼自庐州来援[3]，众十馀万，昼夜兼程，直趋金牛镇，连营数十里，抄大军后路。李续宾所部除留防九江及舒、桐外，随征不过五千馀人，又攻垒血战，锐卒损伤过多，遂飞调防兵策应。未及至，而贼已来逼。初十日，派队迎击金牛镇，战樊家渡，已获全胜。忽左路出贼数万，乘雾来抄，我军回戈返斗，前后受敌。参将彭友胜，游击胡廷槐、饶万福等力战死之，馀皆截阻，不能归营。李续宾自领亲兵救应，而伪城之贼复出，与援贼相合，我军四面被围。初更时，最后两营李续焘、彭祥瑞越垒冲出。于是贼踞其垒，断我军去路。或劝以突围退保，无难再振。李续宾曰："某在军前后数百战，每出队，即不望生还。今日固必死此。有不愿从死者，请各为计。"各员弁皆跪泣曰："某等愿从公，以死报国，不愿去。"李续宾具衣冠，望阙叩首。二鼓向尽，怒马直出，赴悍贼林立处，死之。臣胞弟曾国华及何忠骏、何裕、王揆一、李续艺、吴立蓉、万斛源等皆死之。而副将李存汉、道员孙守信、运同丁锐义等犹督守孤垒，以俟桐城援兵。至十三日亥刻，子药、水米俱尽，孙守信等死之。十九日，贼攻桐城，李存汉、赵友财、谢嗣湘、李景均等死之，桐城复陷。凡湘军员弁、兵役随李续宾死者近六千人。十一月，三河附近绅民从贼中觅得李续宾尸骸，潜送霍山，迎至黄州，即将返葬湘乡各等情，禀报到臣。

伏查李续宾战绩，自咸丰三年赴援江西，克复太和、安福、永兴，有江西、湖南奏报。四、五两年攻克岳州、武汉、广信等处，有臣国藩奏报。六、七、八等年，攻克武汉、九江、皖北各处，有官文[4]、胡林翼等奏报，各在案。此次死事之烈，官文等必详奏请恤。惟臣与李续宾从事较久，相知颇深，有不得不渎陈于圣主之前者。李续宾初援江西，为谢梦草营中帮办，嗣随罗泽南征剿各处。循循弟子[5]，退然若无所知，不自表异，人亦未有以异之。逮岳州大桥之战，塔齐布独称湘勇白旗为无敌，贼亦深畏白旗——白旗者，李续宾所部右营也。既而田家镇之役，以少胜众。九江之败，士卒多逃散，独右营勇丁依依不去。然后众称其贤，得士心矣，犹复粥粥无能[6]。转战江西、岳、鄂之间，经过州县不见一客，稠人广坐不发一语。自楚军之兴，人人皆以节烈相高，或涅臂自盟[7]，或歃血共誓[8]，慷慨陈词，预相要约。李续宾独默然深藏，初不预作激烈自许之言，然忠果之色，见于眉间。远近上下，皆有以信其大节之不苟。

臣所立湘勇营制，编队立哨，略仿古法。计事授粮[9]，皆有定程。行之既久，各营时有变更。惟李续宾守法五年，始终不变。尝谓臣曰："立法者，但求大段妥善；行法者，当于小处弥缝。"臣初定湘营饷项，稍示优裕，原冀月有赢馀，以养将领之廉，而作军士之气。李续宾统营既多，历年已久，节省赢馀及廉俸至数万金，不寄家以自肥，概留备军中非常之需。咸丰六年冬，曾寄银五千两于南昌，济臣粮台之急。七年冬，又寄银万两至吉安，济臣弟曾国荃一军；又寄三千两至贵溪，济李元度一军。此外赢馀银两，亦皆量力济人，不忍他军饥而己军独饱。

往者故抚臣江忠源尝论兵勇利病。勇则畛域不分，而患其踪迹无定，此之所革，彼之所收；兵则尺籍有定，而患其界限太分，胜不相让，败不相救。兵则规矩较肃，而患无陷阵刚猛之风；勇则锐气较新，而患无上下等威之辨。故用兵以和为贵，用勇以严为贵。李续宾驭下极宽，终年不见愠色。而弁勇有罪，往往挥涕而手刃之。甲寅十月，在田家镇斩退怯之勇，臣奏牍称其有名将之风。故刑人无多，而岁久无敢弛慢。至于临阵之际，专以救败为务，以顾全大局为先。遇贼则让人御其弱者，而自当其悍者；分兵则以强者予人，而携弱者以自随。或携随数次，弱者渐强矣，则又另带新营以自随。江、楚诸军，每言肯携带弱兵，肯临阵救人者，前惟塔齐布，后惟李续宾。此次三河之败，亦由所部强兵分留湖北，分拨臣处，分防九江，分驻桐城，而多携弱者以自随。其仁厚在此，其致败亦未始不由乎此。此军民所尤感泣不忘者也。

臣昔观李续宾厚重少文，百战无挫，私心慰幸，以为可跻中兴福将之列；不意大难未夷，长城遽陨。督臣官文等具奏请恤，想蒙圣慈矜鉴。臣与李续宾同县姻戚，不敢饰辞溢美，亦不敢没其忠勋，谨就夙昔所知，渎陈宸听。伏乞皇上圣鉴，饬付国史馆查照施行。谨奏。

【题解】

写于咸丰九年（1859）。这是曾国藩为李续宾歌功颂德的一篇文字。文中基本概括了李续宾一生的事迹。李续宾字迪庵，湖南湘乡人，湘军陆师统领。曾任浙江布政使，未赴任。

【注释】

[1] 李续宜：字克让，号希庵，湖南湘乡人，李续宾胞弟。湘军陆师统领。曾任钦差大臣、湖北巡抚、安徽巡抚等职。

[2] 陈玉成：原名丕成，广西桂平人，太平天国名将，后期重要领导人，封英王。

[3] 张乐行：又作张洛行，安徽涡阳人，捻军领袖。接受太平天国领导，封征北主将、沃王。

[4] 官文：字秀峰，姓王佳氏，满洲正白旗人。曾任荆州将军、湖广总督、直隶总督、协办大学士、领侍卫内大臣等职，封一等伯爵。

[5] 循循：形容温顺守礼的样子。

[6] 粥粥（yù yù）：谦卑的样子。

[7] 涅臂自盟：染黑手臂发誓。涅，古代用作黑色原料的矿物，后引申为染黑。

[8] 歃（shà）血共誓：用禽畜的血染红口唇，集体立誓结盟。歃，用禽畜的血涂在唇上。

[9] 计事授糈（xǔ）：按照计事的轻重，即军中任职的高低发饷（与国家所授官位大小无干）。糈，粮。此处作粮饷、饷银讲。

遵旨会商大略折

奏为钦奉谕旨会商大略，由鄂省回驻巴河，恭折复奏仰祈圣鉴事：

窃臣行抵湖口，已将清厘报销、休息病卒各情驰报在案。在湖口小住十日，八月初一日解缆出江。十一日行抵黄州，与抚臣胡林翼晤商一切。十八日由黄赴鄂阳逻。途次承准军机大臣字寄，咸丰九年八月十三日奉上谕：

官文奏皖省贼势日张，筹议由楚分路剿办一折。皖省粤匪与捻匪勾结，蔓延日甚。胜保图攻怀远[1]，翁同书退守寿州[2]，庐州以外并无一旅之师。前此楚军东下，复以深入失利，以致匪势漫无牵制，肆意窜扰。官文以宝庆解围，败贼悉数南窜，川省已有备无患，请饬曾国藩缓赴川省，暂驻湖口。俟湖南大定，分军四路，步步为营，进剿皖省。所筹实于大局有益。曾国藩前奏尚在湖口清厘报销，并休息病卒。此时如已起程赴鄂，着与官文商酌，如湖南大局已定，川境可保无虞，即暂赴湖口，俟调回湖南各军，为分路进剿皖省之计。设湖南败匪尚未免有入蜀之虞，只可从缓酌量办理。军情变幻靡常，该大臣等近在邻省，侦探较确，必能相机筹画，力顾全局。至皖省糜烂已极，胜保自护城挫败后，其势不可复振。非由楚省派援，不能牵制贼势。该大臣等务须亟筹协剿，预为布置。一俟湖南定局，即照所议，调拨水陆各军分路进剿，实深盼望！另片请饬催四川等省饷银，已谕令各该督抚迅解等因。钦此。

仰见皇上权衡大局，熟计兼筹，尤以援皖为急务，令臣等相机酌办。

虚衷委任，感悚曷胜！臣于八月二十三日行抵武昌，晤商督臣官文。维时探闻湘贼大股全窜粤西，前队已趋义宁，距黔省边界甚近。或由龙胜、怀远一带入黔，以遂其窜蜀之谋，亦未可定。固不敢谓川境可保无事，此贼必无入蜀之虞。惟以道里计之，贼踪离蜀尚隔三千馀里，粤、黔两省万山丛杂，贼多食少，势难遽达蜀境。查皖北粤、捻各匪蔓延日广，南为金陵、芜湖之援，北为齐、豫数省之患。自安庆至宿、亳千馀里，人民失业，田庐荡然，火热水深，迫切待救。胜保、翁同书两军相隔既远，兵饷并绌，东北各路亦无协剿之师。诚如圣谕"非由楚省派兵驰援，不能牵制贼势"。官文、胡林翼拟将援湘马步各军调回，分路进发。皖、鄂接壤，途径纷歧。上年李续宾锐意深入，连克四城。因兵数太少，有战兵无守兵，有正兵无援兵，是以中道挫衄[3]。今惩前之失，须合全力图之。多添一兵得一兵之力，早办一日救一日之难。中原腹地，莫要于皖；生民苦厄，莫甚于皖。就大局缓急而论，臣自应回军援皖，先其所急，以其速苏民困，仰慰宸廑[4]。

臣于九月初三日，由武昌回驻黄州下游四十里之巴河，简校军实，详考入皖形势。进兵须分四路：南则顺江而下，一由宿松、石碑，以规安庆；一由太湖、潜山，以取桐城。北则循山而进，一由英山、霍山以取舒城；一由商城、六安以规庐州。南军驻石碑，则可与杨载福、黄石矶之师联为一气；北军至六安州，则可与翁同书寿州之师联为一气。臣所部不及万人，仅足自当一路。若将援湘之萧启江调回[5]，则臣处可分为两支；若并将张运兰调回[6]，则臣处可分为三支。一支之力，仅能会剿皖北；三支之力，则可专任皖南。臣于正月十一日曾经缕析具奏在案。此时湘事虽纾[7]，边防尚紧。臣拟酌留张运兰一军，协防湖南；咨调萧启江带勇五千，先行来鄂。相应请旨饬下湖南抚臣，檄催萧启江克日前来，会同鄂省各军，陆续东下，以期廓清皖境，荡平寇氛。除进剿事宜另行会商驰报外，所有遵旨商筹全局，并回驻巴河各缘由，恭折由驿五百里复奏。伏乞皇上圣鉴，训示遵行。谨奏。

【题解】

写于咸丰九年（1859）。这是曾国藩关于进攻安徽的一个战役规划。折中所拟四路进军计划没有完全实施，仅一、二两路照计划执行，三、四两路则因兵力抽调而直至攻陷安庆后方移兵实施。

【注释】

[1] 胜保：字克斋，满洲镶白旗人。道光二十年举人。曾任钦差大臣、礼部侍郎、军务帮办等职。在祺祥政变中有力地支持了奕訢，最后在镇压西部回民起义时，以"骄纵贪淫，冒饷纳贿，拥兵纵寇，欺罔贻误"之罪被那拉氏处死。

[2] 翁同书：字祖庚，号药房，江苏常熟人。道光十二年庶吉士。曾任安徽巡抚，被曾国藩所劾而革职。

[3] 挫衄（nǜ）：失败，挫败。挫，失败。衄，挫败。

[4] 宸（chén）廑（qín）：指皇帝。宸，北辰所居之地，指皇帝的宫殿，引申为皇位、皇帝的代称。廑，古勤字。

[5] 萧启江：字浚川，湖南湘乡人。湘军统领，官至布政使衔记名按察使。咸丰十年病死于四川。

[6] 张运兰：字凯章，湖南湘乡人。老湘营统领，补授福建按察使，同治三年死于赴任途中。

[7] 纾（shū）：解除或宽裕、宽松、延缓的意思。此处作缓解讲。

遵旨会筹规剿皖逆折

奏为遵旨悉心筹酌，恭折复奏仰祈圣鉴事：

窃咸丰九年九月二十八日，承准军机大臣字寄，九月二十一日奉上谕：

曾国藩奏遵旨筹剿皖匪机宜，现已由鄂回驻巴河一折。皖省贼氛甚炽，必须楚师东下方可扫荡。曾国藩奏称：以两军循江而下，规取安庆、桐城；两军循山而进，规取舒城、庐州。各军所部兵勇，自即照官文前奏派拨。该侍郎独任一路，尚拟将萧启江调回，派张运兰留湘协防。但萧启江一军已入粤西，现当桂林危急万分，全恃此军援应，急切未能调回。至湘中防堵，尚有兵勇可派，着该侍郎斟酌情形，即将张运兰调取回鄂，亦可补萧启江之缺。

再本日据袁甲三、庚长奏[1]：现闻官文等筹议进兵剿办皖逆，并议令胜保等于东北路截剿。惟胜保、傅振邦兵力单弱[2]，一经楚师大举，深恐驱贼北窜，请饬由光州、固始、颍州一带，绕赴北路进剿等语。曾国藩所奏，北路一军由商城前进，本去颍州不远，惟须折赴六安，规取庐州，则蒙、亳等处已难兼顾。此时捻、粤勾结，设因南路不支，竟图北窜，恐傅振邦、翁同书等不能堵遏，袁甲三等所虑亦不为无见。着官文、曾国藩、胡林翼再行悉心筹酌。所有东下四军内，应如何派出一军，取道光、固、颍州，绕出怀、蒙以北，与胜保等官军会合南剿，俾逆匪不致北犯，是为至要。袁甲三等原折，着抄给阅看。至此次官文等会筹大举，关系全局利害，总须计出万全，不妨稍迟时日，谋定后动也。将此由六百里各谕令知之。钦此。

仰蒙皇上筹维全局，指示机宜，曷胜钦感！伏维自古办窃号之贼，与办流贼不同[3]。剿办流贼，法当预防，以待其至，坚守以挫其锐；剿办窃号之贼，法当翦除枝叶，并捣老巢。今之洪秀全据金陵，陈玉成据安庆，私立正朔[4]，伪称王侯，窃号之贼也。石达开等之由浙而闽、而江、而湖南、而广西，流贼之象也。宫、张诸捻之股数众多，分合无定，亦流贼之类也。自洪、杨内乱，镇江克复，金陵逆首凶焰久衰。徒以陈玉成往来江北，勾结捻匪，庐州、浦口、三河等处迭挫我师，遂令皖北之糜烂日广，江南之贼粮不绝。臣等窃以为欲廓清诸路，必先攻破金陵，全局一振，而后江南大营之兵可以分剿数省，其饷亦可分润数处；欲攻破金陵，必先驻重兵于滁、和，而后可去江宁之外屏，断芜湖之粮路；欲驻兵滁、和，必先围安庆，以破陈逆之老巢，兼捣庐州，以攻陈逆之所必救。诚能围攻两处，略取旁县，该逆备多力分，不特不敢悉力北窜齐、豫，并不敢壹意东顾江浦、六合——盖窃号之贼，未有不竭死力以护其本根也。现拟四路进兵，自江滨而北。第一路由宿松、石碑以规安庆，臣国藩亲自任之。第二路由太湖、潜山以取桐城，多隆阿、鲍超等任之[5]。第三路由英山、霍山以取舒城，臣林翼亲自任之。先驻楚、皖之交，调度诸军，兼筹转运。第四路由商、固以规庐州，调回李续宜一军任之。

袁甲三等原奏，恐驱贼北窜，请由光、固、颍州绕赴北路等语。查湘勇久战江滨，于淮北贼情、地势不甚熟悉，能否绕出怀、蒙以北，应俟李续宜军至固始后，察看情形，再行奏明办理。

至萧启江一军，臣国藩前于奏明后，即经檄调来鄂；嗣闻桂林解围，又经飞札催调，计日内当已由粤回湘。张运兰一军，经湖南抚臣派防郴州。该道久劳于外，适值防务稍纾，禀请给假三月，暂予休息。臣国藩与骆秉章皆经批准，难遽北来。应恳皇上天恩，仍饬萧启江来皖，俾臣等少收臂指之助[6]。除俟各军取齐，再行驰报外，所有遵旨悉心会筹缘由，谨合词恭折，由驿五百里复奏。伏乞皇上圣鉴，训示施行。谨奏。

【题解】

写于咸丰九年（1859）。该折是前一折的补充，其主旨是应诏言明进攻安徽不会造成太平军全力北上的形势。折中所言"剿办窃号之贼"与"剿办流贼"的不同办法以及力争上游、由上制下的战略思想，从军事的角度看，都是符合作战原则的。

【注释】

[1] 袁甲三：字午桥，河南项城人。道光十五年进士。曾任钦差大臣、太仆寺卿、署理漕运总督等职。庚长：满洲镶黄旗人，曾任两淮盐运使、直隶布政使、南河河道总督等职。

[2] 傅振邦：山东昌邑人。道光十六年武进士。曾任徐州镇总兵、云南提督等职。咸丰九年正月奉调安徽，代领袁甲三临淮军，十年十二月病免。

[3] 窃号之贼：创立年号的起义军，即自称皇帝、建立首都的起义军。

[4] 私立正朔：自己规定不同于朝廷立法的每年正月初一的时间。也就是自己建立年号，颁布历法。正，即每年的一月；朔，即每月的初一日。

[5] 多隆阿：字礼堂，满洲正白旗人。湘军陆师统领，曾任荆州将军、西安将军等职。鲍超：字春霆，四川奉节（今属重庆）人。湘军陆师统领，曾任浙江提督、湖南提督等官职。

[6] 臂指之助：得力的帮助。臂，即手臂。指，手指。臂指，像手臂与手指那样联系紧密，得心应手。

圣哲画像记

　　国藩志学不早，中岁侧身朝列，窃窥陈编[1]，稍涉先圣昔贤魁儒长者之绪[2]。驽缓多病，百无一成；军旅驰驱，益以芜废。丧乱未平，而吾年将五十矣。往者，吾读班固《艺文志》及马氏《经籍考》，见其所列书目丛杂猥多，作者姓氏至于不可胜数，或昭昭于日月，或湮没而无闻。及为文渊阁直阁校理，每岁二月，侍从宣宗皇帝入阁，得观《四库全书》。其富过于前代所藏远甚，而存目之书数十万卷，尚不在此列。呜呼！何其多也！虽有生知之资，累世不能竟其业，况其下焉者乎！故书籍之浩浩，著述者之众，若江海然，非一人之腹所能尽饮也。要在慎择焉而已。余既自度其不逮，乃择古今圣哲三十馀人，命儿子纪泽图其遗像，都为一卷，藏之家塾，后嗣有志读书取足于此，不必广心博骛。而斯文之传，莫大乎是矣。昔在汉世，若武梁祠、鲁灵光殿，皆图画伟人事迹，而《列女传》亦有画像。感发兴起，由来已久。习其器矣，进而索其神、通其微、合其莫[3]，心诚求之，仁远乎哉？国藩记。

　　尧舜禹汤，史臣记言而已。至文王拘幽，始立文字、演《周易》。周、孔代兴[4]，六经炳著，师道备矣。秦汉以来，孟子盖与庄、荀并称[5]；至唐，韩氏独尊异之[6]；而宋之贤者，以为可跻之尼山之次[7]，崇其书以配《论语》。后之论者，莫之能易也，兹以亚于三圣人后云[8]。

　　左氏传经[9]，多述二周典礼[10]，而好称引奇诞，文辞烂然，浮于质矣[11]。太史公称庄子之书皆寓言。吾观子长所为《史记》，寓言亦居十之六七。班氏闳识孤怀[12]，不逮子长远甚；然经世之典、六艺之旨、文字之源、幽明之情状，粲然大备，岂与夫斗筲者争得失于一先生之前，姝姝而自悦者哉[13]!

诸葛公当扰攘之世[14],被服儒者,从容中道。陆敬舆事多疑之主[15],驭难驯之将,烛之以至明,将之以至诚,譬若御驽马登峻坂,纵横险阻而不失其驰,何其神也!范希文、司马君实遭时差隆[16],然坚卓诚信,各有孤诣。其以道自持,蔚成风俗,意量亦远矣。昔刘向称董仲舒王佐之才[17],伊、吕无以加[18],管、晏之属[19],殆不能及。而刘歆以为董子师友所渐[20],曾不能及乎游、夏[21]。以予观四贤者[22],虽未逮乎伊、吕,固将贤于董子。惜乎不得如刘向父子而论定耳。

自朱子表章周子、二程子、张子[23],以为上接孔孟之传,后世君相师儒,笃守其说,莫之或易。乾隆中,闳儒辈起,训诂博辨,度越昔贤,别立徽志,号曰"汉学"。摈有宋五子之术[24],以谓不得独尊。而笃信五子者,亦屏弃汉学,以为破碎害道,龂龂焉而未有已[25]。吾观五子立言,其大者多合于洙泗[26],何可议也?其训释诸经,小有不当,固当取近世经说以辅翼之,又可屏弃群言以自隘乎?斯二者亦俱讥焉。

西汉文章,如子云、相如之雄伟[27],此天地遒劲之气,得于阳与刚之美者也,此天地之义气也;刘向、匡衡之渊懿[28],此天地温厚之气,得于阴与柔之美者也,此天地之仁气也。东汉以还,淹雅无惭于古[29],而风骨少隤矣。韩、柳有作,尽取扬、马之雄奇万变,而内之于薄物小篇之中,岂不诡哉!欧阳氏、曾氏皆法韩公,而体质于匡、刘为近。文章之变,莫可穷诘。要之不出此二途,虽百世可知也。

余钞古今诗,自魏晋至国朝,得十九家,盖诗之为道广矣。嗜好趋向,各视其性之所近,犹庶羞百味[30],罗列鼎俎[31],但取适吾口者,哜之得饱而已。必穷尽天下之佳肴辨尝而后供一馔,是大惑也;必强天下之舌,尽效吾之所嗜,是大愚也。庄子有言:"大惑者,终身不解;大愚者,终身不灵。"余于十九家中,又笃守夫四人者焉。唐之李、杜,宋之苏、黄,好之者十而七八,非之者亦且二三。余惧蹈庄子不解不灵之讥,则取足于是终身焉已耳。

司马子长网罗旧闻,贯串三古[32],而八书颇病其略[33];班氏《志》较详矣，而断代为书，无以观其会通。欲周览经世之大法，必自杜氏《通典》始矣[34]。马端临《通考》[35]，杜氏伯仲之间，郑《志》非其伦也。百年以来，学者讲求形声、故训，专治《说文》，多宗许、郑[36]，少谈杜、马。吾以许、郑考先王制作之源，杜、马辨后世因革之要，其于实事求是一也。

先王之道，所谓修己治人、经纬万汇者，何归乎？亦曰礼而已矣。秦灭书籍，汉代诸儒之所掇拾，郑康成之所以卓绝，皆以礼也。杜君卿《通典》，言礼者十居其六，其识已跨越八代矣！有宋张子、朱子之所讨论，马贵与、王伯厚之所纂辑[37]，莫不以礼为兢兢。我朝学者，以顾亭林为宗[38]，《国朝儒林传》衮然冠首[39]。吾读其书，言及礼俗教化，则毅然有守先待后、舍我其谁之志，何其壮也！厥后张蒿庵作《中庸论》[40]，及江慎修、戴东原辈[41]，尤以礼为先务。而秦尚书蕙田[42]，遂纂《五礼通考》，举天下古今幽明万事，而一经之以礼，可谓体大而思精矣。吾图画国朝先正遗像，首顾先生，次秦文恭公，亦岂无微旨哉！桐城姚鼐姬传、高邮王念孙怀祖[43]，其学皆不纯于礼。然姚先生持论闳通，国藩之粗解文章，由姚先生启之也。王氏父子集小学训诂之大成[44]，复乎不可几已[45]，故以殿焉[46]。

姚姬传氏言学问之途有三：曰义理，曰词章，曰考据[47]。戴东原氏亦以为言。如文、周、孔、孟之圣，左、庄、马、班之才，诚不可以一方体论矣。至若葛、陆、范、马，在圣门则以德行而兼政事也；周、程、张、朱，在圣门则德行之科也，皆义理也；韩、柳、欧、曾、李、杜、苏、黄，在圣门则言语之科也，所谓词章者也；许、郑、杜、马、顾、秦、姚、王，在圣门则文学之科也。顾、秦于杜、马为近，姚、王于许、郑为近，皆考据也。此三十二子者，师其一人，读其一书，终身用之，有不能尽。若又有陋于此而求益于外，譬若掘井九仞而不及泉，则以一井为隘，而必广掘数十百井，身老力疲，而卒无见泉之一日。其庸有当乎？

自浮屠氏言因果祸福[48]，而为善获报之说深中于人心，牢固而不可破。士方其占毕呫哔[49]，则期报于科第禄仕；或少读古书，窥著作之林，则责报于遐迩之誉、后世之名；纂述未及终编，辄冀得一二有力之口，腾播人人之耳，以偿吾劳也。朝耕而暮获，一施而十报，譬若沽酒市脯，喧聒以责之贷者，又取倍称之息焉。禄利之不遂，则徼幸于没世不可知之名。甚者至谓孔子生不得位，没而俎豆之报隆于尧舜[50]。郁郁者以相证慰，何其陋欤！今夫三家之市，利析锱铢，或百钱逋负，怨及孙子；若通阛贸易[51]，瑰货山积，动逾千金，则百钱之有无，有不暇计较者矣；富商大贾，黄金百万，公私流衍，则数十百缗之费，有不暇计较者矣。均是人也，所操者大，犹有不暇计其小者；况天之所操尤大，而于世人毫末之善、口耳分寸之学，而一一谋所以报之，不亦劳哉！商之货殖同、时同，而或赢或绌；射策者之所业同，而或中或罢；为学著书之深浅同，而或传或否，或名或不名，亦皆有命焉，非可强而几也。古之君子，盖无日不忧，无日不乐。道之不明，己之不免为乡人，一息之或懈，忧也；居易以俟命，下学而上达，仰不愧而俯不怍[52]，乐也。自文王、周、孔三圣人以下，至于王氏，莫不忧以终身，乐以终身，无所于祈，何所为报？己则自晦，何有于名？惟庄周、司马迁、柳宗元三人者，伤悼不遇[53]，怨悱形于简册[54]，其于圣贤自得之乐，稍违异矣。然彼自惜不世之才，非夫无实而汲汲时名者比也。苟汲汲于名，则去三十二子也远矣。将适燕晋而南其辕[55]，其于术不益疏哉？

文周孔孟，班马左庄，葛陆范马，周程朱张，韩柳欧曾，李杜苏黄，许郑杜马，顾秦姚王。三十二人[56]，俎豆馨香。临之在上，质之在旁[57]。

【题解】

写于咸丰九年（1859）。这是曾国藩对自周初至清代的三十二位著名人物所作的评价，实际上是一篇文化简史，从中可以看出曾国藩对中国传统思想文化所持的态度。

【注释】

[1] 陈编：指古书。

[2] 绪：绪余，边缘、皮毛的意思。

[3] 索其神、通其微、合其莫：探索它的精神实质，弄清它的细微深奥之处，

合于它的思想主张。莫,通"谟"。

[4] 周、孔:指周公(姬旦)和孔子。

[5] 庄、荀:指庄子(庄周)、荀子(荀况,荀卿)。

[6] 韩氏:指唐代著名文学家韩愈。

[7] 可跻之尼山之次:地位可升列到紧靠孔子之后。尼山指孔子。司马迁《史记·孔子世家》载,孔子之父叔梁纥与颜氏女于尼山进香途中"野合"而生孔子。

[8] 三圣人:此处当指前面所说的周文王、周公旦和孔子。此数句意为后世学者都认为韩愈和宋代贤者(当指周敦颐、程颢、程颐、朱熹等理学家)将孟子排在三位圣人之后的见解是不能改变的。

[9] 左氏:指左丘明,春秋时鲁国(今山东省曲阜市)人。史学家。曾任鲁太史,双目失明。著有《左传》。

[10] 二周:指周文王姬昌、周公姬旦。

[11] 浮于质:指(文辞)超过内容。浮,超过。质,本体。这里指内容。

[12] 班氏:指班固(32—92),字孟坚,西汉扶风安陵(今陕西省咸阳市东)人。其父班彪撰《汉书》未成而卒,班固继父业,历二十余年,修成《汉书》(唯《八表》及《天文志》未竟而卒,由其妹班昭续成之)。汉和帝元年窦宪出击匈奴,班固为中护军。后窦宪被和帝与中常侍(宦官)郑众谋诛,班固亦被捕系狱,死于狱中。

[13] 姝(shū)姝自悦:自我欣赏,自满自悦。姝,美好,美女。姝姝,柔美、柔顺貌。《庄子·徐无鬼》:"所谓暖(xuān)姝者,学一先生之言,则暖暖姝姝,而私自说(通"悦")也,自以为足矣。"

[14] 诸葛:指诸葛亮(181—234),字孔明,琅邪阳都(今山东沂南)人。三国蜀相,著名政治家、军事家。封武乡侯,卒后谥忠武侯。著有《诸葛亮集》。

[15] 陆敬舆:陆贽字敬舆,唐代嘉兴人。进士,曾任翰林学士、中书侍郎、同平章事等职,参与机要。后被贬,死于忠州(今重庆市忠县)别驾任上。

[16] 范希文:范仲淹(989—1052)字希文,宋代苏州吴县人。进士,曾任陕西经略副使、陕西四路宣抚使、参知政事等职,以天下为己任,政绩颇著。

卒谥文正。著名政治家、文学家，著有《范文正公集》。司马君实：司马光（1019—1086）字君实，陕州夏县（今山西省夏县）涑水乡人。北宋著名政治家、史学家。进士，历仕仁宗、英宗、神宗三朝。他反对王安石新法，哲宗即位，司马光入朝为相，尽改新法，恢复旧制。与刘恕、刘攽、范祖禹等人编《资治通鉴》，系我国重要的编年史著作。卒谥文正，追封温国公。遭时差隆：所处的时代还算盛世。遭，遭逢。差（chā），比较，略微，尚。隆，盛，兴盛。

[17] 刘向（前77？—前6）：原名更生，汉高祖刘邦之弟楚元王刘交四世孙。宣帝时任散骑谏大夫，元帝时因忤宦官弘恭、石显被捕下狱。成帝时改名刘向，任光禄大夫，校阅经传、诸子、诗赋等书籍，著《别录》，为我国最早的分类目录。还撰有《新序》《说苑》《列女传》《洪范五行传论》等书。董仲舒（前179—前104）：广川（今河北省枣强县东）人。少时即治《春秋公羊传》。景帝时为博士。武帝时，以贤良对策称旨而受器重，擢任江都相后因言灾异事下狱，不久赦免，改任胶西王相，恐再获罪，遂告病辞官家居，讲学著书，朝廷每遇大事，常遣使上门咨询。董仲舒主张独尊儒术，罢黜百家，主"天人感应"说，奠定了在此之后两千多年封建社会均以儒学为正宗的基础。著有《春秋繁露》《董子文集》。王佐之才：辅佐帝王成就事业的才干。《汉书·董仲舒传赞》："刘向称董仲舒有王佐之材，虽伊、吕无以加，管、晏之属，伯者之佐，殆不及也。"

[18] 伊、吕：伊指伊尹。吕指吕尚，又称吕公望、姜尚、姜太公，字子牙，曾任周丞相，助文王兴国、武王伐纣，封齐国，是姜氏齐国的鼻祖。

[19] 管、晏：指管仲，晏婴。管仲名夷吾，字仲，春秋初年颍上（今属安徽）人，曾任齐相，助齐桓公成就一代霸业。晏婴字平仲，春秋时齐国夷维（今山东省高密市）人，著名政治家、外交家，任齐卿，历仕灵公、庄公、景公三世。后人收集其言论，辑为《晏子春秋》。

[20] 刘歆（？—前23）：刘向之子，字子骏，后改名秀，字颖叔。与父刘向总校群书，父死后任中垒校尉，继承父业，整理六艺群书编成《七略》，对经籍目录学做出贡献。后因参与谋杀王莽，事败自杀。渐（jiān）：浸润。

[21] 游、夏：游指子游（前506—？），姓言名偃，字子游，春秋时吴国人。孔子弟子，擅长文学。仕鲁，曾为武城宰，提倡以礼乐教人。夏指子夏（前507—前400），姓卜名商，字子夏，春秋末晋国温（今河南省温县西南）人。孔子弟子，曾为莒父宰。孔子死后，到魏国讲学，为魏文侯师，李克、吴起都是他的学生。

[22] 四贤者：指前文所说的诸葛亮、陆贽、范仲淹和司马光。

[23] 朱子：朱熹（1130—1200），字元晦，号晦庵，南宋徽州婺源人，生于福建延平。晚年迁居建阳考亭，主讲紫阳书院，故又别称考亭、紫阳。朱熹为程颐三传弟子李侗的学生，继承并发展程颢、程颐理气关系的学说，阐发儒家思想中的"仁"和《大学》《中庸》的哲学思想，集理学之大成，被后世并称为程朱理学。他所编注的《四书集注》，为元代以来历代王朝科举考试所采用。朱熹对古籍做了大量整理、注释以及鉴真辨伪的工作，其著作有《四书集注》《诗集传》《周易本义》《楚辞集注》《通鉴纲目》及后人编辑的《朱文公集》《朱子语类》。周子：指周敦颐。二程子：指程颢、程颐。程颢字伯淳，又称明道先生，北宋洛阳人，著名理学家、教育家。程颐字正叔，又称伊川先生，程颢之弟，亦为著名理学家、教育家。世称兄弟二人为"二程"，同学于周敦颐，是北宋理学的奠基人。著有《二程全书》。张子：指张载（1020—1077），字子厚，北宋凤翔郿县横渠镇人。进士，曾任崇文院校书，不久退居南山，教授诸生，学者称其为横渠先生。反对以"理"为万物本源，主张"气"为万物之本源，认为虚空即是气，气为充塞宇宙的实体，各种事物的形成，均为气的聚散变化，承认物质先于精神而存在。因其为关中人，故其学派称为"关学"。其著述后人编为《张子全书》。

[24] 宋五子：指宋代五位理学家，即周敦颐、张载、程颢、程颐、朱熹。

[25] 龂（yín）龂：争辩不休的样子。

[26] 洙（zhū）泗：即洙、泗二水。古时二水自今山东泗水县北合流西下，至曲阜北又分流，洙水在北，泗水在南，春秋为鲁国之地，孔子居于洙泗之间，教授弟子。《礼记·檀弓》上："吾与女（通"汝"）事夫子于洙泗之间。"后以之代指儒家。南朝梁任昉《齐竟陵文宣王行状》："弘洙

泗之风，阐迦维（指佛祖）之化。"

[27] 子云：扬雄（前53—公元18）字子云，西汉蜀郡成都人，著名文学家、语言学家，以辞赋见长，多仿司马相如。扬雄博通群籍，文字功底深厚，仿《易经》《论语》作《太玄》《法言》，编字书《训纂篇》《方言》。明代人辑为《扬子云集》。相如：司马相如（前179—前118）字长卿，西汉蜀郡成都人。曾任武骑常侍、孝文园令等职。著名文学家，擅长辞赋，作有《子虚》《上林》《大人》等大赋。

[28] 匡衡：字稚圭，西汉东海承（今山东省苍山县西南兰陵镇）人，经学家、文学家。曾任丞相，封安乐侯。渊懿：含蓄之美。渊，深潭。懿，美。

[29] 淹雅无惭于古：即渊博、优雅不减于古时。淹雅，渊博高雅。《晋书·何充传》："（何）充风韵淹雅，文义见称。"

[30] 庶羞：多种佳肴美味。庶，众，多。羞，同"馐"。品多曰庶，肴美曰羞。

[31] 鼎俎：本指烹调用的锅和分割牲肉的砧板，此处意为煮熟的各种畜禽肉。鼎，古代炊器，多用来煮肉。有圆形三足和方形四足两种。俎，古代祭祀或宴会时放置牲肉的礼器。

[32] 三古：上古、中古、下古合称三古。三古有不同说法，有称伏羲为上古、神农为中古、五帝为下古者，有以伏羲为上古、文王为中古、孔子为下古的。

[33] 八书：指《史记》中的《礼书》《乐书》《律书》《历书》《天官书》《封禅书》《河渠书》《平准书》。

[34] 杜氏《通典》：杜佑（735—812）字君卿，唐京兆万年（今陕西省西安市长安区）人，历任岭南、淮南节度史，检校司徒同平章事等职，封为岐国公。所著《通典》，系我国现存最早专门记述历代典章制度的通史巨著，所收材料自上古至唐代天宝年间。全书共二百卷。

[35] 马端临《通考》：马端临（1254？—1323）字贵与，南宋末乐平（今属江西）人。其父曾为南宋宰相，为贾似道所忌恨而解职归里。马端临博览群书，学识渊博，以父荫得补承事郎。宋亡不仕，在乡里教读为生，曾任衢州路柯山书院山长。《通考》，全称《文献通考》，马端临撰，三百四十八卷。按《通典》体例，门类有所增补，上接《通典》，自天宝

增补续修至南宋嘉定末年。与唐代杜佑《通典》、宋代郑樵《通志》合称为"三通"。

[36] 许、郑：许，指许慎（30—124），字叔重，东汉召陵（今河南省漯河市郾城区东）人，曾任太尉南阁祭酒，著名经学家、文字学家。受业于贾逵，博览经籍群书，有"五经无双许叔重"之谓。所作《说文解字》，以"六书"推究文字本义，兼及声音训诂，集古文、经学、训诂之大成，成为后世研究文字及编辑字书的主要根据，也是我国最早的文字学专著。郑，指郑玄（127—200），字康成，东汉高密（今属山东）人，著名经学家。早年曾入太学习《京氏易》《春秋公羊传》《三统历》《九章算术》，又受业于张恭祖，习《礼记》《左传》《古文尚书》，后从著名经学家马融，前后游学十馀年，回乡讲学，弟子达数千人。郑玄以古文经学为主，兼采今文经学，博通经籍，遍注《五经》，成为汉代经学之集大成者。除注各经外，还著有《六艺论》《驳五经异义》等，均已散佚，后世辑为《郑氏遗书》等。

[37] 马贵与：即马端临。王伯厚：即南宋末元初著名学者王应麟。

[38] 顾亭林：顾炎武（1613—1682）原名绛，字宁人，号亭林，江苏昆山人，清初三大思想家之一。曾参加反清起义，明亡后不仕，康熙时诏举博学鸿儒科、荐修《明史》，皆不就。晚年定居陕西华阴县，专事学问。其学识渊博，所涉遍及经史、天文、历代典章制度、掌故、河漕、兵农，无不穷究其原委，为清代朴学大师，对后来考据学中的吴、皖两派影响深刻。一生著述甚多，有《日知录》《天下郡国利病书》《亭林诗文集》等。

[39]《国朝儒林传》：清代著名学者阮元所撰，四卷。襃（yòu）然：枝叶渐长貌。此处意为明显、赫然。

[40] 张蒿庵（1612—1677）：名尔岐，字稷若，号蒿庵，明末清初山东济阳人。入清后隐居不仕，教读乡里。经学家，宗程朱理学，精通《三礼》。一生著述颇丰，有《仪礼郑注》《句读周易说略》《诗说略》《老子说略》《蒿庵集》《蒿庵闲话》等。《中庸论》当为其所作的一篇文章。

[41] 江慎修（1681—1762）：名永，字慎修，清江西婺源人。经学家、音韵学家，以考据见长，开皖派经学研究之风气。著有《周礼疑义举要》《礼经纲目》《礼

记训义》《古韵标准》《音学辨微》《四声切韵表》等。戴东原：即戴震（1723—1777），字东原，安徽休宁人，清代著名思想家、学者。少时从学江永，精通天文、地理、历史、历算、训诂、音韵、考据，在经学和语言学上贡献卓著，曾任《四库全书》纂修官。一生著述甚丰，有《原善》《孟子字义疏证》《声韵考》《屈原赋注》《勾股割圜记》等数十种，并校勘《大戴礼记》《水经注》《算经十书》，校核精良。后人将其著作汇编为《戴氏遗书》。

[42] 秦尚书惠田：秦惠田字树澧、树峰，号味经，清代江苏金匮（今无锡市）人。曾任礼部侍郎、工部尚书、刑部尚书、署翰林院掌院学士等职。著有《五礼通考》。

[43] 姚鼐姬传：姚鼐（1731—1815）字姬传，安徽桐城人，桐城派著名学者、作家。乾隆二十八年进士，曾任《四库全书》纂修官，后主讲江南、紫阳、钟山书院，前后达四十年。其论学、为文讲究义理、词章、考据，所作古文远师欧阳修、曾巩，近师方苞。编辑《古文辞类纂》，以阐明文章义法。因其书斋名惜抱轩，故学者和后人称惜抱先生。著作有《惜抱轩诗文集》《惜抱轩尺牍》。王念孙怀祖：王念孙（1744—1832）字怀祖，号石臞，江苏高邮人，清代著名音韵、训诂学家。乾隆四十年进士，曾受业于戴震，精通文字、音韵、训诂之学，著有《广雅疏证》《读书杂志》《古韵谱》。

[44] 王氏父子：即王念孙、王引之父子。王引之(1766—1834)字伯申，号曼卿，王念孙之子。嘉庆四年进士，曾任翰林院编修、工部尚书。精通音韵、文字训诂之学，著有《经义述闻》《经传释词》《（康熙）字典考证》等。小学：古代小学教授六艺，因而礼、乐、射、御、书、数都称为小学。至汉代，则以小学作为文字训诂之学的专称。隋唐以后，小学又逐渐细化为文字学、训诂学、音韵学三类。训诂：亦作"诂训"，即解释古书字义。《尔雅》有《释诂》《释训》两篇，晋代郭璞《尔雅序》："夫尔雅者，所以通诂训之指归。"清代郝懿行《尔雅义疏》："诂，古也，通古今之言，使人知也；训，道也，道物之貌，以告人也。"系旧时小学之一门。

[45] 夐（xiòng）乎不可几已：即远不可及、望尘莫及之意。夐，通"迥"（jiǒng），

远。几（jī），几乎，将近。已，用于语尾表示确定的语气词。

[46] 故以殿焉：所以就将其（姚鼐、王氏父子）放在（顾炎武、秦蕙田）后面了。殿，行军的尾部。

[47] 义理、词章、考据：即义理之学、词章之学、考据之学的简称。义理之学即理学，又称宋学；词章之学即古典文学，包括散文、诗词等；考据之学又称汉学，包括对以往制度的考证和文字训诂两部分，故有时也称为考证学或小学。

[48] 浮屠氏：指佛教。浮屠，佛。因果祸福：佛教认为善因得善果，恶因得恶果，因而人的福祸遭际均为自己所种因。

[49] 占毕呫哔：意为读书。占毕，看书，读书。呫哔，读书声。

[50] 孔子生不得位，没而俎豆之报隆于尧舜：孔子活着时并不得意，并未得高官、获重任，死后所受到的祭祀、供奉却超过了尧、舜。

[51] 通阛贸易：指全城性的贸易，即规模相当大的商业贸易。

[52] 怍：惭愧。

[53] 伤悼不遇：即为人生的不得意而伤感忧悲。

[54] 怨悱：怨恨忧思。简册：本指书籍，此处为文字、文章之意。

[55] 适燕晋而南其辕：即南辕北辙之意。适，往，前往，至。燕、晋，春秋时国名，均在北方。

[56] 三十二人：实为三十四人，因为"程"是"二程"，"王"是王氏父子。计有：周文王姬昌、周公姬旦、孔子、孟子；班固、司马迁、左丘明、庄子；诸葛亮、陆贽、范仲淹、司马光；周敦颐、程颢、程颐、朱熹、张载；韩愈、柳宗元、欧阳修、曾巩；李白、杜甫、苏轼、黄庭坚；许慎、郑玄、杜佑、马端临；顾炎武、秦蕙田、姚鼐、王念孙、王引之。其中绝大多数为文学界和学术界人物，仅周文王、周公、诸葛亮、陆贽四人为政治家，而诸葛亮的《出师表》也算古典文学作品中的名篇佳作。

[57] 临之在上，质之在旁：意为诸神灵在上监临，众学者在旁质证。既表示自己对以上三十四人的恭敬与虔诚，又暗暗表明自己做出以上评价时的立场态度公正无私。

湖口县楚军水师昭忠祠记

咸丰八年七月，国藩将有事于浙江。道出湖口，广东惠潮嘉道彭君雪琴，方庀局鸠工[1]，建昭忠祠于石钟山，祀楚军水师之死事者，告余具疏上闻。八月疏入，报可。明年七月，国藩将有事于四川，再过湖口，则祠工已毕。祀营官萧节愍公捷三以下若干人[2]，后楹祀勇丁若干人。其东为浣香别墅，前曰听涛眺雨之轩，后曰芸芍斋。斋后傅以小亭曰且闲亭，亭下有小池。度梁而南，穿石洞东出，曰梅坞。迤西少陟山，曰锁江亭。其西绝高，曰观音阁。阁外曰魁星楼，僧徒居之。又西曰坡仙楼，刻苏氏《石钟山记》其上。凭高望远，吐纳万景；一草一石，焕然增新矣。

当楚军水师之初立也，造舟始于衡阳，大战始于湘潭。其后克岳州，下武昌，大破田家镇。今福建提督杨君厚庵与雪琴暨诸君子，喋血于狂风巨浪之中，燔逆舟以万计，转战无前，可谓至顺。其后官军深入彭蠡之内[3]，贼乘水涸，大塞湖口，遏我舟使不得出。于是水师有外江、内湖之分，内者守江西，外者援湖北，骈然若割肝胆而判为楚越，终古不得合并。至咸丰七年九月，攻克湖口，两军复合。盖相持三年之久，死伤数千人之多，仅乃举之。

方其战争之际，炮震肉飞，血瀑石壁，士饥将困，窘若拘囚，群疑众侮，积泪涨江，以求夺此一关而不可得，何其苦也！及夫祠成之后，祼荐鼓钟[4]，士女瞻拜，名花异卉，旖旎啾玲[5]，江色湖光，呼吸万里，旷然若不复知兵革之未息者，又何乐也！时乎安乐，虽贤者不能作无事之颦蹙；时乎困苦，虽达者不能作违众之欢欣。人心之喜戚，夫岂不以境哉！吾因是而思，夫豪杰用兵，或敝一生之力，掷千万人之性命，以争尺寸之土，不得则郁郁以死者，宁皆忧斯民哉！亦将以境有所迫，而势有所劫者然也。若夫喜戚一主于己，不迁于境，虽处富贵贱贫、死生成败而不少移易，非君子人者，而能庶几乎？余昔久困彭蠡之内，盖几几不能自克。感彭君新构此祠，有登临览观之美，粗为发其凡焉。

【题解】

写于咸丰九年（1859）。该文主要描写了湘军攻克湖口一关之喜与当年被困之忧，从而道出了外江与内湖水师之分及其对整个战争形势的影响。

【注释】

[1] 庀（pǐ）局鸠工：设局招工。庀，备具、准备。鸠工，即招集或募集工匠。

[2] 萧捷三：字敏南，湖南武陵人。道光十七年武举人。湘军内湖水师统领，官至候补游击。咸丰五年七月在湖口中炮死。

[3] 彭蠡：鄱阳湖古称彭蠡泽，故有时称鄱阳湖为彭蠡。

[4] 祼（guàn）荐鼓钟：即举行盛大的祭祀，以悼念亡魂。祼，灌祭。祭奠之时，将酒泼在地上，以敬死人或神灵。荐，垫，垫席。祼荐，指祭祀，人们在垫子上行跪拜大礼，把盛满酒的爵高高举起，然后把酒洒在地上，以祭悼亡灵。鼓钟即击鼓鸣钟，表示仪式的盛大。

[5] 旖旎啾玱（qiāng）：（花卉）婀娜多姿，声音美妙动人；轻风吹拂，柔美无比；鸟语虫鸣，清脆动听。旖旎，本指旌旗随风飘扬的样子，后用以形容柔美好看、婀娜多姿。啾，即啾啾，鸟、虫细碎的鸣叫声。玱，玉相击的声音。

日记（咸丰九年十一月四日）

早出，巡视营墙。请鲍春霆镇军早饭，巳正饭毕，小睡。写左季高信一件[1]。中饭后，会客三次。宿松、望江两县令来见，详问各局供应多、鲍等军之难。夜，与少荃及彭山屺先后畅谈[2]。阅《文选》各论，觉刘孝标《辨命论》实有所见。夜四更，早醒。思圣人有所言，有所不言。积善馀庆，其所言者也；万事由命不由人，其所不言者也。礼、乐、政、刑、仁、义、忠、信，其所言者也；虚无清静、无为自化，其所不言者也。吾人当以不言者为体，以所言者为用；以不言者存诸心，以所言者勉诸身，以庄子之道自怡，以荀子之道自克，其庶为闻道之君子乎！

【题解】

曾国藩在该篇日记中谈了自己读书的心得：以诸子为体，以儒学为用。

【注释】

[1] 左季高：左宗棠字季高，湖南湘阴人。道光十二年举人，湘军统领。曾长期充任幕僚和馆师，历任浙江巡抚、闽浙总督、陕甘总督、钦差大臣、军机大臣、两江总督、东阁大学士等。著有《左文襄公全集》《左文襄公家书》。

[2] 少荃：李鸿章字少荃，安徽合肥人，原名章铜。道光二十七年庶吉士，淮军首领，曾任湖广总督、直隶总督、署理两江总督、钦差大臣、北洋通商事务大臣、总理衙门大臣、武英殿大学士、文华殿大学士，并代表清政

府对外签订了中英《烟台条约》《中法新约》、中日《马关条约》《辛丑条约》等不平等条约。著有《李文忠公全集》。彭山屺：字九峰，湖南人。湘军营官，曾在曾国藩行营护理粮台、办理营务等。

孙芝房侍讲《刍论》序

咸丰八年九月,善化孙芝房侍讲鼎臣,以书抵余建昌军中,寄所为《刍论》,属为裁定。凡二十五篇,曰论治者六,论盐者三,论漕者三,论币者二,论兵者三,通论唐以来大政者七,论明赋饷者一。其首章追溯今日之乱源,深咎近世汉学家言,用私意分别门户,其语绝痛。明年四月,复得芝房书,则疾革告别之词,而芝房以三月死矣!既为位而哭,且以书告仁和邵君懿辰[1]。于是为叙诸简首,而归诸其孤。

盖古之学者,无所谓经世之术也,学礼焉而已。《周礼》一经,自体国经野,以至酒浆廛市,巫卜缮稿,夭鸟蛊虫,各有专官,察及纤悉。吾读杜元凯《春秋释例》[2],叹邱明之发凡,仲尼之权衡万变,大率秉周之旧典。故曰"周礼尽在鲁矣"!自司马氏作史,猥以《礼书》与《封禅》《平准》并列。班、范而下,相沿不察。唐杜佑纂《通典》,言礼者居其泰半,始得先王经世之遗意。有宋张子、朱子,益崇阐之。圣清膺命,巨儒辈出。顾亭林氏著书,以扶植礼教为己任。江慎修氏纂《礼书纲目》,洪纤毕举。而秦树澧氏遂修《五礼通考》,自天文、地理、军政、官制,都萃其中。旁综九流,细破无内。国藩私独宗之,惜其食货稍缺,尝欲集盐、漕、赋、税国用之经,别为一编,傅于秦书之次。非徒广己于不可畔岸之域,先圣制礼之体之无所不赅,固如是也。以世之多故,握椠之不可以苟[3],未及事事,而齿发固已衰矣!

往者汉阳刘传莹椒云[4],实究心汉学者之说,而疾其单辞碎义,轻笞宋贤。间尝语余:"学以反求诸心而已,泛博胡为?至有事于身与家与国,则当一一详核焉而求其是。考诸室而市可行,验诸独而众可从。"又曰:

"礼非考据不明，学非心得不成。"国藩则大韪之，以为知言者徒也。未几，椒云即世。临绝，为先令处分后事，壹秉古礼。国藩既铭其墓，又为家传，粗道汉学得失、主客之宜，藏诸刘氏之祐[5]。

君子之言也，平则致和，激则召争；辞气之轻重，积久则移易世风，党仇讼争而不知所止。曩者良知之说，诚非无蔽，必谓其酿晚明之祸[6]，则少过矣；近者汉学之说，诚非无蔽，必谓其致粤贼之乱[7]，则少过矣。《刍论》所考诸大政，盖与顾氏、江氏、秦氏之指为近。彼数子者，固汉学家所奉以为归者也。而芝房首篇，讥之已甚，其果有剖及毫厘千里者耶？抑将愤夫一二巨人长德，曲学阿世，激极而一鸣耶？芝房之志大而锐进也，与椒云同；其卒也，寄书抵余以告永诀，亦与椒云同。其自《刍论》外，别有诗十卷、文十一卷、《河防纪略》四卷。著书之多与椒云异，而其博观而慎取则同。其嫉夫以汉学标揭也亦同，而立言少异。余故稍附诤论，以明不忍死友之义，亦以见二子者之不竟其志，非仅余之私痛也。

【题解】

该文主要阐述了经世之学以礼为首的思想，并将孙鼎臣与刘传莹加以比较，对其过激言论进行了批评。孙鼎臣字子余，号芝房，湖南善化（今长沙市）人。道光年间进士，官至翰林院侍读。著有《苍筤集》。《刍论》为《畚塘刍论》的简称。

【注释】

[1] 邵懿辰：字位西，浙江仁和（今杭州）人，道光举人，官至刑部员外郎。经学家，著有《礼经通论》《半岩庐遗集》《半岩庐所著书》等。

[2] 杜元凯：杜预字元凯，晋京兆杜陵（今陕西西安东南）人。将军、学者。曾任河南尹、秦州刺史、度支尚书、镇南大将军、都督荆州诸军事等，封当阳县侯。著有《春秋左氏经传集解》《春秋释例》《春秋长历》等。

[3] 握椠（qiàn）：即把卷，意指读书。椠，原指未经书写的木椟（削好准

备用来书写的木片），后亦指书的版本或书籍。苟：随便。

[4] 刘传莹：字椒云，清湖北汉阳人。学者，治汉学。曾国藩好友。

[5] 祏（shí）：宗庙中藏神主的石盒，又指宗庙中的神主，此处当指宗庙。

[6] 晚明之祸：指明末李自成领导的农民起义。

[7] 粤贼之乱：指太平天国运动。

致澄弟

澄侯四弟左右：

二十七日刘得四来，接弟十三日信，欣悉各宅平安。沅弟是日申刻到，又得详问一切，敬知叔父临终毫无抑郁之情，至为慰念。

余与沅弟论治家之道，一切以星冈公为法[1]，大约有八个字诀。其四字即上年所称书、蔬、鱼、猪也，又四字则曰早、扫、考、宝。早者，起早也；扫者，扫屋也；考者，祖先祭祀，敬奉显考、王考、曾祖考，言考而妣可该也；宝者，亲族邻里，时时周旋，贺喜吊丧，问疾济急。星冈公常曰："人待人，无价之宝也。"星冈公生平于此数端最为认真。故余戏述为八字诀曰：书、蔬、鱼、猪、早、扫、考、宝也。此言虽涉谐谑，而拟即写屏上，以祝贤弟夫妇寿辰，使后世子孙知吾兄弟家教，亦知吾兄弟风趣也。弟以为然否？顺问近好。

国藩手草

【题解】

写于咸丰十年（1860）闰三月二十九日。曾国藩在该信中将从祖父那里传承下来，又经自己有所发展的治家之道总结为八字诀，并逐字进行解释，要求其在家留守的四弟曾国潢按此准则治家管理家务。

【注释】

[1] 星冈公：指曾国藩的祖父曾玉屏，字星冈。

苏常无锡失陷
遵旨通筹全局并办理大概情形折

奏为钦奉迭次谕旨，通筹全局，并办理大概情形，恭折复陈仰祈圣鉴事：

窃臣于四月二十五日，承准军机大臣字寄，咸丰十年四月十八日奉上谕：

本日据乔松年奏"常州城外各营已溃，郡城被围，无锡乡间已有贼踪"等语。为今之计，自以保卫苏、常为第一要务。着官文、曾国藩、胡林翼熟商妥议，统筹全局。即令曾国藩统领所部各军赴援苏、常，或未能深入救援，亦可扼截江面，以杜北窜等因。钦此。

四月二十八日准官文咨开二十五日准军机大臣字寄，四月十九日奉上谕：

现在常州岌岌可危，无锡又有贼踪，可以径犯苏城。江南大局，几同瓦解。曾国藩接奉此旨，即统率所部兵勇，取道宁国、广、建一带，径赴苏州，相机兜剿，以保全东南大局，毋稍迟误等因。钦此。

同日承准军机大臣字寄，四月二十一日奉上谕：

本日据徐有壬、许乃钊奏[1]，贼逼苏州，和春受伤身故，张玉良在无锡一带驻扎[2]，请催各路援兵。现在江南情形万分危急，亟待援兵速集，以冀挽回大局。曾国藩已有旨署理两江总督，自应统带各军兼程前进等因。钦此。

仰见圣主眷怀南服、移缓就急之至意。臣于四月二十二日，准张芾来函：苏州于十三日失守。旋接王有龄咨函[3]，"常州于初六日失守，无锡于初十日失守，张玉良于十四夜回抵杭州"等语。接阅之下，骇愤莫名。窃以为苏、常未失，即宜提兵赴援，冀保完善之区；苏、常既失，则须通筹各路全局，择下手之要着，求立脚之根本。自古平江南之贼，必踞上游之势，建瓴而下，乃能成功。自咸丰三年金陵被陷，向荣、和春等皆督军由东面进攻[4]，原欲屏蔽苏、浙，因时制宜，而屡进屡挫，迄不能克金陵，而转失苏、常，非兵力之尚单，实形势之未得也。今东南决裂，贼焰益张，欲复苏、常，南军须从浙江而入，北军须从金陵而入；欲复金陵，北岸则须先克安庆、和州，南岸则须先克池州、芜湖，庶得以上制下之势。若仍从东路入手，内外、主客形势全失，必至仍蹈覆辙，终无了期。臣所部万馀人，已进薄安庆城下，深沟固垒，挖浚长壕。若一撤动，则多隆阿攻桐城之军亦须撤回；即英山、霍山防兵，均须酌退。各路皆退，则军气馁而贼气盛，不但鄂边难以自保，即北路袁甲三、翁同书各军亦觉孤立无援。是安庆一军，目前关系淮南之全局，将来即为克复金陵之张本。此臣反复筹思，安庆城围不可遽撤之实情也。

臣奉恩命权制两江，必须带兵过江，驻扎南岸，以固吴、会之人心，而壮徽、宁之声援。无论兵之多寡、将之强弱，臣职应南渡，不敢稍缓。现定于十日内拔营渡江，驻扎徽州、池州两府境内。拟于江之南岸分兵三路：第一路由池州进规芜湖，与杨载福、彭玉麟之水师就近联络；第二路由祁门至旌、太，进图溧阳，与张芾、周天受等军就近联络；第三路分防广信、玉山以至衢州，与张玉良、王有龄等军就近联络。目下安庆之围不可骤撤。臣函商官文、胡林翼酌拨万人，先带起程，一面分遣员弁，回湘添募劲勇，陆续赶赴行营，以资分拨，约须七月方能到齐，八月方能进剿。此臣移师皖南、拟募新勇、分途剿办之情形也。

从前金陵大营，以苏、常为根本，饷糈、军械源源取给，故能支柱数年。臣今自皖南进兵，应以江西为根本。昨据安庆营中盘获逆首陈玉成自金陵发来伪文，内称"现派贼目杨辅青、李世贤、李秀成等直取苏、常[5]，再攻徽、浙，以窜江西。又拟派贼目吴如孝、张乐行[6]，由定远、寿、颖、六、霍以窜湖北，两路大举"等语。苏、常已失，则该逆所称各狡计，均属意中之事。急须先事预防。湖北各军，有官文、胡林翼调度堵遏，谅可无虞。江西兵力单弱，实不足以折新胜之焰，御百倍之贼，必须湖南劲旅越境协防。湖南抚臣骆秉章素顾大局，为圣主所深知。此次贼若窥伺江西，所有兵勇饷械，仍当借资湖南。臣等往返咨商，竭五、六两月之力，办江楚三省之防。仰仗皇上威福，能待兵勇渐齐、布置渐定，然后贼众始至，与之力战，所以保固江西、两湖者在此，所以规复安徽、三吴者亦在此。目今贼焰方炽，人心大震，但求立脚之坚定，无论逆氛之增长。此臣闻贼计大举上犯，拟先防而后剿之情形也。

臣才识短绌，夙乏远略，姑就近处筹画，略陈梗概。其松江等属是否尚存，苏省文武殉难若干及淮、扬完区如何设法保全，应俟查明熟筹，陆续陈奏。其起程日期，亦俟另疏具报。谨将遵旨统筹全局，并办理大概情形先行缮折，由六百里复奏。是否有当，伏乞皇上圣鉴训示。谨奏。

【题解】

写于咸丰十年（1860）。该折主要陈述了不撤安庆之围的理由及做出相应的部署。清政府批准了这一奏请，放弃了令曾国藩暂撤安庆之围，带兵东下，保住或夺回苏州、常州的意见。

【注释】

[1] 徐有壬：字钧卿，顺天宛平（今北京市城区西半部）人。道光九年进士。曾任云南布政使、湖南布政使、江苏巡抚等职。咸丰十年战死于任所。许乃钊：字贞恒，号信臣、邃翁，浙江钱塘（今杭州市）人。道光十五年庶吉士。

曾任江苏巡抚、太常寺卿等职，皆遭罢免。

[2] 张玉良：字璧田，四川巴县（今重庆市巴南区）人。行伍出身，官至广西提督。咸丰十年革职，十一年战死。

[3] 王有龄：字雪轩，福建侯官（今福州市）人。捐纳出身。曾任江苏布政使、浙江巡抚等职。

[4] 向荣：字欣然，四川大宁（今重庆市巫溪县）人。曾任湖南提督、广西提督、湖北提督、钦差大臣等。和春：字雨亭，满洲正黄旗人。曾任江南提督、江宁将军、钦差大臣等职。

[5] 杨辅青、李世贤、李秀成：李秀成，广西藤县人，原名以文。太平天国后期主要将领之一，封忠王。李世贤又作李侍贤，李秀成堂弟。太平天国后期将领，封侍王，最后被部将汪海洋杀害。杨辅青原名杨金生，广西桂平人。太平天国后期将领，封辅王。

[6] 吴如孝：又作吴汝孝，广东嘉应州（今梅州市）人。太平军后期将领，封顾王。

请起用沈葆桢折

奏为请旨起用告养回籍之道员，以固东防而资熟手，恭折奏祈圣鉴事：

窃臣拟三路分兵进取，业经同日奏明。臣由徽、池一路前进，贼必由衢、广等处窥犯江西，为牵制驰突之计。江西之东防，即浙江之上游，亦即福建、皖南之关键。是衢、广一路，防兵最为吃重，非得威惠素著之大员，不能得力。查告养按察使衔九江道沈葆桢，明而能断。咸丰六年在署广信府任内，坚守郡城，保全东路，嗣蒙简用监司[1]，仍留防务，筹兵筹饷，吏畏民怀。八年春，石逆自抚、建倾巢窜浙，卒不敢直犯郡城。其后李元度守广丰、玉山，均因该道接济得全。其去广信也，士民遮道攀辕，来臣处递呈请留者凡十数次。该道以二亲年老，又事多掣肘，力请告归。现当时局艰难，闻该道双亲尚健，自应先国后家，共励澄清之志。合无仰恳天恩[2]，俯准敕下福建抚臣，传谕该道，迅由本籍驰赴江西，由臣会商抚臣奏委署理地方官，仍办理广信防务，节制在防文武。将来再请简补司道各缺，以期呼应灵通，于大局必有裨益。至该道器识才略，实堪大用，臣目中罕见其匹。谨会同江西抚臣毓科合词附驿具陈，伏乞皇上圣鉴施行。谨奏请旨。

【题解】

写于咸丰十年（1860）。这是曾国藩保举沈葆桢的一个奏折。沈葆桢字幼丹、翰宇，福建侯官（今福州市）人，道光二十七年庶吉士。林则徐的外甥和女婿。曾任江西巡抚、福建船政大臣、钦差大臣、两江总督兼南洋通商大臣等职。

他与李鸿章是曾国藩幕僚中所受奏荐最力、升迁最快的两个人。

【注释】

[1] 简用：由皇帝直接任命。清代官员的任命制度规定：自三品以上文武官员的任命，遇有缺额空出，先由军机处根据考绩、选优异当晋升者数名，记名呈进，由皇帝朱笔圈定；自四品以下官员的缺额一分为三，三分之一由地方督抚保荐，三分之一由吏部（文职）与兵部（武职）授命，还有三分之一由皇帝直接任命，称"简用"。简，通"柬"，选择的意思。监司：负责监察的官员。这里指道员。道员无直接地方之责，负责监察府、县官员；加有"兵备"字样的，则对总兵有监察权，可参与军事机要。具体所指是沈葆桢由署广信知府（原为九江知府，九江尚在太平军手中）升为吉赣南道道员。

[2] 合无：犹是不是、可不可、要不要。合，应当。无，通"毋"，不要。

请留左宗棠襄办江皖军务折

奏为请将四品京堂左宗棠仍留臣曾国藩军营，共维江皖大局，恭折复陈仰祈圣鉴事：

窃臣等承准军机大臣字寄，五月十一日奉上谕：

四川军务关系紧要。本日据胡林翼陈奏各情，业经降旨，令东纯前往署理四川总督[1]，并令暂时接办军务，曹澍钟已令回籍终制矣[2]。该抚所保之左宗棠一员，前已有旨，赏给四品京堂，令其襄办曾国藩军务；若令督办川省军务，能否独当一面，于大局有无裨益，即着妥速筹商。如可胜任，即一面令该员迅赴川省，一面奏闻，再降谕旨等因。钦此。

仰见我皇上用贤有方，慎重军务，虚怀若谷，下逮刍荛[3]，臣等曷胜感悚！伏查蜀省居长江之上游，形势险固，财力丰饶。蓝、李各股匪蔓延虽广，究系初起之贼、乌合之徒。果得有威望者为川督，事权归一，办理裕如，即石逆亦不敢再萌窥伺。

候补四品京堂左宗棠，前在湖南赞助军事，肃清本境，克复邻省。上年石逆大股窜湘，帮同抚臣骆秉章指挥调度，不数月间，遂收廓清之效，其才可以独当一面，固已历有明证。虽其求才太急，或有听言稍偏之时；措辞过峻，不无令人难堪之处。而思力精专，识量闳远，于军事实属确有心得。前奉谕旨，命左宗棠襄办军务，该员感激图报，闻诏之日，即在湘募练五千馀人，选择甚严，巨细必躬，专俟秋间成军，率以东下。今若改东师以西行，则臣国藩顿少一支劲旅，恐不足当皖南之逆氛；而左宗棠独往川省，亦恐人地生疏，或致呼应不灵。且以吴、蜀之事论之，蜀省土匪倡乱，占地少而扑灭差易；江、皖狂寇披猖，占地多而扫荡甚难。蜀为鄂、秦两省之根本，吴为京师及东南数省之根本；蜀有可筹之饷项，吴无可靠之协款。事势既分难易，情形亦有重轻，不待智者而可决。左宗棠素知大局，勇敢任事，必不肯舍难而就易，避重而就轻。合无吁恳圣恩，俯念臣国藩襄助需人，仍令左宗棠督勇来皖，实于江、楚等省大有裨益。如将来蜀氛日炽，江南军情稍松，再由臣国藩随时酌量奏明，请旨定夺。臣等再四筹商，意见相同，谨合词据实复陈。是否有当，伏乞圣鉴训示施行。谨奏。

【题解】

写于咸丰十年（1860）。这是曾国藩奏留左宗棠仍办安徽军务的奏折，也是荐举左宗棠功绩、才干的奏折。恃才傲物的左宗棠，在担任湖南巡抚骆秉章的师爷时，因署理湖南提督、永州镇总兵樊燮前来议事时，向骆秉章施礼后，并未向自己跪拜而只是一揖，便厉声质问。樊燮答以"未有朝廷命官向师爷行礼之制"。左宗棠大怒，打了对方耳光，事后又以"骄倨罪"将其革职。樊燮为二品武职，左宗棠当时仅是个举人。樊燮不堪其辱，上控湖广总督官文，官文遂罗织罪名上奏咸丰帝。咸丰命人查办，如确有不法情事，可将左宗棠就地正法。骆秉章急忙请王闿运出面，求肃顺保救；又运动不少内外大臣保荐左宗棠，肃顺乘机大加推举保荐，遂使左宗棠得以保全，咸丰帝并旨令左宗棠以四品衔襄办曾国藩军务。此时因左宗棠刚受严劾，几遭杀害，虽获免罪重用，曾国藩为顾全朝廷面子，在奏折中不得不有"听言稍偏""措词过峻"的批评。

【注释】

[1] 东纯：满洲正蓝旗人，曾任成都将军、署理四川总督等职。

[2] 曹澍钟：字雨若，号颖生，湖北江夏（今武汉市）人，道光十八

年庶吉士。曾任四川按察使、广西布政使、广西巡抚、专办四川军务等。

[3] 刍荛（chú ráo）：割草打柴的人。泛指普通百姓。

遵旨兴办淮扬水师　拟派李鸿章先往筹办并请简授实缺折

奏为遵旨兴办淮扬水师，拣派大员先往筹办，并请简授实缺，恭折具陈仰祈圣鉴事：

窃臣于五月十七日，奏请预筹三支水师一折，奏上谕："所称拟设淮扬水师，以保里下河之米、各场灶之盐，兼辅淮扬陆军，均属目前要务，应即兴办等因。钦此。"查苏省财赋之区，沦陷几遍，仅留里下河之米[1]、各场灶之盐，若不设法保护，则东南之利尽弃。里下河通、泰各口濒江，南岸之贼时欲乘间北渡；即运河以内，如三汊河、万福桥、邵伯镇等处，均系里河门户。扬州一军兵力单薄，亦难处处置守，必须设立水师专营，上下逡巡，协力防剿，以辅陆军所不逮。臣前奏声明江北须造战船三百号，臣将皖南布置稍定，或轻骑驰赴淮安监造，或奏派大员赴淮办理，钦奉谕旨允准。现在甫抵祁门，徽、宁军情日紧，调募未齐，布置未定，暂难分身前往。而淮扬水师关系重大，必须赶紧筹办。该处久被贼扰，战船所需木料及油、铁、棕缆各具，闻俱短绌，事属创始，缔造维艰，非数月所能集事。臣已派都司成名标赴广东购买洋炮，约冬间可以回营，明春可以绕运出淮。应即遴委大员，先行驰往淮扬一带察度办理。

查有按察使衔福建延建邵遗缺道李鸿章，自咸丰三年正月在编修任内奉旨派同前工部侍郎吕贤基回皖办理团防，在皖北军营六年，历著战功，于淮扬情形闻见较确。上年五月间，经臣奏，赴江西军中，会督兵勇，克复景镇、浮梁，因其力辞保举，是以未经奏奖。嗣随臣周历鄂、皖各处，十月间蒙恩简授福建遗缺道。臣因襄赞需人，未令赴任。该员劲气内敛，才大心细，与臣前保之沈葆桢二人，并堪膺封疆之寄。而李鸿章研核兵事，于水师窾要尤所究心。拟请旨饬派该员前往淮扬兴办水师，择地开设船厂，由两湖酌带委员工匠，并由臣商令杨载福、彭玉麟于水师营中选派打仗得力之将弁，交该员带往，以资练习。

抑臣更有请者。江北水师设立专营，一切饷需费用尤巨。闻江北粮台供给扬州陆军，已形支绌，若水师经费再由该台筹给，诚恐力难兼顾。此项水师兼为保护盐场、疏通引地而设，必水师办成，盐务方有把握。二者相辅而行，尤须一手经理，始则暂分盐课之银，供水师办船办炮之用；继则全仗水师之力，为淮盐护场、护运之兵。李鸿章系隔省人员，呼应不灵，应请旨改授江北地方实缺，乃可措手。倘蒙皇上天恩，破格擢授两淮盐运使，俾得整顿盐课，以济舟师之饷，实于军务、盐务两有裨益。其现任运司乔松年[2]，久任苏省，才识卓著，早邀圣明洞鉴，或可另予简擢之处，圣主自有权衡，非臣下所敢妄拟。凡兴举大事，必才与事相副，人与地相宜。李鸿章籍隶庐州，洞悉皖北及两淮艰苦，于袁甲三、王梦麟等[3]，亦素相投洽。如奉旨允准，当饬该员束装由临淮绕道前进。臣俟皖南各军到齐，立脚渐稳，规模渐定，明年再亲赴淮扬，监造水军，并督同该员等办理盐、漕各事宜，以期济京仓而保重地。所有派员兴办淮扬水师，并请简授实缺各缘由，缮折驰陈，伏乞皇上鉴裁训示。谨奏。

【题解】

写于咸丰十年（1860）。这是曾国藩奏荐李鸿章、沈葆桢的奏折，称二人"并堪膺封疆之寄"。次年十二月沈葆桢补授江西巡抚，再次年十月李鸿章实授江苏巡抚。皆由实缺道超升。

【注释】

[1] 里下河：指里下河地区。长江至黄河故道（瓜洲—清江）一段运河称里运河，瓜洲以东一段正是长江的下游。里运河以东、长江以北这一地区称

里下河。

[2] 乔松年：字健侯，号鹤侪，山西徐沟（今清徐县东南）人，道光十五年进士。曾任两淮盐运使、江宁布政使、安徽巡抚、陕西巡抚、仓场侍郎、东河河道总督等。

[3] 王梦麟：即王梦龄，顺天大兴（今北京市城区东半部）人。曾任江苏按察使、江宁布政使兼署理漕运总督、署理南河河道总督等职。

致沅弟

沅弟左右：

初九夜接初五日一缄，初十早又接初八日巳、午刻二缄，具悉一切。

初九夜所接弟信，满纸骄矜之气，且多悖谬之语。天下之事变多矣，义理亦深矣，人情难知，天道亦难测。而吾弟为此一手遮天之辞、狂妄无稽之语，不知果何所本？恭亲王之贤[1]，吾亦屡见之而熟闻之。然其举止轻浮，聪明太露，多谋多改，若驻京太久，圣驾远离，恐日久亦难尽惬人心。僧王所带蒙古诸部在天津、通州各仗[2]，盖已挟全力与逆夷死战，岂尚留其有馀而不肯尽力耶？皇上又岂禁制之而故令其不尽力耶？力已尽而不胜，皇上与僧邸皆浩叹而莫可如何。而弟屡次信来，皆言宜重用僧邸，不知弟接何处消息，谓僧邸见疏见轻，敝处并未闻此耗也。

分兵北援以应诏，此乃臣子必尽之分。吾辈所以忝窃虚名、为众所附者，全凭忠义二字。不忘君，谓之忠；不失信于友，谓之义。今銮舆播迁[3]，而臣子付之不闻不问，可谓忠乎？万一京城或有疏失，热河本无银米，从驾之兵难保其不哗溃。根本倘拨，则南服如江西、两湖三省又岂能支持不败？庶民岂肯完粮？商旅岂肯抽厘？州县将士岂肯听号令？与其不入援而同归于尽，先后不过数月之间，孰若入援而以正纲常、以笃忠义？纵使百无一成，而死后不自悔于九泉，不诒讥于百世。弟谓切不可听书生议论，兄所见即书生迂腐之见也。

至安庆之围不可撤，兄与希庵之意皆是如此。弟只管安庆战守事宜，外间之事不可放言高论，毫无忌惮。孔子曰："多闻阙疑，慎言其馀。"[4] 弟之闻本不多，而疑则全不阙，言则尤不慎，捕风捉影，扣槃扪烛[5]，遂欲硬断天下之事。天下事果如是之易了乎？大抵欲言兵事者，须默揣本军之人才，能坚守者几人，能陷阵者几人；欲言经济，须默揣天下之人才，可保为督抚者几人，可保为将帅者几人。试令弟开一保单，未必不窘也。弟如此骄矜，深恐援贼来扑，或有疏失。此次复信，责弟甚切，嗣后弟若再有荒唐之信如初五者，兄即不复信耳！

【题解】

这封书信写于咸丰十年（1860）九月十日。曾国藩在这封家书中主要强调了应诏北援的必要性和不撤安庆之围的打算，一再告诫曾国荃要谦虚谨慎，不可妄议自己不懂或无把握之事。言谈中也涉及对恭亲王奕訢的看法，这是极少见的。

【注释】

[1] 恭亲王：恭亲王奕訢系咸丰帝奕詝异母弟，行六。道光三十年，奉道光皇帝遗诏封恭亲王。咸丰朝曾任首席军机大臣，对英、法谈判签约的全权代表。辛酉政变（亦称"祺祥政变"）后晋升议政王，主持军机处和总理衙门。同治四年被慈禧太后革去议政王，仍主持军机处和总理衙门，是清朝中央政府内的洋务派首领。

[2] 僧王：指僧格林沁，博尔济吉特氏，蒙古科尔沁旗人。初袭封郡王，咸丰五年，以剿灭太平天国北伐军之功晋封忠亲王。第二次鸦片战争期间，曾在大沽、天津和京东张家湾、八里桥抗击英法联军。起初力主抗战，失败后力促咸丰帝北逃热河。辛酉政变中积极支持那拉氏、奕訢一派。同治四年四月，被捻军杀死在山东菏泽。

[3] 銮舆播迁：皇帝的车驾流离迁徙。指咸丰帝一行逃离北京前往热河。

[4] 多闻阙疑，慎言其馀：载《论语·为政》，意谓多听多看，自己都弄不清楚的不要讲，就是知道一些的，说的时候也要谨慎。阙疑，有疑问的事情，缺而不言。

[5] 扣槃扪烛：典出苏轼《日喻说》："生而眇者不识日，问之有目者。或告之曰：'日之状如铜盘。'扣盘而得其声。他日闻钟，以为日也。或告之曰：'日之光如烛。'扪烛而得其形。他日揣龠，以为日也。"意为片面的认识，会得出不正确的结论。扣，同"叩"，叩击。扪，抚摸。

奏请带兵北上以靖夷氛折

奏为钦奉谕旨，恭折复奏仰祈圣鉴事：

窃臣于八月二十六日，承准军机大臣字寄，咸丰十年八月十一日奉上谕：

本日胜保奏"夷氛逼近关下，请飞召外援，以资夹击一折。据称用兵之道，全贵以长击短。逆夷专以火器见长，若我军能奋身扑进，兵刃相接，贼之枪炮近无所施，必能大捷。蒙古、京旗兵丁不能奋身击刺，惟川、楚健勇能俯身猱进，与贼相搏，逆夷定可大受惩创。请饬下袁甲三等，各于川、楚勇中共挑选得力若干名，派员管带，即行起程，克日赴京，以解危急"等语。逆夷犯顺，夺我大沽炮台，占据天津。抚议未成，现已带兵至通州以西，距京咫尺。僧格林沁等兵屡失利，都城戒严，情形万分危急。现在军营川、楚各勇均甚得力，着曾国藩、袁甲三各选川、楚精勇二三千名，即令鲍超、张得胜管带。并着庆廉于新募彝勇及各起川、楚勇中，挑选得力者数千名，即派副将黄得魁、游击赵喜义管带。安徽苗练，向称勇敢，着翁同书、傅振邦饬令苗沛霖遴选练丁数千名[1]，派委妥员管带。均着兼程前进，克日赴京，交胜保调遣，勿得借词延宕，坐视君国之急。惟有殷盼大兵云集，迅扫逆氛，同膺懋赏，是为至要。将此由六百里加紧各谕令知之。钦此。

跪读之下，神魂震越，痛愤天地。是日又闻徽州失守之信。旋又接胜保咨，敬悉圣驾巡幸热河。臣既自恨军威不振，甫接皖南防务，旬日之间，两郡失陷。又值夷氛内犯，凭陵郊甸[2]。东望吴越，莫分圣主累岁之忧；

北望滦阳，惊闻君父非常之变。且愧且愤，涕零如雨。而以新军败溃，又不得不强颜抚慰，镇定人心。鲍超一军自宁国失后渐扎太平，自徽州失后又令其回驻渔亭，以遏寇氛。钦奉谕旨，饬鲍超赴京交胜保调遣。窃计自徽州至京，五千馀里，步队趱程，须三个月乃可赶到；而逆夷去都城仅数十里，安危之几，想不出八、九两月之内。鲍超若于十一月抵京，殊恐缓不济急；若逆夷凶顽，犹豫相持，果至数月之久，则楚军入援，岂可仅以鲍超应诏？应恳天恩，于臣与胡林翼二人中饬派一人带兵北上，冀效尺寸之劳，稍雪敷天之愤[3]。非敢谓臣与胡林翼二人遂能陷阵冲锋，杀敌致果也。特以受恩最深，任事已久，目前可带湘、鄂之勇，途次可索齐、豫之饷，呼应较灵，集事较速。鲍超虽号骁雄之将，究非致远之才，兵勇未必乐从，邻饷尤难应手。纵使即日饬令起程，而弁勇怀观望之心，途次无主持之人，必致展转濡滞[4]。本年四月初五日，将军都兴阿奉驰赴扬州之命，即于初十日拜折起程。厥后因楚勇惮远行之劳，途中虞饷项之缺，迁延至八月十九日乃果成行。今若令鲍超率师北上，即再四严催，亦不免于迁延。度才审势，皆惧无济。如蒙圣恩，于臣与胡林翼二人中饬派一人，督师北向，护卫京畿，则人数稍多，裨益较大。惟臣若蒙钦派北上，则当与左宗棠同行，皖南暂不能进兵，只能退守江西境内；胡林翼若蒙钦派北上，则当与李续宜同行，皖北暂不能进兵，只能退守湖北境内。俟该夷就抚之后，仍可率师南旋，再图恢复皖、吴。臣等虽均有封疆之责，而臣国藩本未接印，胡林翼尚有督臣经理，皆无交卸事件，一经派出，数日即可就道。区区微忱，伏乞圣慈垂鉴。所有钦奉谕旨，恭折由驿六百里加紧复奏。伏乞皇上训示施行。谨奏。

【题解】

写于咸丰十年（1860）九月初六日。第二次鸦片战争期间，英法联军进逼北京，咸丰帝逃往热河，诏令曾国藩派鲍超带勇北援。曾国藩既不想派鲍超北援，也不想自己带兵北援，故有此奏，以拖延时日。当时奉命北援者除曾国藩与苗沛霖外，各省督抚都亲自带兵，星夜驰援，相比之下，更显现出曾国藩对内战与外战的两种态度。

【注释】

[1] 苗沛霖：字雨三，安徽凤台人。原为塾师，咸丰六年乘清政府与太平军、捻军酣战之机，在家乡筑寨积粮，团练乡民，人数扩充至三十万，地盘扩张到数十州县，形成淮北地区最大的一支割据势力。他在清政府与太平军之间朝秦暮楚，叛降无常，最终被僧格林沁剿灭。太平天国英王陈玉成就是被他诱捕，献送胜保军营，在押送京师途中被清军杀害的。

[2] 凭陵郊甸：凭陵，侵扰。郊甸，指京畿地区。古时离都城五十里以内称近郊，五十至一百里之间称远郊，一百里以外、二百里以内称甸。

[3] 敷天之愤：天大的愤怒。指对英法联军侵犯北京一事。敷，布。敷天，布满整个天空，形容其大。

[4] 濡滞（rú zhì）：濡，延迟，等待。滞，不流通，滞留。

遵旨复奏借俄兵助剿发逆并代运南漕折

奏为遵旨复陈仰祈圣鉴事：

窃臣于十月二十五日，承准军机大臣密寄十月十一日上谕：

本年秋间，嘆、咈两国带兵扑犯都城[1]，业经换约退兵。俄罗斯使臣伊格那替业幅，亦即随后换约。该酋见恭亲王奕訢等面称：发逆在江南等处横行，请令中国官军于陆路统重兵进剿，该国拨兵三四百名，在水路会击，必可得手。又称：明年南漕运京，恐沿途或有阻碍。伊在上海时，有咪国商人及中国粤商[2]，情愿领价采办台米、洋米运津。如令伊寄信上海领事官，将来洋船、沙船均可装载，用俄、咪旗帜，即保无虞等语。中国剿贼、运漕，断无专借资外国之理。惟思江浙地方糜烂，兵力不敷剿办，如借俄兵之力帮同办理，逆贼若能早平，我之元气亦可渐复。但恐该国所贪在利，借口协同剿贼，或格外再有要求，不可不思患预防。咈郎西在京时亦有此请。着曾国藩等公同悉心体察，如利多害少，尚可为救急之方，即行迅速奏明，候旨定夺。至代运南漕一节，江、浙地方沦陷，明岁能否办理新漕，尚无定议。然漕粮为天庾正供，自不可缺。该酋所称采办运津之说是否可行？应如何妥议章程办理之处，并着曾国藩、薛焕、王有龄酌量情形[3]，迅速具奏。将此由六百里各密谕知之。钦此。

具仰皇上圣虑周详，驭夷之方，达变之略，无微弗至，钦服莫名。臣就俄酋所陈二事思之，其请拨夷兵三四百名助剿金陵发逆一节：查大西洋嘆、咈、咪各国，恃其船坚炮大，横行海上。俄罗斯国都紧接大西洋，所用船炮及所习技艺均足相抗，近始由重洋以通中国。该夷与我向无嫌怨，其请用兵船助剿发逆，自非别有诡谋。康熙年间进攻台湾，曾调荷兰夹板船助剿，亦中国借资夷船之一证。惟长江二千馀里，上游安庆、芜湖等处有杨载福、彭玉麟等水师，下游扬州、镇江等处有吴全美、李德麟之水师，臣现又在长沙、吴城等处添造师船，为明年驶赴淮扬之用。是皖、吴官军之单薄在陆而不在水，金陵发逆之横行亦在陆而不在水。此时我之陆军，势不能遽进金陵，若俄夷兵船即由海口上驶，亦未能遂收夹击之效。应请饬下王大臣等传谕该夷酋，奖其效顺之忱，缓其会师之期。俟陆军克复皖、浙、苏、常各郡后，再由统兵大臣约会该酋，派船助剿，庶在我足以自立，在彼亦乐与有成。咈郎西亦有此请，亦可奖而允之，许其来助，示以和好而无猜，缓其师期，明非有急而来救。自古外夷之助中国，成功之后，每多意外要求。彼时操纵失宜，或致别开嫌隙。似不如先与约定兵船若干只，雇价若干，每船夷兵若干，需月饷若干，军火一切经费若干，一一说明。将来助剿时，均由上海粮台支应，庶可免争竞而杜衅端。

至所称咪商领价采米运津一节：江、浙各郡县地方沦陷既多，明年新漕势难赴办。咪商、粤商情愿领价采办台米、洋米，由海道运至津、沽，实亦济变之要着。俄酋既以此为请，似即可因而许之。除粤商采办之米，应由该商自行经理，毋庸插用俄、咪旗帜外，所有咪商采办运津之米，亦请饬薛焕在上海就近与该商订明。粤商领价，须取保户。咪商则听咪酋经理，当可无误要需。为时局计，似亦舍此别无良策。伏乞圣明察酌行之。

抑臣窃有请者，驭夷之道，贵识夷情。以大西洋诸夷论之，唉咭唎狡黠最甚，咈郎西次之，俄罗斯势力大于唉、咈、尝与唉夷争斗，为唉所惮。咪唎咥人性质醇厚，其于中国素称恭顺。道光十九年，唉夷因鸦片肇衅之始，兵船闯入广州省河，咪酋曾于参赞大臣杨芳处递禀[4]，愿为居间调处。唉酋义律[5]，旋出亲笔，有只求通商、不讨别情等语，是并烟价亦不敢索也。杨芳曾据以入奏，而不敢专主其议。会官军烧抢洋行，误伤咪夷数人，其事遂寝，而夷患遂炽。咸丰三年，贼踞金陵，闻咪酋亦曾于向荣处托人关说，请以兵船助剿。未知向荣曾据以入奏否？唉、咈两夷犯广东省城时，咪酋未尝助逆。上年天津击败夷船时，咪酋即首先赴京换约，并无异词。是咪夷于中国时有效顺之诚，而于㖦、哺诸夷，并非固结之党，已可概见。此次俄夷既称咪商情愿领价采米，似可即饬薛焕与咪酋面订章程，妥为筹办，庶几暗杜俄夷见好中国、市德咪夷之心；而咪夷知中国于彼毫无疑忌，或且输诚而昵就于我，未可知也。此次款议虽成，中国岂可一日而忘备？河道既改海运，岂可一岁而不行？如能将此两事妥为经画，无论目前资夷力以助剿、济运，得纾一时之忧；将来师夷智以造炮制船，尤可期永远之利。区区愚虑所及，合并陈明，伏乞皇上圣鉴训示。谨奏。

【题解】

写于咸丰十年（1860）。这是曾国藩最早提出的对西方侵略者的看法与对策，其中"如能将此两事妥为经画，无论目前资夷力以助剿、济运，得纾一时之忧；将来师夷智以造炮制船，尤可期永远之利"，则成为洋务派借助洋人兴办军事工业的先声。

【注释】

[1] 㖦、哺：即英、法。后文中的㖦咭唎即英吉利，哺郎西即法兰西。

[2] 咪国：即美国。后文中的咪唎堅即美利坚。

[3] 薛焕：字觐唐（堂），四川兴文人，举人。曾任江苏巡抚、南洋通商大臣、工部右侍郎、总理衙门大臣等职。同治三年降调，同治五年乞养归籍，光绪六年病死。

[4] 杨芳：字诚斋，贵州松桃人，曾任湖南提督等职。嘉庆年间曾参与镇压白莲教起义和林清、李文成起义。道光初年曾参加平定新疆回族张格尔之役。鸦片战争期间，曾任参赞大臣，附和琦善，主张议和。

[5] 义律：英国殖民主义者，曾任英国驻华商务监督、副全权代表。鸦片战争期间，力主保护鸦片贸易，武力进攻中国，并率舰队进攻定海、大沽，代表英方议订《穿鼻条约》等。

湖南设立东征局请颁发部照折

奏为湖南官绅设立东征筹饷局，办有成效，应请仿照江西茶捐章程颁发部照，随时奖叙，恭折会奏仰祈圣鉴事：

窃湖南一省，向称瘠苦之区。年来防剿本省，援应邻封，兵勇分道四出，而饷糈犹能为继，良由经理得人，取民有道。前此助剿江西，协济黔、粤，岁费百馀万两，久在圣明洞鉴之中。本年夏间，臣与左宗棠在湖南招募勇丁，数近二万，饷项、军装，为款甚巨，皆由湖南竭力协济，得以从容集事。臣以一省之物力只有此数，协助外省者日多，则供给本省者日少，此有所盈，则彼有所缺，本不欲再用湖南之饷，致蒙竭泽而渔之讥。无如添募勇丁、添制枪炮、添造船只，在在与湖南相交涉，不得不借资湘中之力，挹注皖省之师。爰与湖南抚臣熟商，札饬臬司裕麟[1]，道员黄冕、郑元璧等会同藩司文格，在长沙设立东征局，凡盐、茶货物，酌抽厘金，于商民税则所增无几，而于本省厘务两不相妨。臣与官文、胡林翼等所统各军同系东征之师，同值缺饷之际，议定东征局所筹饷项，以三分之二解江西粮台，协济皖南一军；以三分之一解湖北粮台，协济皖北一军。又会同遴派翰林院编修黄锡彤，员外郎郭征畴，候补道陶桄，知府彭汝琮、胡镛、黄廷瓒、黄芳，知县冯晟等各官绅设立分局，襄同办理。本年七、八月内，次第开局。臣以隔省筹饷，事涉烦难，未敢遽行入奏。九月间，夷氛内犯，该局官绅闻臣有带兵入卫之奏，益复倡明大义，急凑东征之饷，先犒北上之师。由是规模渐定，众情胥协，现已报解银二万五千两。其在局制械造船，所费尤多，洵属力拯时艰，著有成效。惟是另设一局，与本省抽厘不同，凡盐、茶各商抽收较多者，应仿照江西茶捐之例，给予奖叙。合无吁恳天恩，饬部颁发执照二千张，内监生照一千张，从九照八百张，各色职衔、封典、翎枝照共二百张，寄至湖南巡抚衙门，转交东征局司道经收填用。

近岁以来，屡蒙我皇上谕旨，褒嘉湖南官绅有裨大局。今兹时事弥艰，犹能多方筹措，谋及皖、吴之师，虽出自该局官绅报国微忱，亦足见圣主仁言感人之深，有以激发于不自已。所有湖南官绅设立东征筹饷局，请饬颁发部照缘由，谨会同湖广总督臣官文、湖北巡抚臣胡林翼、前湖南巡抚臣骆秉章、署湖南巡抚臣翟诰，恭折由驿驰奏，伏乞皇上圣鉴训示。谨奏。

【题解】

写于咸丰十年（1860）。湖南东征局全名湖南东征筹饷局，专为东征各军筹饷而设，咸丰十年五月设立，同治四年五月裁撤。

【注释】

[1] 裕麟：字石卿，曾先后任湖南盐法道、广东盐法道、湖北按察使、贵州布政使等职。黄冕：字南坡、服周，湖南长沙人。多智谋，善理财，仕途坎坷，多次被议。曾任常州、镇江、吉安知府。英军袭扰闽浙，黄冕随从两江总督裕谦赴浙江。英军攻陷镇海，裕谦死难。战败后黄冕受牵连，谴戍新疆伊犁，佐助林则徐兴屯田、修水利，有功赦还。先是治海运，革除漕费旧弊，为人所忌劾，罢归。曾国藩办湘军，黄冕创议设厘税，兴茶、盐之利，以供给军饷，并开设东征局，专饷曾国藩一军。后补授云南迤西道，以病辞，未赴任，卒于家。

谕纪泽纪鸿

字谕纪泽、纪鸿儿：

接二月二十三日信，知家中五宅平安，甚慰甚慰。

余以初三日至休宁县，即闻景德镇失守之信。初四日写家书，托九叔处寄湘，即言此间局势危急，恐难支持，然犹意力攻徽州，或可得手，即是一条生路。初五日进攻，强中、湘前等营在西门挫败一次。十二日再行进攻，未能诱贼出仗。是夜二更，贼匪偷营劫村，强中、湘前等营大溃。凡去二十二营，其挫败者八营（强中三营、老湘三营、湘前一、震字一），其幸而完全无恙者十四营（老湘六、霆三、礼二、亲兵一、峰二），与咸丰四年十二月十二夜贼偷湖口水营情形相仿。此次未挫之营较多，以寻常兵事言之，此尚为小挫，不甚伤元气。目下值局势万紧之际，四面梗塞，接济已断，加此一挫，军心尤大震动。所盼望者，左军能破景德镇、乐平之贼，鲍军能从湖口迅速来援，事或略有转机，否则不堪设想矣。

余自从军以来，即怀见危授命之志[1]。丁、戊年在家抱病[2]，常恐溘逝牖下[3]，渝我初志，失信于世。起复再出，意尤坚定。此次若遂不测，毫无牵恋。自念贫窭无知，官至一品，寿逾五十，薄有浮名，兼秉兵权，忝窃万分，夫复何憾！惟古文与诗二者用力颇深，探索颇苦，而未能介然用之，独辟康庄。古文尤确有依据，若遽先朝露[4]，则寸心所得，遂成广陵之散[5]。作字用功最浅[6]，而近年亦略有入处。三者一无所成，不无耿耿。至行军本非余所长，兵贵奇而余太平，兵贵诈而余太直，岂能办此滔天之贼？即前此屡有克捷，已为侥幸，出于非望矣。尔等长大之后，切不可涉历兵间，此事难于见功，易于造孽，尤易于贻万世口实。余久处行间，日日如坐针毡，所差不负吾心、不负所学者，未尝须臾忘爱民之意耳。近来阅历愈多，深谙督师之苦。尔曹惟当一意读书，不可从军，亦不必作官。

吾教子弟不离八本、三致祥[7]。八者曰：读古书以训诂为本，作诗文以声调为本，养亲以得欢心为本，养生以少恼怒为本，立身以不妄语为本，治家以不晏起为本，居官以不要钱为本，行军以不扰民为本。三者曰：孝致祥，勤致祥，恕致祥。吾父竹亭公之教人，则专重孝字。其少壮敬亲，暮年爱亲，出于至诚，故吾纂墓志，仅叙一事。吾祖星冈公之教人，则有八字、三不信。八者曰：考、宝、早、扫、书、蔬、鱼、猪。三者，曰僧巫，曰地仙，曰医药，皆不信也。处兹乱世，银钱愈少，则愈可免祸；用度愈省，则愈可养福。尔兄弟奉母，除劳字俭字之外，别无安身之法。吾当军事极危，辄将此二字叮嘱一遍，此外亦别无遗训之语，尔可禀告诸叔及尔母无忘。

【题解】

写于咸丰十一年（1861）三月十三日。这是曾国藩困守祁门、军情危急之时为二子写下的遗嘱。长子曾纪泽，见本书《谕纪泽》一文题解。次子曾纪鸿，曾学习英文、数学，年轻时即去世。

【注释】

[1] 见危授命：又称临危授命。为解救国家危难，不惜付出自己的生命。语出《论语·宪问》："见利思义，见危授命。"

[2] 丁、戊年在家抱病：丁、戊年指咸丰七年（1857）丁巳、咸丰八年（1858）戊午。在家抱病，此为婉称。咸丰七年二月，曾国藩率湘军在江西与太平军作战，正值焦头烂额之际，接父亡之讣闻，不待咸丰帝批准即脱离战场回湘乡。三个月假满后，上奏称"非位任巡抚，不能治军并兼及筹饷"，引起咸丰帝不满，准其在籍终制，并解除其兵部右侍郎之职。直至咸丰八年六月，方由于胡林翼、骆秉章的奏请而获得起复。

[3] 溘（kè）逝牖（yǒu）下：突然死在自己家里。溘，忽然。牖，窗。

[4] 遽先朝露：骤然在这些心得充分表达出来之前像朝露消失一样死去。遽，急、骤然。朝露，原指早晨的露水，后用来比喻存在短暂的事物或人的生命。古有"人生如朝露"（《汉书·苏武传》）之语，又有"为朝露之行，而思传世之功"（《潜夫论·忠贵》）的说法。

[5] 广陵之散：即《广陵散》，又名《广陵止息》《广陵散曲》，琴曲名。有曲谱传于今天，为篇幅最长的琴曲之一。后人根据各段标题推测，此曲大概就是《琴操》所记载的《聂政刺韩王曲》。聂政，战国时人，是中国古代与荆轲、专诸齐名的刺客（见司马迁《史记·刺客列传》）。此曲成曲甚早。《晋书》载，三国时魏国的嵇康以善弹此曲闻名于世。后因不满司马氏的专权而被害，临刑时曾索琴弹奏此曲，被人视为绝响。曾国藩正以此事比喻自己在文学上的成就，可能会被历史湮没，无法为人所知。说明他嗜文如命，自视甚高，并流露出写此绝命书时内心的悲哀。

[6] 作字：即写字、书法。

[7] 致祥：（如何）得到祥和。

复陈购买外洋船炮折

奏为遵旨筹议，恭折复陈仰祈圣鉴事：

窃臣承准军机大臣字寄，咸丰十一年五月三十日奉上谕：

前因恭亲王奕䜣等奏，法夷枪炮现肯售卖，并肯派匠役教习制造，当谕令曾国藩、薛焕酌量办理。本日复据奕䜣等奏，请购买外洋船、炮一折。据称：大江上下游设有水师，中间并无堵截之船，非独无以断贼接济，且恐由苏、常进剿，则北路必受其冲。据赫德[1]称：若用小火轮船十馀号，益以精利枪炮，不过数十万两。至驾驶之法，广东、上海等处可雇内地人随时学习，亦可雇用外国人，令其司舵、司炮。其价值先领一半，俟购齐验收后再行全给。并称：洋药一项，如照所递之单，征收华、洋各税四十五两之外，于进口后无论贩至何处销售，再由各该地方官给予印票，仿照牙行纳帖之例，每帖输银若干。如办理得宜，除华、洋各税外，岁可增银数十万两。此项留为购买船炮，亦足裨益。现在赫德已回天津，令其将船炮、洋枪价值，分晰开单呈递等语。

东南贼氛蔓延，果能购买外国船炮剿贼，必能得力。惟各路军饷不足，必须预筹银款以资购办。奕䜣等现拟于上海、广东各关税内先行筹款购买，俟将来洋药印票税收有成数，再行归款。并给赫德札文，令其购买。运到时即交广东、江苏各督抚，雇内地人学习驾驶。着劳崇光、耆龄、薛焕[2]，并传谕毓清，即按照所奏预为筹计。其应酌配兵丁并统带大员，及陆路进攻各事宜，并着官文、曾国藩、胡林翼先行妥为筹议。一俟船炮运到，即奏明办理。内患既除，则外国不敢轻视中国，实于大局有益。该督抚等务当悉心妥议,期于必行,不得畏难苟安。奕䜣等折,着抄给阅看等因。钦此。

仰见皇上圣虑周祥,安内攘外之至意。

臣查发逆盘据金陵,蔓延苏、浙、皖、鄂等省,所占傍江各城,为我所必争者有三:曰金陵,曰安庆,曰芜湖;不傍江各城,为我所必争者有三:曰苏州,曰庐州,曰宁国。不傍江之处,所用师船,不过舢板、长龙之类。其或支流小港,岸峻桥多,即舢板、小划尚无所施其技,断不能容火轮船。想在圣明洞鉴之中。傍江三城,小火轮船尽可施展,然亦只可制水面之贼,不能剿岸上之贼。即欲阻其北渡,断其接济,亦恐地段太长,难于处处防遏。目下贼氛虽炽,然江面实鲜炮船,不能与我水师争衡。臣去冬复奏一疏有云:金陵发逆之横行,在陆而不在水;皖、吴官军之单薄,亦在陆而不在水。系属实在情形。

至恭亲王奕䜣等奏请购买外洋船炮,则为今日救时之第一要务。凡恃己之所有夸人所无者,世之常情也;忽于所习见、震于所罕见者,亦世之常情也。轮船之速、洋炮之远,在英、法则夸其所独有,在中华则震于所罕见。若能陆续购买,据为己物,在中华则见惯而不惊,在英、法亦渐失其所恃。康熙、雍正年间,云南铜斤未曾解京之时,皆给照商人,采买海外之洋铜,以资京局之鼓铸。行之数十年,并无流弊。况今日和议既成,中外贸易,有无交通,购买外洋器物,尤属名正言顺。购成之后,访募覃思[3]之士、智巧之匠,始而演习,继而试造,不过一二年,火轮船必为中外官民通行之物,可以剿发逆,可以勤远略。谕旨"期于必行,不得畏难苟安",仰见圣主沈几独断[4],开物成务[5],曷胜钦服!

至于酌配兵丁及统带大员,应俟轮船驶至安庆、汉口时,每船酌留外洋三四人,令其司舵、司火。其馀即配用楚军水师之勇丁学习驾驶,炮位亦令楚勇司放。虽不能遽臻娴熟,尽可渐次教习。其统带大员,即于现在水师镇将中遴选。臣与官文、胡林翼商定,届时奏明办理。惟期内地军民,知者尽心,勇者尽力,无不能制之器,无不能演之技,庶几渐摩奋兴[6],仰副圣主深远无穷之虑。所有遵旨筹议缘由,恭折由驿复陈,伏乞皇上圣鉴训示。谨奏。

【题解】

写于咸丰十一年（1861）七月十八日。这是曾国藩继前折之后，就船、炮问题应诏发表的见解。折中除表示同意购买外洋船、炮外，还对制船造炮一事进一步提出自己的打算。

【注释】

[1]赫德：英国人，1855年来中国，历任英国驻宁波领事助理、驻广州领事助理、粤海关副税务司、代理总税务司，1863年任总税务司，1908年假归，直到病死始卸是任。是英国侵华的主要代表人物之一，对清政府的内政、外交都产生过不小影响。

[2]耆龄：字九峰，姓爱新觉罗，满洲正黄旗。举人。曾任江西巡抚、广东巡抚、闽浙总督、福州将军等职。

[3]覃（tán）思：深思。

[4]沈（chén）几独断：处事果断，不受他人影响。沈，同沉。沈几，坐在几案后，或伏在几案上，指办公，办理或处理国家大事。

[5]开物成务：揭示事物真相，使人事各得其所。语出《易·系辞上》，原注谓："通万物之志，成天下之务。"

[6]渐（jiān）摩奋兴：即（造船制炮的）技术逐渐为军民所掌握，军事工业将会奋然而起。渐摩，《汉书·董仲舒传》："渐民以仁，摩民以义。"用仁义道德感化、教育民众。渐，浸润。摩，砥砺，磨炼。

日记（咸丰十一年八月十六日）

早饭后清理文件。旋与黎寿民围棋二局。旋阅《管子》《大匡》《中匡》《小匡》篇。沅弟来，竟日久谈。弟办菜数碗，在此同饭，申刻去。阅《管子·霸形篇》[1]，习字一纸。傍夕再围棋一局。疮痒，愁闷殊甚。夜温《古文·词赋类》，又写零字甚多。睡颇成寐。疮痒，醒时爬搔数次。

是日与沅弟言，欲得家运绵长，第一禁止奢侈享用。念周末诸子各有极至之诣[2]，其所以不及仲尼者[3]，此有所偏至，即彼有所独缺，亦犹夷、惠之不及孔子耳。若游心能如老、庄之虚静[4]，治身能如墨翟之勤俭[5]，齐民能如管、商之严整[6]，而又持之以不自是之心，偏者裁之，缺者补之，则诸子皆可师也，不可弃也。

【题解】
曾国藩在这篇日记中主要记述了自己对春秋战国时期诸子百家的看法。

【注释】
[1]《管子》：相传为春秋时齐国管仲所著，实为后人辑录而成。全书共分二十四卷，原有八十六篇，现仅存七十六篇。内容包罗万象，包括道、名、法等多家思想及天文、地理、历法、算学、经济等各方面的知识。管仲即管敬仲，名夷吾，字仲，春秋时齐国人。政治家。他在齐桓公时任卿，执相权，进行多方面改革，使齐国富强，建立一代霸业。

[2] 周末诸子：指春秋战国时的诸子百家。

[3] 仲尼：孔子名丘，字仲尼。

[4] 老、庄：指老子李耳与庄子庄周。老子即老聃，姓李名耳，字伯阳，春秋时楚国苦县（今河南省鹿邑县东）人。思想家，道家的创始人，著有《老子》一书。

[5] 墨翟：春秋时宋国人，思想家，墨家的创始人，著《墨子》一书。

[6] 管、商：管指管仲。商指商鞅，秦国丞相。商鞅姓公孙氏，名鞅，战国时卫国人，故称公孙鞅、卫鞅。后封商地，号商君，因称商君鞅、商鞅。秦孝公时任左庶长，实行变法，为秦国的富强奠定了基础。后被车裂而死。著有《商君》《公孙鞅》。

沥陈前湖北抚臣胡林翼忠勤勋绩折

奏为湖北抚臣忠勤尽瘁，勋绩最多，恭折奏祈圣鉴事：

窃前湖北抚臣胡林翼，由翰林起家，洊历外任。咸丰五年三月，蒙先皇帝特达之知，由贵州道员，不及半载，擢署湖北巡抚。当是时，武汉已三次失陷，湖北州县大半沦没，各路兵勇溃散殆尽。胡林翼坐困于金口、洪山一带，劳身焦思，不特无兵无饷，亦且无官无幕，自两司以至州县佐杂，皆远隔北岸数百里外。一钱一粟，皆亲作书函，向人求贷，情词深痛。残破之余，十不一应，至发其益阳私家之谷以济军食，士卒为之感动。会湘勇自江西援鄂，军势日振。六年十一月攻克武汉，以次恢复黄州等郡县。论者以为鄂省巡抚可稍息肩矣。胡林翼不少为自固之计[1]，悉师越境，围攻九江，又分兵先救瑞州。督抚以全力援剿邻省，自湖北始也。九江围剿年余，相持不下，中间石达开自江西窥鄂、陈玉成自皖北犯鄂者三次，胡林翼终不肯撤九江之围回救本省之急。或亲统一军，肃清蕲、黄；或分遣诸将，驱归皖、豫，卒能克复九江，杀贼净尽，为东南一大转机。洎功甫葳[2]，复奏明以全鄂之力办皖北之贼。迨李续宾覆军于三河，胡林翼先以母丧归籍，未满百日，闻信急起，痛哭誓师，不入衙署，进驻黄州。论者又以李续宾良将新逝，元气未复，但可姑保吾圉，不宜兼顾邻封。胡林翼不以为然，惊魂甫定，即派重兵越二千里援解湖南宝庆之围。援湘之师未返，又议大举图皖。是时臣国藩方奉入蜀之命，胡林翼留臣共图皖疆，先灭发匪，保三吴之财赋，雪溥天之公愤[3]。绘图数十纸，分致臣与官文暨诸路将领，昼夜咨谋。十年春间，大战于潜山、太湖，相继克之。遂定围攻安庆之策，亲驻太湖督剿。本年五月回援鄂省，病中犹屡寄臣书，缕陈勿撤皖围、力剿援贼之策。故安庆之克，臣前奏推胡林翼为首功，此非微臣私议，盖在事文武所共知，亦大行皇帝所洞鉴也[4]。

大凡良将相聚则意见纷歧，或道义自高而不免气矜之过，或功能自负而不免器识之偏，一言不合，动成水火。近世将材，推湖北为最多，如塔齐布、罗泽南、李续宾、都兴阿、多隆阿、李续宜、杨载福、彭玉麟、鲍超等，胡林翼均以国士相待，倾身结纳，人人皆有布衣昆弟之欢。或分私财以惠其室家，寄珍药以慰其父母。前敌诸军，求饷求援，竭蹶经营，夜以继日，书问馈遗，不绝于道。自七年以来，每遇捷报之折，胡林翼皆不具奏，恒推官文与臣处主稿；偶一出奏，则盛称诸将之功，而己不与焉。其心兢兢以推让僚友、扶植忠良为务。外省盛传楚师协和，亲如骨肉，而于胡林翼之苦心调护，或不尽知。此臣所自愧昔时之不逮，而又忧后此之难继者也。

军兴以来，各省皆以饷绌为虑，湖北三次失守，百物荡尽，乙卯、丙辰之际，穷窘极矣。自荆州榷盐，各府抽厘，鄂中稍足自存。胡林翼综核之才，冠绝一时，每于理财之中，暗寓察吏之法。咸丰三年，部定漕米变价，每石折银一两三钱。而各省州县照旧浮收，加至数倍，鄂省竟有每石十数千者，上下因之交困。胡林翼于七年春间创议减漕，严裁冗费。先皇帝朱批奖谕，谓其不顾情面，祛百年之积弊，甚属可嘉。统计湖北减漕一项，每年为民间省钱一百四十馀万串，为帑项增银四十二万两，又节省提存银三十一万馀两。利国利民，但不利于中饱之蠹。向来各衙门陋规、台局浮费，革除殆尽。州县征役正课，不准浮取毫厘，亦不准借催科政拙之名，为猾吏肥私之地。各卡委员，日有训，月有课，批答书函，娓娓千言。以为取民赡军，使商贾皆知同仇而敌忾，是即所以教忠；多入少出，使局员皆知洁己而奉公，是即所以兴廉。贞白之士，乐为之用；欺饰之徒，谴责亦重。故湖北瘠区，养兵六万，月费至四十万之多，而商民不疲，吏治日茂，斯又精心默运，非操切之术所得与也[5]。

自顷八月以来，安庆克复，江、鄂肃清，方幸全局振兴，便可长驱东下，不图大功未竟，长城遽颓。湖广督臣官文奏请将胡林翼敕部优恤，谅蒙圣慈矜鉴。臣与该故抚共事日久，相知颇深。咸丰四年曾奏胡林翼之才胜臣十倍。近年遇事咨询，尤服其进德之猛。不敢阿好溢美，亦不敢没其忠勋，谨将该故抚以死勤事大略情形据实渎陈，伏乞饬付国史馆查照施行。胡林翼之子胡子勋，读书聪慧，可否加恩之处，出自逾格鸿慈？所有湖北抚臣忠勤尽瘁缘由，恭折附驿驰奏，伏祈皇上圣鉴训示。谨奏。

【题解】

写于咸丰十一年（1861）十月十四日。这是在胡林翼去世不久，曾国藩为表彰他一生功绩而向朝廷上奏的折稿。

【注释】

[1] 自固：寻求自身安全，这里是指湖北省的安全。

[2] 浔功甫蒇（chǎn）：攻占九江不久。浔，浔阳，治所在九江。浔功，指攻陷九江之功。甫，刚刚，才。蒇，解决，完成。

[3] 溥天：普天下，指全国的人。溥，同"普"。

[4] 大行：一去不返。封建时代臣下讳称皇帝死亡，故往往用"大行皇帝"婉称已经死去的皇帝。《史记·李斯列传》："今大行未发，丧礼未终。"

[5] 操切：办事过于急躁严厉。

劝诫浅语十六条

劝诫州县四条
（上而道府，下而佐杂，以此类推）

一曰治署内以端本

宅门以内曰上房、曰官亲、曰幕友、曰家丁；头门以内曰书办、曰差役。此六项者，皆署内之人也。为官者欲治此六项人，须先自治其身。凡银钱一分一毫、一出一入，无不可对人言之处，则身边之人不敢妄取，而上房、官亲、幕友、家丁四者皆治矣；凡文书案牍，无一不躬亲检点，则承办之人不敢舞弊，而书办、差役二者皆治矣。

二曰明刑法以清讼

管子、荀子、文中子之书[1]，皆以严刑为是，以赦宥为非。子产治郑[2]，诸葛治蜀，王猛治秦[3]，皆用严刑，以致乂安[4]。为州县者，苟尽心于民事，是非不得不剖辨，谳结不得不迅速[5]。既求迅结，不得不刑恶人，以伸善人之气。非虐也，除莠所以爱苗也，惩恶所以安良也。若一案到署，不讯不结，不分是非，不用刑法，名为宽和，实糊涂耳、懒惰耳、纵奸恶以害善良耳。

三曰重农事以厚生[6]

军兴以来，士与工商，生计或未尽绝。惟农夫则无一人不苦，无一处不苦。农夫受苦太久，则必荒田不耕；军无粮，则必扰民；民无粮，则必从贼；贼无粮，则必变流贼，而大乱无了日矣！故今日之州县，以重农为第一要务。病商之钱可取[7]，病农之钱不可取。薄敛以纾其力[8]，减役以安其身；无牛之家，设法购买；有水之田，设法疏消。要使农夫稍有生聚之乐，庶不至逃徙一空。

四曰崇俭朴以养廉

近日州县廉俸，入款皆无着落，而出款仍未尽裁，是以艰窘异常。计惟有节用之一法，尚可公私两全。节用之道，莫先于人少。官亲少，则无需索酬应之繁；幕友、家丁少，则减薪工杂支之费。官厨少一双之箸，民间宽一分之力。此外衣服、饮食，事事俭约；声色洋烟，一一禁绝；不献上司，不肥家产。用之于己者有节，则取之于民者有制矣。

劝诫营官四条
（上而统领，下而哨弁，以此类推）

一曰禁骚扰以安民

所恶乎贼匪者，以其淫掳焚杀，扰民害民也；所贵乎官兵者，以其救民安民也。若官兵扰害百姓，则与贼匪无殊矣。故带兵之道，以禁止骚扰为第一义。百姓最怕者，惟强掳民夫、强占民房二事。掳夫则行者辛苦，居者愁思；占房则器物毁坏，家口流离。为营官者，先禁此二事，更于淫抢压买等事一一禁止，则造福无穷矣。

二曰戒烟赌以儆惰

战守乃极劳苦之事，全仗身体强壮，精神完足，方能敬慎不败。洋烟、赌博二者，既费银钱，又耗精神，不能起早，不能守夜，断无不误军事之理。军事最喜朝气，最忌暮气，惰则皆暮气也。洋烟瘾发之人，涕洟交流，遍身瘫软；赌博劳夜之人，神魂颠倒，竟日痴迷，全是一种暮气。久骄而不败者，容或有之；久惰则立见败亡矣。故欲保军士常新之气，必自戒烟、赌始。

三曰勤训练以御寇

训有二端：一曰训营规，二曰训家规。练有二端：一曰练技艺，二曰练阵法。点名、演操、巡更、放哨，此将领教兵勇之营规也；禁嫖赌、戒游惰、慎语言、敬尊长，此父兄教子弟之家规也。为营官者，待兵勇如子弟，使人人学好，个个成名，则众勇感之矣。练技艺者，刀矛能保身，能刺人；枪炮能命中，能及远。练阵法者，进则同进，站则同站；登山不乱，越水不杂，总不外一熟字。技艺极熟,则一人可敌数十人;阵法极熟,则千万人可使如一人。

四曰尚廉俭以服众

兵勇心目之中,专从银钱上着意。如营官于银钱不苟,则兵勇畏而且服;若银钱苟且,则兵勇心中不服,口中讥议。不特扣减口粮、缺额截旷而后议之也[9]。即营官好多用亲戚本家,好应酬上司朋友,用营中之公钱,谋一身之私事,也算是虚糜饷银,也难免兵勇讥议。欲服军心,必先尚廉介;欲求廉介,必先崇俭朴。不妄花一钱,则一身廉;不私用一人,则一营廉。不独兵勇畏服,亦且鬼神钦伏矣。

劝诫委员四条
（向无额缺,现有职事之员,皆归此类）

一曰习勤劳以尽职

观于田夫农父,终岁勤劳而少疾病,则知劳者所以养身也;观于舜、禹、周公,终身忧劳,而享寿考,则知劳者所以养心也。大抵勤则难朽,逸则易坏,凡物皆然。勤之道有五:一曰身勤。险远之路,身往验之;艰苦之境,身亲尝之。二曰眼勤。遇一人,必详细察看;接一文,必反复审阅。三曰手勤。易弃之物,随手收拾;易忘之事,随笔记载。四曰口勤。待同僚,则互相规劝;待下属,则再三训导。五曰心勤。精诚所至,金石亦开;苦思所积,鬼神亦通。五者皆到,无不尽之职矣。

二曰崇俭约以养廉

昔年州县佐杂在省当差,并无薪水银两,今则月支数十金,而犹嫌其少;昔年举贡生员在外坐馆,不过每月数金,今则增至一两倍而犹嫌其少。此所谓不知足也。欲学廉介,必先知足。观于各处难民,遍地饿莩,则吾辈之安居衣食,已属至幸。尚何奢望哉?尚敢暴殄哉?不特当廉于取利,并当廉于取名。毋贪保举,毋好虚誉,事事知足,人人守约,则气运可挽回矣。

三曰勤学问以广才

今世万事纷纭,要之不外四端:曰军事,曰吏事,曰饷事,曰文事而已。凡来此者，于此四端之中，各宜精习一事。习军事，则讲究战攻防守、地势贼情等件；习吏事，则讲究抚字催科[10]、听讼劝农等件；习饷事，则讲究丁漕厘捐、开源节流等件；习文事，则讲究奏疏条教、公牍书函等件。讲究之法，不外学问二字。学于古则多看书籍，学于今则多觅榜样；问于当局则知其甘苦，问于旁观则知其效验。勤习不已，才自广而不觉矣。

四曰戒傲惰以正俗

余在军日久，不识术数、占验，而颇能预知败征。大约将士有骄傲气者必败，有怠惰气者必败；不独将士然也，凡委员有傲气者亦必偾事[11]，有惰气者亦必获咎。傲惰之所起者微，而积久遂成风俗。一人自是，将举国予圣自雄矣；一人晏起，将举国俾昼作夜矣。今与诸君约：多做实事，少说大话，有劳不避，有功不矜。人人如此存心，则勋业自此出，风俗自此正，人材亦自此盛矣。

劝诫绅士四条
（本省乡绅，外省客游之士，皆归此类）

一曰保愚懦以庇乡

军兴以来，各县皆有绅局。或筹办团练，或支应官军，大抵皆敛钱以集事。或酌量捐资，或按亩派费，名为均匀分派，实则高下参差。在局之绅耆少出，不在局之愚懦多出；与局绅有声气者少出，与局绅无瓜葛者多出；与局绅有夙怨者不惟勒派多出，而且严催凌辱。是亦未尝不害民也。欲选绅士，以能保本乡愚懦者为上等。能保愚懦，虽伪职亦尚可恕；凌虐愚懦，虽巨绅亦属可诛。

二曰崇廉让以奉公

凡有公局，即有经管银钱之权，又有劳绩保举之望。同列之人，或争利权而相怨，或争保举而相轧，此不廉也。始则求县官之一札以为荣，继则大柄下移，毫无忌惮。衙门食用之需，仰给绅士之手，擅作威福，藐视官长，此不逊也。今特申戒各属绅士，以敬畏官长为第一义。财利之权，归之于官；赏罚之柄，操之自上。即同列众绅，亦互相推让，不争权势。

绅士能洁己而奉公，则庶民皆尊君而亲上矣。

三曰禁大言以务实

以诸葛之智勇，不能克魏之一城；以范、韩之经纶，不能制夏之一隅[12]。是知兵事之成败利钝，皆天也，非人之所能为也。近年书生侈口谈兵，动辄曰克城若干、拓地若干，此大言也。孔子曰："攻其恶，无攻人之恶。"近年书生，多好攻人之短，轻诋古贤，苟责时彦，此亦大言也。好谈兵事者，其阅历必浅；好攻人短者，其自修必疏。今与诸君子约：为务实之学，请自禁大言始；欲禁大言，请自不轻论兵始、自不道人短始。

四曰扩才识以待用

天下无现成之人才，亦无生知之卓识。大抵皆由勉强磨炼而出耳。《淮南子》曰[13]："功可强成，名可强立。"董子曰[14]："强勉学问，则闻见博；强勉行道，则德日起。"《中庸》所谓"人一己百，人十己千"，即勉强工夫也。今士人皆思见用于世，而乏用世之具。诚能考信于载籍，问途于已经，苦思以求其通，躬行以试其效，勉之又勉，则识可渐进，才亦渐充。才识足以济世，何患世莫己知哉！

以上十六条，分之，则每一等人各守四条；合之，则凡诸色人皆可参观。圣贤之格言甚多，难以备述；朝廷之律例甚密，亦难周知。只此浅近之语，科条在此，黜陟亦在此，愿我同人共勉焉。

咸丰十一年九月　曾国藩识

【题解】

写于咸丰十一年（1861）。这是曾国藩为教育和培养地方官员、统军将领、幕中僚友、各县士绅而书写的教令，名为劝诫，实则必须遵守。

【注释】

[1] 管子、荀子、文中子：管子即管仲，荀子即荀卿，文中子即王通。荀卿

名况号卿,战国时赵国人,思想家、教育家,著《荀子》一书。王通,隋代人,其门人私谥曰文中子。死后由其子记述其言论,成《文中子》一书,又称《中说》。

[2] 子产:即公孙侨、公孙成子,春秋时郑国人,政治家。姓公孙氏,字子产,一字子美。曾在郑国为卿,执相权,推行改革,按面积向田主征赋,铸《刑书》于鼎上,公布于世。

[3] 王猛:字景略,南北朝时北海剧(今山东省寿光市东南)人。前秦大臣,曾为苻坚谋士,先后任司徒、录尚书事、丞相,助其统一北方。临终诫苻坚不要攻晋,未被采纳,遂致淝水大败,前秦解体。

[4] 乂(yì)安:平安无事。乂,治理。

[5] 谳(yàn)结:审判定案。谳,议罪。

[6] 厚生:充裕人民的生活。

[7] 病商:危害商人(商业)。病,害,危害。

[8] 纡(yū):屈曲,回旋。

[9] 截旷:截留离营弁兵已按定额发下的粮饷。旷,空缺。此事一般由统领与分统去做,不使这笔银两落入营官手中。有的上交大营粮台,有的留在自己手中。

[10] 抚字催科:即治理民政,征收钱粮。抚字本为父母对子女爱护养育,后推及官吏治理民政。催科,催收国家赋税。

[11] 偾(fèn)事:败事。偾,覆败。

[12] 范、韩:指范仲淹、韩琦。范仲淹详见本书《圣哲画像记》一文注[16]。韩琦字稚圭,北宋相州(今属河南)安阳人。著名大臣,曾任右司谏、陕西安抚使、枢密副使、枢密使、宰相等职,执政三朝。任右司谏时曾一次奏罢宰相、参政四人,任陕西安抚使时曾与范仲淹共御西夏,任宰相时反对王安石变法,被贬离京,出知相州、大名等地。夏:西夏。

[13]《淮南子》:又称《淮南鸿烈》,西汉淮南王刘安及其门人所著,分内篇、外篇,内篇论道,外篇杂说。现仅存内二十一篇。书中内容以道家思想为主,杂糅儒、法、阴阳五行等诸家学说,属杂家著作。

[14] 董子:指董仲舒。详见本书《圣哲画像记》一文注[17]。

复彭丽生

弟处两江残破之局，勉强支持，时虞陨越[1]。自夏秋以来，克复徽州、安庆、池州三府，铜陵、庐江、桐城、舒城、无为五州县及运漕、东关、三河，事机颇顺，特以鼎湖弓剑之悲，兼抱润帅人琴之痛[2]，是用怨焉寡欢耳[3]。李希庵调补鄂抚，彭雪琴擢授皖抚，余介卿孝廉已在雪帅麾下，位置甚宜，足慰雅注。石逆自粤外窜，闻已扰及楚境，惟冀湘军及早击退，则南省有长剑截流之力，而西江亦获大云远荫之庥[4]。次青守徽，城未破而先遁；既败之后，又不速回大营，共支危局，乃徘徊于浙江、江西境内，经月不归；迨归至敝营，又不能束身待罪，径自回籍；今春又不以一函相商，擅自赴浙。论其自立，则往年抚州一败，去岁徽州再覆，既已置节义于不问；论其相与，则以中行待鄙人，而以智伯待浙帅[5]，又尽弃交谊于不顾。公私并绝，无缘再合，内伤而已。辱承垂询，敢布一二。

【题解】

写于咸丰十一年（1861）。曾国藩在该信中主要解释了他与李元度决裂的原因。李元度字次青，先为曾国藩门生、幕僚、亲信将领，后改换门庭，投靠浙江巡抚王有龄，被曾国藩参劾革职。彭丽生字申甫，湖南举人。

【注释】

[1] 时虞（yú）陨越：时时戒备出人意料地遭到失败。时虞，时戒不虞。虞，臆度、料想。陨越，颠坠。

[2] 鼎湖弓剑之悲：此处指对咸丰皇帝之死的悲伤。鼎湖，传说黄帝铸鼎于荆山之下，鼎成，有龙自云中垂下胡髯接黄帝上天，后世因称此地为鼎湖。后遂以鼎湖为皇帝死亡之典。弓剑，传说黄帝驾龙仙去，臣僚攀扯欲随，致使帝弓落下；又黄帝葬于桥山，山崩，棺空，仅存剑和鞋。后世遂以弓剑代指对皇帝的哀思。润帅人琴之痛：此处指对胡林翼之死的痛惜。润帅，胡林翼字润芝。人琴，《世说新语·伤逝》："王子猷（徽之）、子敬（王献之）俱病笃，而子敬先亡。子猷……来奔丧，……径入坐灵床上，取子敬琴弹。弦既不调，掷地云：'子敬，子敬，人琴俱亡！'"后遂以人琴用为悼念友人之词。刘禹锡《和西川李尚书汉州微月游房太尉西湖》诗："人琴久寂寞，烟月若平生。"

[3] 是用：是以。慦（nì）焉寡欢：忧思不乐。慦，忧思。《诗经·小雅·小弁》："我心忧伤，慦焉如捣。"

[4] 大云远荫之庥（xiū）：意为远远地或间接地获得益处。荫，荫庇。庥，庇荫。

[5] 以中行待鄙人，以智伯待浙帅：范中行氏与智伯皆是春秋时晋国势力很强的大夫，后范中行氏为智氏所灭，智伯又被赵、韩、魏三家联合攻灭。豫让先为范中行氏门下士，后为智伯门下士，又数次为智伯复仇，刺杀赵盾。赵盾问豫让为何不为范中行氏复仇，要为智伯复仇。豫让答：士为知己者死。范中行氏以众人待臣，臣故以众人报之；智伯以国士待臣，臣故以国士报之。此处曾国藩借豫让故事，比喻李元度对自己与王有龄的不同态度。

参翁同书片

再：

前任安徽巡抚翁同书，咸丰八年七月间，梁园之挫，退守定远。维时接任未久，尚可推诿。乃驻定一载，至九年六月，定远城陷，文武官绅殉难甚众。该抚独弃城远遁，逃往寿州，势穷力绌，复依苗沛霖为声援，屡疏保荐，养痈贻患，绅民愤恨，遂有孙家泰与苗练仇杀之事。逮苗逆围寿，则杀徐立壮、孙家泰、蒙时中以媚苗[1]，而并未解围。寿城既破，则合博崇武、庆端、尹善廷以通苗[2]，而借此脱身。苗沛霖攻陷城池，杀戮甚惨，蚕食日广，翁同书不能殉节，反具疏力保苗逆之非叛、团练之有罪。始则奏称苗练入城，并未杀害平民，继则奏称寿州被害及妇女殉节者不可胜计，请饬彭玉麟查明旌恤，已属自相矛盾。至其上年正月奏称苗沛霖之必应诛剿一折三片，脍炙人口，有"身为封疆大吏，当为朝廷存体制，兼为万古留纲常。今日不为忠言，毕生所学何事"等语；又云"誓为国家守此疆域，保此残黎"。俨然刚正不屈，字挟风霜。逮九月寿州城破，翁同书具奏一折二片，则力表苗沛霖之忠义，视正月一疏，不特大相矛盾，亦且判若天渊。颠倒是非，荧惑圣听[3]，败坏纲纪，莫此为甚。若翁同书自谓已卸抚篆[4]，不应守城，则当早自引去，不当处嫌疑之地，为一城之主，又不当多杀团练，以张叛苗之威；若翁同书既奉谕旨，责令守城，则当与民效死，不当濡忍不决，又不当受挟制而草奏，独宛转而偷生。事定之后，翁同书寄臣三函，全无引咎之词，廉耻丧尽，恬不为怪。军兴以来，督抚失守逃遁者皆获重谴，翁同书于定远、寿州两次失守，又酿成苗逆之祸，岂宜逍遥法外！应请旨即将翁同书革职拿问，敕下王大臣九卿会同刑部议罪，以肃军纪，而昭炯戒。

臣职分所在，例应纠参，不敢因翁同书之门第鼎盛，瞻顾迁就。是否有当？伏乞皇上圣鉴训示。谨附片具奏。

【题解】

写于同治元年（1862）。这是曾国藩对失地、失节地方大吏的参劾夹片。翁同书字祖庚，号药房，江苏常熟人。体仁阁大学士翁心存长子，光绪帝师傅翁同龢长兄。道光二十年庶吉士。咸丰八年六月任安徽巡抚，咸丰十一年七月召京，旋革职。同治四年死，谥文勤。

【注释】

[1] 逮：及。徐立壮、孙家泰、蒙时中：三人皆安徽寿州绅士、团练头子，与苗沛霖本为同党，后来关系恶化，相互仇杀。

[2] 博崇武、庆端、尹善廷：三人都是驻扎寿州地区的清军军官。

[3] 荧惑圣听：即淆乱皇帝的视听。圣听，皇帝的见闻，这里指皇帝对情况的了解。荧惑，亦作营惑，迷惑的意思。

[4] 抚篆：指巡抚的职位。抚，巡抚。篆，原指字体之一种，因印章多用篆体字，故代指官印，又进而引申为某一职位。

金陵未克以前请不再加恩于臣家片

再,密陈者:

现在金陵未复,寇势方张,军事反复无常,正恐利时少而钝时多。臣忝膺重任,日夜忧惶。除浙江已陷、苗练已叛,难遽补救外,即上而皖南、江西,下而镇江、上海,亦俱有岌岌可危之势。臣分内之事,尚未知成败何若,乃自去秋以来,迭荷鸿恩。臣既蒙赏加太子少保衔,又蒙饬谕节制四省,兹又拜协办之命。臣弟国荃既蒙赏穿黄马褂,又蒙赏头品顶戴,兹又拜浙江按察使之命。一门之内,数日之间,异数殊恩,有加无已。感激之馀,继以悚惧,诚恐军事一旦疏失,即加倍遣责,犹有馀咎。臣本拟恭疏辞谢,以除授参政大典,料难收回成命;又以甫经两次辞节制四省之权,不敢更疏渎辞,近于矫情而钓誉。惴栗徬徨,不知所措。理合据实陈明,恳求皇上念军事之麋定,鉴愚臣之苦衷,金陵未克以前,不再加恩于臣家,是即所以保全微臣之功名,而永戴圣主之恩眷矣。

又前此迭奉谕旨,饬臣保荐江苏、安徽巡抚,顷复蒙垂询闽省督抚,饬臣保举大员,开列请简。封疆将帅,乃朝廷举措之大权,如臣愚陋,岂敢干预! 嗣后臣如有所知堪膺疆寄者,随时恭疏入告,仰副圣主旁求之意。但泛论人才、以备采择则可,指明某缺、径请迁除则不可。不特臣一人为然,凡为督抚者,皆不宜指缺保荐督抚。盖四方多故,疆臣既有征伐之权,不当更分黜陟之柄。在圣主虚衷访问,但求投艰而遗大,不惜舍己而从人。惟风气一开,流弊甚长,辨之不可不早,宜预防外重内轻之渐,兼以杜植私树党之端。其督抚有任可履者,不准迁移不到,亦不准他处奏留,庶几纪纲弥肃[1],朝廷愈尊。是否有当,谨一并密陈,伏乞皇上圣鉴。谨奏。

【题解】

写于同治元年（1862）。这是曾国藩上奏清廷的密片。其中荐才一事，既说明清政府对曾国藩的信任与曾国藩的谦谨，也反映了当时督抚权力的膨胀，外重内轻已成难以挽回之势。

【注释】

[1] 弥：益，更加。

议复借洋兵剿贼片

再，臣钦奉寄谕：

洋人之在沪者，恐不足恃。其与我和好，究竟惟利是图，一有事机吃紧之时，往往坐观成败，若欲少借其力，必至要结多方，有情理所断不能从之处。昨因薛焕有据苏省绅民呈禀，请借洋人剿贼之奏。当经从权，谕令该抚熟计，以期无拂舆情[1]，谅该大臣早能洞悉。洋人既不足恃，仍须该大臣酌派名将劲兵前往，方可万全无患等因。钦此。

臣于上年腊月初四日，接苏州绅士潘曾玮等信函[2]，商借洋兵之事。臣此复函言：宁波、上海皆系通商码头。洋人与我同其利害，自当共争而共守之。苏、常、金陵，本非通商之口，借兵助剿，不胜为笑，胜则后患不测。目前权宜之计，只宜借守沪城，切勿遽务远略。谓金陵、苏、常可以幸袭，非徒无益，而又有害。既已借兵守沪，则当坦然以至诚相与，虚心相待，不可稍涉猜疑等语，函复该绅。并咨明抚臣薛焕在案。顷于正月十八日，又接潘曾玮等函牍，业已设立公局，会同英、法二国防守上海。惟又称洋兵调齐之后，势难中止。不仅助守上海，并将助剿苏州等语。臣之愚见，借洋兵以助守上海，共保华、洋之人财则可；借洋兵以助剿苏州、代复中国之疆土则不可。如洋人因调船已齐，兵费太巨，势难中止，情愿自剿苏州等处，我中国当以情理阻之，婉言谢之。若该洋人不听禁阻，亦须先与订定：中国用兵，自有次第。目前无会剿苏州之师，即克复后，亦难遽拨驻守之师。事成则中国不必感其德，不成则中国亦不分其咎。英、法二国素重信义,一一先与说明,或不因见德于我,而反致生怨。是否有当？伏乞圣鉴训示。除臣处守沪之兵,俟李鸿章到镇、陈士杰到皖,另行续奏外,理合附片具陈。谨奏。

【题解】

写于同治元年（1862）。这是曾国藩应诏上奏清廷的一个夹片。片中阐明了对借洋兵进攻太平天国的主张：将沿海城市与内陆城市区别开来,采取不同政策。

【注释】

[1] 舆情：众情,民众的希望与要求。

[2] 潘曾玮：字玉泉,江苏豪绅。太平军占苏州后,逃往上海,会同苏南士绅成立会防公所(又称中外会防局),勾结英、法等外国侵略者,谋守卫上海,收复苏、常、金陵之计。

参李元度片

再：

新授浙江按察使李元度，咸丰十年八月徽州失守案内，经臣奏奉谕旨革职拿问。该员并不静候审讯，擅自回籍，与候补道邓辅纶往返函商[1]，求巡抚王有龄奏调赴浙。十一年二月初九日奉上谕：

已革徽宁池太广道李元度，着曾国藩饬令前赴浙江，交瑞昌、王有龄差遣委用[2]。其应得罪名，仍着曾国藩查办。钦此。

李元度并不具禀请示，即行募勇赴浙，名曰"安越军"。旋于义宁案内，经官文奏奉谕旨：

李元度着赏还按察使原衔，其失守一案，仍着曾国藩讯明，分别办理等因。钦此。

又于奉新、瑞州案内，经毓科奏奉上谕[3]：

李元度着赏加布政使衔，其徽州失守之案，应否免其查办，仍着曾国藩酌核具奏等因。钦此。

查义宁、奉新、瑞州，皆臣所统辖之地，系贼匪先自退出，李元度并无打仗克城之事。臣所派鲍超一军，与李元度同抵瑞州，亦未报曾见一贼、曾接一仗。李元度屡报克复，冒禀邀功，实出情理之外。

本年正月十四日，皇上弃瑕录用，补授该员盐运使，兹又擢授浙江按察使，谕旨令臣等转饬该员，奋勇立功，以赎前愆。臣查该员李元度自徽州获咎以后，不候讯结，而擅自回籍；不候批禀，而径自赴浙；于共见共闻之地，并未见仗，而冒禀克复。种种悖谬，莫解其故。臣所以迟回隐忍、不遽参奏者，因其军以"安越"为名，冀其顾名思义，积愧生奋，或能拼命救浙，有裨时局。乃李元度六月至江西，八月抵广信，九月抵衢州，节节逗留，任王有龄羽檄飞催，书函哀恳，不一赴杭救援[4]。是该员前既负臣，后又负王有龄，法有难宽，情亦难恕。所有该员补授浙江盐运使、按察使，及开复原衔、加衔之处，均请饬部注销，仍行革职。姑念其从军多年，积劳已久，免其治罪，交左宗棠差遣。该员治军一味宽纵，多用亲族子弟，平日文理尚优，带勇非其所长。其所部安越军八千人，臣当与左宗棠熟商，或全行遣撤，另派差使；或酌留二三千人，令守城池，俟立有功绩，再由左宗棠奏请开复，仰副圣朝宽大之意。臣奏保在前，咎亦难辞，应请将臣交部议处。所有迭奉谕旨，饬臣酌核查办之处，理合附片复奏。伏乞皇上圣鉴训示。谨奏。

【题解】

写于同治元年（1862）。这是曾国藩第二次参劾李元度的夹片。最后李元度被革职。

【注释】

[1] 邓辅纶：字弥之，湖南武冈人。江西按察使邓仁堃之子，曾带兵会同李元度等进攻江西抚州，后因其父被劾而解职。

[2] 瑞昌：字云阁，满洲镶黄旗人。曾任杭州将军。

[3] 毓科：字右坪，满洲正蓝旗人。曾任江西巡抚等职，咸丰十一年十二月降调西宁办事大臣，同治二年病免。

[4] 不一赴杭救援：一次都不到杭州救援。后经继任浙江巡抚左宗棠查核，此条所奏不实。实际上李元度急欲救援王有龄，只因中途受阻，无法到达杭州。原因是李元度先被曾国藩奏劾已革职，王有龄给他免去处分，又由道员升为浙江按察使。曾国藩不堪此羞辱，定要革李元度的职。曾国藩与王有龄有矛盾，真正观望不救杭州的是曾国藩与左宗棠。按曾国藩的旨意，左宗棠在听到杭州失陷、王有龄自杀的确信后才进军入浙。李元度后被革职，不是出于曾国藩的参劾，而是在左宗棠宣布其无罪之后，复被御史弹劾，以索饷不顾大局而革职。

遵旨议复请派员督办广东厘金折

奏为遵旨议复，并请钦派大员督办广东厘金，接济浙江、安徽、江苏三省军饷，恭折驰陈仰祈圣鉴事：

窃臣承准议政王军机大臣字寄，同治元年二月初五日奉上谕：

前据官文奏，议复侍郎宋晋条陈[1]，湖北等省会筹东征，请饬薛焕会议。曾谕该抚等悉心妥筹，尚未据会商复奏。兹据御史朱潮奏统筹东南大局一折，据称"湖北等省全境肃清，四川、广东亦底靖安，请饬湖北等省出师会剿，四川、广东协饷。兵事责之曾国藩，饷事则派督抚大员一人，督催各路征输，专司馈运"等语。览其所奏，与现办情形均属不相符合。曾国藩节制江、浙等四省，已属不遑兼顾；若再令总制湖北、湖南、福建兵事，则运筹决策，瞬息千里，亦恐缓急机宜，不能遥制。督抚办理粮台，从前乾隆年间曾有是例，此专为出师一路而言。若自两楚下至闽省，相去数千里，即因督抚事权较重，专司馈运，亦恐呼应不灵。湖北、湖南边境尚未解严，江西、福建逼近邻氛，自顾门户尚虞不足，岂能分兵会剿？四川军务未靖，本省饷项颇形支绌，广东迭谕拨解左宗棠等军饷，为数已属不少。该御史所筹补救之方，尚不离书生之见。惟军务至重，不妨兼听并观，以广进言之路。且现在东南大势，贼合而我分，兵单饷绌，动为牵制，亦属实在情形。着官文、曾国藩、严树森、毛鸿宾、沈葆桢、庆端、徐宗幹酌量情形[2]，于军务积弊如何挽救？其言是否可采？遇便复奏，不必因有旨饬筹，稍涉迁就也等因。钦此。

仰见皇上好问察言，于剖析精严之中，仍寓虚衷博访之意[3]。臣维东南寇氛蔓延日久，皖南池、宁二府十室九空，人争相食；皖北庐、凤等处白骨蔽野，田地荒芜。苏、浙两省蹂躏，亦复相类。生灵之涂炭深矣，圣主之忧劳极矣。为封疆将帅者，孰不思扫荡逋寇，一解倒悬？况臣膺兹艰巨[4]，委任尤专，岂敢稍涉推诿，更分畛域[5]？无如贼之占地过广，股数太多。臣之兵饷两绌，才智太短，受命两年，至今无一兵达于苏境；图皖年余，亦迄无一旅进攻宁国。分内之事，不克自效，清夜以思，愧悚汗下。至浙江军事，左宗棠苦战衢、严，独任其难，臣不克分兵往助；赵景贤困守湖州[6]，坚贞盖世，臣不克设法往援。徒有兼辖之名，并无统筹之实。前此钦奉正月二十三日谕旨，仍令臣节制四省，毋许再行固辞，本不敢哓哓渎奏[7]。兹因御史朱潮奏请六七省兵事责成一人，臣既怀大名不祥之惧，弥触隐微抱疚之端。窃计苏、杭、安徽糜烂若此，以一人而办一省之贼，无论如何大才，如何竭力，但觉其不足，不见其有馀；况以臣之愚陋，承乏两江，时虞陨越，安能兼顾浙江？安能更及两湖、福建？该御史朱潮所称数省兵事，责成一人之处，固无庸议，倘蒙圣主鉴臣愚悃，并收回节制四省之命，俾臣专力本职，稍释神魂之震惧，尤感圣慈之曲尽矣。

至朱潮所称四川、广东协饷，派大员一人督催馈运等语。其事虽难以尽行，其议则实有可采。上年侍郎宋晋五省会剿一疏，亦系兵饷通筹，与朱潮大致相同。臣查四川内患未平。本省支绌，自难协济外省。即将来蜀贼荡平，尚当先协云南之饷，不能遽及江、浙之远。惟广东最号殷富，其财力为东南之冠，其地势亦宜供江、浙之饷。天下之大利，除丁漕正赋外，约有四宗：曰海关，曰盐场，曰富户劝捐，曰市镇抽厘。他省或据其一，或据其二三，惟广东兼四者而有之。而粤盐一宗，行于江西、湖南者，侵灌淮南之引地，占夺江苏之大利，即乐、桂埠商孔广缙一户，七八年来，拥资百万。他商之殷实，可以类推；官项之赢馀，亦可想见。而淮课因之全失，粤课并未稍增。厘金一宗，如佛山、韶关、肇庆等处，著名繁富。咸丰十年间，巡抚耆龄于韶关后设一新卡，未及一年，收税至五十馀万；藩司周起滨议于肇庆府河设卡[8]，每年亦得四十馀万。此外巨镇大卡，不一而足。至于海关一宗，粤海税额远出各口之上。捐输一宗，粤东富室亦非各省所及，斯中外所共见共闻者。若使经画得宜，但于四宗之中得其一宗，即可养数万之兵，剿浙江之贼。溯查庚申五月，臣奏请以江西之厘金，充臣营之军饷。两年以来，臣军赖此，无饥溃之忧，似可援以为例。合无吁恳天恩，采纳朱潮之议，特派二三品卿一人驰赴广东，驻扎韶关，办理通省厘金，专济苏、浙、安徽三省饷项。乾隆年间新疆用兵，曾派大学士黄廷桂驻扎肃州，综理兵饷。此次江、浙军务，较新疆尤为重大，即派六部卿贰衔命使粤，专督厘饷，亦不为过。如蒙俞允，臣当奏派贤员熟悉厘务者，随同星使前赴粤东，设卡抽办。韶关距江西甚近，臣当与该使臣往返函商，务使筹兵、筹饷一气呵成。或绌或赢，随时斟酌。广东官绅有设立私卡者，使臣会同臣处奏参；州县有暗中阻挠者，亦即奏咨参撤。凡厘务所得之饷，先解浙江军营。左宗棠新任浙抚，无尺寸之完土，无涓滴之饷源。蒋益澧等到后，尤觉无米为炊。若以广东厘金济之，则前此奏准之协浙月饷十万两，即在此中抵除。其次则解安徽军营。臣处如鲍超一军，欠饷八个半月；曾国荃一军，欠饷近九个月；徽州各军，欠七个月有奇。急思早得粤饷，一清积欠。李续宜添募新营，亦当另筹接济；袁甲三久处穷困，亦应量为津贴，方足以驭强将而抚饥军。又其次则解江苏军营。闻上海出款太多，亏累甚巨。镇江、扬州两台，亟须另筹协饷。其广东应解红单艇船之费，亦可于此中抵除，由臣咨商韶关使臣，察各军之缓急，定拨解之多寡。其运解之法，或由赣州送至江西转解，或由轮船搭至上海转解，均听韶关使臣察酌办理。

其广东本省应用之项，与夫京款协款，该省除正赋外，尚有海关、盐务、捐输三大宗，尽足以资周转。不许挪移各卡厘金，以清界限。数载以来，部库空虚，从无京饷解军之事。若特简京卿督办粤饷，则与自京解出者无异。实惠及于士卒，利权操自朝廷，疆臣守其土地，不得私其货财，于谕旨挽救积弊之道，或亦不无小补。所有遵旨议复缘由，谨缮折具奏，伏乞皇上圣鉴训示。谨奏。

【题解】

写于同治元年(1862)。这是曾国藩要求征收广东厘金以济军饷的一个奏折。曾国藩为筹集军饷,曾在六省设局征收厘金,广东是其中之一。

【注释】

[1] 宋晋:字锡蕃,号雪帆,江苏溧阳人。道光二十四年庶吉士。曾任户部左侍郎等职,同治十三年病死。

[2] 严树森、毛鸿宾、庆端、徐宗幹:严树森字渭春,四川新繁人,举人,初为湖北巡抚胡林翼幕僚,曾任湖北巡抚、河南巡抚、广西巡抚等职;毛鸿宾字寅庵,号寄云,山东历城人,道光十八年庶吉士,系曾国藩同年,曾任湖南巡抚、两广总督等职,同治七年病死;庆端,满洲镶黄旗人,曾任闽浙总督、杭州将军等职;徐宗幹,字树人,江苏通州人,嘉庆二十五年进士,曾任浙江布政使、福建巡抚等职。

[3] 虚衷博访:虚心诚恳地多方了解。

[4] 膺兹艰巨:当此重任。膺,担当。

[5] 畛(zhěn)域:范围,界限。

[6] 赵景贤:字竺生,浙江归安人。原为内阁中书,丁忧未赴任。咸丰三年办团练对抗太平军。咸丰十年助守湖州,以道员用。同治元年五月太平军攻克湖州,赵景贤被俘,次年三月死于苏州。

[7] 哓(xiāo)哓渎(dú)奏:即争辩不休、令人心烦地一再奏请。哓哓,争辩声,争辩不休的样子。渎,烦渎,轻慢。

[8] 周起滨:曾任广东布政使、太常寺卿等职。咸丰十一年病死。

日记（同治元年五月七日）

早饭后，出城看升字右、后两营操演。旋拜客二家，巳正二刻归。见客二次，与筱泉围棋一局[1]，与幕府诸君畅谈。眉生言及夷务[2]，余以欲制夷人，不宜在关税之多寡、礼节之恭倨上着眼。即内地民人处处媚夷、艳夷而鄙华，借夷而压华，虽极可恨可恶，而远识者尚不宜在此等着眼。吾辈着眼之地，前乎此者，洋人十年八月入京，不伤毁我宗庙社稷；目下在上海、宁波等处助我攻剿发匪，二者皆有德于我。我中国不宜忘其大者而怨其小者。欲求自强之道，总以修政事、求贤才为急务，以学作炸炮、学造轮舟等具为下手工夫。但使彼之所长，我皆有之，顺则报德有其具，逆则报怨亦有其具。若在我者，挟持无具，则曲固罪也，直亦罪也，怨之罪也，德之亦罪也。内地之民，人人媚夷，吾固无能制之；人人仇夷，吾亦不能用之也。中饭后，写沅、季信一件。阅《水经》，与汪图校对潜水、涪水、梓潼水、阻水、南漳水、青衣水、延江水、油水、蕲水。清理文件，倦甚小睡。见客一次。接雪琴信，知九洑洲于初三日克复。向师棣作策对甚佳[3]，与之久谈。夜清理文件。温《古文·序跋类》。

【题解】

这篇日记记述和反映了曾国藩对外国侵略者的认识和对策，其后也就成为洋务派的灵魂，办理外交与军事工业的指导思想。

【注释】

[1] 筱泉：柯钺字筱泉，安徽歙县人。举人，曾国藩幕僚，同治三年七月病死于安庆军幕。

[2] 眉生：李鸿裔字眉生，四川中江人，举人。原为兵部主事，后充任胡林翼、曾国藩幕僚。曾任江苏淮徐道道员、江苏按察使等职。光绪十一年病死于苏州。

[3] 向师棣：字伯常，湖南溆浦人，诸生，曾国藩幕僚，同治四年十一月病死于徐州军营。策对：多称作策问、对策。自汉朝以来，采用考试取士之制，以政事、经义等设问，并书之简策上，使应考者对答，称为策问，亦称对策、策对。此处当指奏折类文字。

复劳崇光

星使抵粤后[1]，重倚大力，派员开局[2]，业将省城办有规模，其外府州县，自必迎刃以解。侍奏派九员，赵道为毛帅所留，黄道因病请假，李道现来安庆，再由沪航海赴粤，仅蔡道与颜、丁、陶诸君先行度岭。蒙添派吴道、李守及伍、潘、梁三绅，皆一时人望，自能相与有成。敝处赴粤各员，亦必时加谆戒，务识大体，取粤民之财，先贵得民之心；榷粤商之利，尤贵恤商之困。若云各路军营未享其利，炎荒一隅先受其害，不特仆与星使不敢出此，即奏派诸公，差负时望，岂其卤莽以耕、灭裂以耘[3]，漫无斟酌。大抵星使与仆秉奉朝命，雷厉风行，期在必成，期在多取，台端则大力护持，各委员则细意熨帖，庶几威惠并施，刚柔互用，或一张而一弛，有相反而相成。昔韩遣郑国凿泾水之渠，本以害秦，然渠成，亦秦之利也。颇闻粤厘尚有挂漏，若藉星使一律办成，仿照两湖之法，果增三倍之收，则亦未始非粤之利也。至于分成之说，前奏所以未及本省者，素闻棠疆殷阜[4]，理大物博，或者无需乎此。如因军务未靖，酌留军务经费若干，祈与星使商定见示。惟敝军积欠累累，早已捉襟见肘，今岁下半年尤为难处。现如九舍弟金陵一军、鲍军门宁国一军，米价至七千馀文一石，肉至三百文一斤，蔬菜亦六十馀文。专卒往来宁、池、太三府境内，往往竟日不见烟户，不逢行人，又疾疫盛行，死亡枕藉，医药、恤赏之费，举无所出，诚宇宙之大劫，军行之奇苦也！或今冬暂不分成，先尽皖军与左军度此艰危，在尊处不过稍迟数月，而敝处获及时之泽，苏枯回生，为益甚钜，则尤感大德于无既矣。来示以临淮、镇江两军愈分愈少，具征关注周至。镇江本奏请月拨粤饷三万，奉旨俞允，红军船由粤发饷，久有年例，该军别无大帅主持，时向敝处吁请，实难置之度外。临淮袁帅饷绌几于不复能军，其所部之李军门世忠，屡遏剧贼，而官不能给饷，久失信于降人，损朝廷之大体，又其横征商贾，占据五县，苟不另给以饷，则不能收回利权。具疏时仅以"驾驭降将"四字浑含言之，今则袁帅因病引退，李军归敝处节制，尤须另筹解济，万不容辞。来示又因厘金而述及关税、盐捐为他省所夺，外省或不得知，如江南、江北、浙江之军饷，鄙人皆得与闻，岂敢于厘外更有所责？上海之关税，鄙人亦得与闻，岂敢于广东稍有所夺？福建汇兑之说，盖深恶而痛诋之。忝附疆吏之末，好恶自有同情，济人之与求济于人，给人之与仰给于人，未可同日而语。有土地而不能私其货财，固堪懊恼，较之土地沦陷、货财全空、仰给于人者，不犹愈乎？窃不自量，妄思两江肃清，或有济人之一日，即呼吁满前，亦所至愿。跛者不忘趋步[5]，更思扶掖他人，因是揆度台端前在广西求济于人，今在广东疲于济人，孰欣孰戚，必堪共喻。聊证妙偈，一博莞尔。

【题解】

写于同治元年（1862）。这是曾国藩为办理广东厘金而写给两广总督劳崇光的公函。劳崇光字辛阶，湖南善化（今长沙市）人。道光十二年庶吉士。曾任广西巡抚、两广总督、云贵总督等职。

【注释】

[1] 星使：此处指派往广东专门负责征求厘金的钦差大臣。古天文家认为，天节八星主使臣持节宣威四方，故称此星为"使星"，因此又把星使作为皇帝派出使臣的美称。

[2] 开局：指广东厘金局（总局设韶关）开征。

[3] 卤莽以耕、灭裂以耘：原指胡乱耕种土地，这里用以比喻不负责任、不顾条件地蛮干。播种前深翻土地谓耕，禾苗长出后中耕除草谓耘。卤莽，

不顾客观条件地蛮干。灭裂，草率，轻忽从事。

[4] 殷阜：殷实富庶，财货山积。

[5] 趋步：快步疾行。

查复何桂清退守情形折

为遵旨查明复奏，仰祈圣鉴事：

窃臣接准部咨，同治元年五月初七日奉上谕：

刑部奏，据何桂清呈出司道公禀，请饬查办等语。何桂清弃城逃避罪名，业经大学士会同刑部审拟具奏。惟据片称：该革员呈出司道公禀一件，系前任江苏按察使查文经、前任江宁布政使薛焕、前任江南盐巡道英禄、江安粮道王朝纶于丹阳失守后，联衔禀请何桂清退守苏州各情。该司道等均有地方之责，当常州危急之际，应如何帮同总督竭力守御，乃联衔禀请退守苏州，显系见事危急，意在同逃。徐有壬原参折内亦有何桂清率领地方官退避之语。若不从严查办，何以肃军律而饬官方？着曾国藩、李鸿章将该司道当时如何联衔具禀，及如何退避各情形据实查明具奏；其苏、常等处各逃官，一并查明参办；殉难各员，并着查请议恤，以示劝惩。钦此。

臣比即咨商李鸿章[1]，在于苏境详查。旋据通商大臣薛焕递到节略一函，内抄录廷寄二件、奏稿二件、咨稿一件。据称：薛焕于咸丰九年十二月补授江宁布政司，奉旨饬令随同何桂清办理夷务。十年三月奉命帮办通商事件。闰三月初旬由上海转椊常州，奉旨饬令单衔奏事。二十四日，何桂清钦奉十八日密寄谕旨："至所称薛焕应否预饬来京，此言殊属非是。天津非议和之地，该大臣仍当饬薛焕迅赴上海，设法挽救等因。钦此。"薛焕旋于三十日拜疏起程。折尾声明：即日前赴上海，相机酌办。维时何桂清业已议定移驻苏州[2]，其司道公请之禀，系查文经主稿。迨何桂清批发后，亦系查文经录批转咨薛焕。嗣于四月十一日，抚臣徐有壬奏，调薛焕回苏办理防务。奉旨："着不准行。钦此。"录送各件到臣皖营。臣伏查刑部奏请饬查司道四人中，惟薛焕官职最大。兹该大臣抄送案据，前既奉有迅赴上海之旨，后又奉有不准回苏之旨，则是理应离开常州之员。军机处必有档案可稽。其禀请移驻一节，系属随众联衔，并非别有私图。此外如查文经业已革职，臣奉五月二十六日密谕，另有交查事件。英禄业由吴棠奏参，以原品休致[3]。王朝纶列衔在末，不过随同画诺。臣在外多年，忝任封疆，窃见督抚权重，由来已久，黜陟司道[4]，荣辱终身，风旨所在，能使人先事而逢迎，既事而隐饰，不特司道不肯违其情，即军民亦不敢忤其意。十年七月，嘉兴大营将弁联名数十，具呈请留何桂清在苏，暂不解京，求臣转奏，由王有龄移咨到臣。臣暗加察访，不过通知军中数人，并非合营皆知，是以未及代奏，而王有龄已两次具奏。观营员请留之呈，则司道请移之禀盖可类推，无庸深究。疆吏以城守为大节，不宜以僚属之一言为进止；大臣以心迹定罪状，不必以公禀之有无为权衡。区区愚见，不审有当万一否？除查文经交查之案另行复奏，苏、常等处逃官由李鸿章汇案会参外，所有遵旨查明缘由，谨会同署江苏巡抚臣李鸿章恭折复奏，伏乞圣鉴训示。谨奏。

【题解】

写于同治元年（1862）。这是曾国藩奉旨查核何桂清弃城逃跑之责的复奏。何桂清字根云，云南昆明人。道光十五年庶吉士。曾任浙江巡抚、两江总督等职。同治元年十月被清廷处死。

【注释】

[1] 比即咨商：依照上述指示，立即发咨文进行协商。比，比照、按照。咨，咨商、咨询。这里指咨文，当时的公文，用于同级机关。

[2] 维时：只是这时的意思。

[3] 原品休致：依照原任官阶品级退休。休致，致仕退休，致仕就是辞职，

交还官职。当时官员年老不能工作时就让退休。有原品休致、勒令休致。

[4] 司道：即司、道官员。指布政使（别称藩司）、按察使（别称臬司）、粮道道员、盐道道员以及负责监察府州厅县官员的巡、守各道道员。

请简亲信大臣会办军务片

再：

　　大江南岸各军疾疫盛行。臣于八月二十九日附片具奏在案。近日秋气已深，而疫病未息。宁国所属境内最甚，金陵次之，徽州、衢州次之。水师及上海、芜湖各军，亦皆厉疫繁兴，死亡相继。鲍超一军，据初二日开单禀报，除已痊外，现病者六千六百七十人，其已死者数千，尚未查得确数。宁国府城内外尸骸狼藉，无人收埋。病者无人侍药。甚至一棚之内，无人炊爨。其军中著名猛将如黄庆、伍华瀚等先后物故[1]。鲍超亦染病甚重。合营将领，因其关系至大，一面禀明臣处，一面用舟送鲍超至芜湖养病。张运兰一军驻扎太平、旌德等处[2]，病者尤多，即求一缮禀之书识、送信之夫役，亦难其人。张运兰送其弟之榇至祁门，亦自患病，尚难回营。皖南道姚体备至岭外查阅一次[3]，归即染病不起。臣派营务处四品卿衔甘晋至宁国一行，现亦染病回省。杨岳斌自扬州归来，亦抱重病。

　　天降大戾，近世罕闻，恶耗频来，心胆俱碎。若有大股贼匪扑犯宁国、旌、太等处，鲍超、张运兰两军不特不能出队迎战，并不能坚守城垒；不特不能坚守以待外援，并不能预逃，以待再振。若扑犯金陵、徽州，亦深恐病者太多，战守皆无把握。数年来，千辛万苦战争之土地，由尺寸而广至数百里，倘有疏虞，何堪设想！若皖南藩篱一坏，则江西内地空虚，毫无足恃。兴言及此，忧心如焚。而皖北苗、捻两患时时可虑。袁甲三、李续宜皆将回籍，唐训方新来[4]，诸事且萃于微臣一人之身。疾疫之灾既如彼，责任之重又如此，臣自度薄德不足以挽厄运，菲才不足以支危局。譬诸担夫，力能负百斤者，增至百二十斤则汗流而蹇，增至百五十斤则僵踣矣[5]。臣力本不胜百斤，今且增至数十倍之重，僵踣不足惜，倘遂贻误大局，敢不祗惧！合无吁恳皇太后、皇上天恩，简派在京亲信大臣，驰赴大江以南，与臣会办诸务，分重大之责任，挽艰难之气数。臣具有天良，断不敢稍存推诿，致误戎机。今年军事甫顺[6]，而疾疫流行，休咎之征莫可推测[7]。中夜默思，惟求德器远胜于臣者主持东南大局，而臣亦竭力经营而左右之，庶几补救于万一。区区愚忱，伏乞圣慈垂鉴训示。谨奏。

【题解】

写于同治元年（1862）。这封奏章既反映了当时湘军遇到的实际困难，也反映了曾国藩对清廷的警惧之心，以此试探清廷对他的信任程度。

【注释】

[1] 物故：死亡。《荀子·君道》："人主不能不有游观安燕之时，则不得不有疾病物故之变焉。"

[2] 张运兰：字凯章，湖南湘乡人。湘军老湘营统领，积功奏保至福建按察使。同治三年九月赴任，途中在福建武平战死。

[3] 姚体备：字秋浦，山东人，曾任曾国藩幕僚、安徽徽宁太广兵备道道员。同治元年八月病死。

[4] 唐训方：字义渠，湖南常宁人，举人，湘军小统领。曾任湖北督粮道、湖北布政使、署安徽巡抚、直隶布政使等职。

[5] 僵踣（bó）：仆倒。

[6] 甫顺：（局面）刚刚顺利一些。

[7] 休咎：善恶，吉凶。咎，灾祸，灾殃。休，吉庆，喜庆。

江西厘金整顿情形片

再:

　　江西全省厘务,于咸丰十年五月奏明充臣军饷。即经派委督粮道李桓[1]、候补道李瀚章综理。嗣于是年冬间分为两局,下游南、抚、建、广、饶、九、南七属为省局,由李桓经理;上游袁、临、瑞、吉、南、赣、宁七属为赣局,由李瀚章经理。下游各府属商贩行厘,本年二月一律加成,两起两验,收数自应较前倍增。乃近数月以来,总台解数寥寥,计自四月至八月,安庆粮台仅收到江西总台银二十二万两、钱四万串。若除每月应解之漕折银四万两,计此五个月中连钱折算仅解厘金四万馀两。每月七府厘金不满一万,殊不可解。臣访闻江省商民,近日颇多怨言,究竟厘金虽已加抽,营饷未得实济。前此批定赣局月解八万,省局月解八万,除去吴城、湖口二卡,仅月责省局六万。当时贼氛在境,就厘金极衰之时而立制。乃今年全境肃清,从无月解六万之事。自河口、景镇、乐平三卡由臣拨归浙江抚臣左宗棠抽收,饶州一卡拨归祁门粮台买米支用,彼四卡抽收愈旺,而七属各卡报解愈少。目下彼四卡月收已过五万,将来若收过六万,则七属各卡全无应解之厘,总台且有倒欠矣。臣提用江西厘金漕折,中外通知。乃核其所得,不特不如湖北、湖南之厘,而省局尚不如东征局之数,并不如左宗棠经收景镇、河口、乐平三卡之数。臣徒揽江右利权之名,全无供苏、皖饥军之实。该藩司李桓总办粮台,兼管厘局,漫不经心,玩视饷务。如饶州一局,八月收册尚未送到,即据三、四、五、六、七凡五个月报到收册,除以一半解祁门买米外,其一半划解省局者,已有银七千九百四十两零,有钱九万二千九百四十三串零。即此饶卡业经解省之项,李桓亦未转解来皖。同系近五个月之事，饶州一卡分半解省者，为数反多；七属各卡全行解皖者，为数反少，不知各卡是何弊窦？李桓是何居心？又如河口一局，本年四月以前，系已革同知向绍先经管，每月收数至多不过五千馀两。逮左宗棠委周开锡经收，五月解银一万有奇，较前即增一倍；六、七两月共解银三万有奇，较前并增至二倍。李桓果认真察访，向绍先当早已撤退。乃于饬查之案，犹且多方袒护，仅请停委一年。经臣加重奏参革职。该司但图见好属员，不顾贻误饷需，殊属大负委任。自李瀚章奏派赴粤办厘，袁、瑞、临三府归并省局，该藩司事务较繁，臣已添委甘肃臬司刘于浔访察商情[2]，并派署盐巡道孙长绂专司月报，常川驻局，力图整顿，重定规条。嗣后江西各局卡，上月收数若干，坐支局费若干，均限下月初三日缮成清折，专差飞送省局，由孙长绂汇缮总单，专送臣营。赣局四属由署道王德固汇单驿递臣营[3]。臣每月派炮船赴省迎提厘饷，仿照湘省东征局之例。其本年八月奏定月拨漕折四万，臣亦按月派船迎提。所有厘卡大小委员，向由该总局委用黜陟，此后改弦更张，由臣随时札撤，自皖派员赴江办厘，以资互证而备观摩。各卡每月报销册，该局员径备一分申报臣处。商民有无怨言，亦由刘于浔按月禀报臣处。相应请旨饬下江西署盐巡道孙长绂常川驻局[4]，甘肃臬司刘于浔体察商情，均与藩司会同办理。臣统军过多，欠饷太久，今岁疾疫盛行，医药无资，不得不整饬厘章，力求补救。外间皆知上海厘务不实不尽，不知江西厘金疲乏若此，皆臣平日不能稽核申儆之咎。该司李桓经理不善，此次姑免参办；数月后如仍前玩泄[5]，即当从严参奏，并提讯经手员役，以惩积弊。理合附片陈明，伏乞皇太后、皇上圣鉴。谨奏。

【题解】

写于同治元年（1862）。该折主要讲江西厘金办理情形，奏参李桓玩视厘务，贻误军饷，并相应采取了一些必要措施。

【注释】

[1] 李桓：字黻堂，湖南湘阴人，前两江总督李星沅之子。诸生，曾任江西督粮道、布政使等职。奉曾国藩委派总管江西厘金与总粮台，后因办理不善被劾，调往陕西，因病免职。著有《宝韦斋类稿》等。

[2] 刘于浔：字养素，江西南昌人，举人，曾任甘肃安肃道，迁按察使，未赴任，留办江西防务。后因病免职。

[3] 王德固：字子坚，河南鹿邑人，道光十八年进士，曾任署江西赣州知府，受曾国藩委派管理赣州牙厘局，升授江西按察使，改调四川布政使。光绪元年四月休致。

[4] 孙长绂：字小山，湖北枣阳人，进士，曾任江西盐法道、江西布政使等职，并受委主管江西牙厘总局、江西总粮台，会同安徽布政使主持安庆报销总局。

[5] 玩泄：不郑重、不严肃对待。泄，意同"亵"。

附陈近日军情仍请简派大臣会办诸务片

再：

近日军情，金陵解围，援贼虽退，而尚留悍贼在于秣陵关、六郎桥等处，多筑坚垒，层层布置。曾国荃以病者未痊，伤者太多，俟新募之卒到营，添补足额，再行出队痛剿。目下仍饬各营严密防守，不少松懈。伪忠王李秀成回苏之后[1]，分党留守金陵，并分股力攻九洑洲官营，图犯江北。提督李世忠亲赴九洑洲[2]。十七、十八、十九等日，贼匪四面猛扑。李世忠竭力堵剿，幸获保全。惟皖北庐州兵力不厚，而和、含、巢县、无为、舒、桐等属处处空虚，臣实深以为虑。宁国黄文金、胡鼎文等巨股[3]，于初五日渡过湾沚，占据西河。鲍超派宋国永于初八日攻剿西河之贼[4]，未能得手，损折勇丁数百人，水陆粮运被贼梗塞。臣派员于繁昌、南陵多雇民夫，赶办陆运。又派湖北调来之何绍彩等营由南陵前往援助[5]，保护陆路。又自金陵调出王可升五营由芜湖前往援助[6]，冀通水路。总期能通运道，而后能保鲍超之营垒；能保营垒，而后能守宁郡之城池。别有赖、古等股攻围旌德县城[7]。该城系衢州镇总兵朱品隆驻守[8]。十月初十日贼薄城下，十二三日猛扑两次。十五日官军出城迎战，败挫一次。朱品隆以病勇太多，米粮太少，请援甚迫。臣调左宗棠由浙派来之王文瑞一军，自南路休宁前进；调驻防芜湖之周万倬一军，由北路泾县前进。两路救援旌德，不知赶得及否。

今岁夏秋以来，疾疫大作，昔时劲旅，顿变孱军，臣已三次具奏。闰月中秋而后，群贼环逼，应接不遑。今幸仰托圣主威福，金陵解围，忠、侍两伪王鼠窜而去[9]，大局尚可支持。惟宁国与旌德同时吃紧，鲍超、张运兰、朱品隆诸军病馀羸卒，万难遽振。自金陵至徽州、祁门八百馀里，地段太长，贼股太众，加以皖北十馀城毫无准备。臣反复筹思，实恐溃败决裂，尽隳前功。闰八月十二日，臣奏请简派大臣来南会办。仰蒙优诏慰问，未荷俞允。顷接严树森来咨，有皖北各军统归臣处调度之奏。诚恐圣主误采外间浮伪之名，不察微臣竭蹶之状，直待贻误事机再行陈奏，则已晚矣。查三年以前，江南钦差大臣一人，两江总督一人，督办徽防一人，督办宁防一人，管辖李世忠、苗沛霖两军之钦差大臣一人。臣今一身所处，兼此五人之职，而又新添安庆、池州等沿江十馀城。即使才力十倍于臣者，已有颠蹶之患，况如臣之愚陋乎？合无吁恳皇上天恩，简派大臣，与臣会办诸务。纵不能复前此五人之旧，但能添一人二人，俾臣责任稍分，案牍稍简，更得专精竭虑，图报涓涘。除战守详细情形另行具奏外，谨将近日军情及微臣办理竭蹶缘由附片具奏，伏乞皇上圣鉴训示。谨奏。

【题解】

写于同治元年（1862）。曾国藩以带兵太多、权力太大、立功太高而有自危之感，再次向清廷试探，后得清廷温谕抚慰，始放下心来。

【注释】

[1] 李秀成：广西藤县人，原名以文。太平天国后期主要将领，任后军主将、副掌率，先后与陈玉成、洪仁玕同掌军政、朝政，封忠王。后被俘，写亲供数万言，求降不许，被曾国藩在江宁处死。

[2] 李世忠：原名李昭寿，字松崖，河南固始人，游民出身。早年起义反清，旋降清。不久杀官叛清，投靠太平军。不久又背叛太平军，投降清军，改名李世忠，官至江南提督。后开缺回籍，被清朝安徽巡抚借他事处死。

[3] 黄文金：广西博白人，绰号"黄老虎"。太平军著名将领，任主将，封堵王。胡鼎文：广西人，太平军将领，东王杨秀清部属，封孝王。

[4] 宋国永：四川人，湘军将领，鲍超霆营分统。官至记名提督、直隶宣化镇总兵。

[5] 何绍彩：湘军分统。

[6] 王可升：湘军分统。

[7] 赖、古：指赖文鸿、古隆贤，皆太平军将领。最后赖文鸿战死，古隆贤降清。

[8] 朱品隆：字云岩，湖南人，湘军将领、小统领。官至浙江衢州镇总兵。

[9] 忠、侍：忠指太平天国忠王李秀成。侍指侍王李世贤，李秀成堂弟，任太平军左军主将。后于同治四年七月在广东镇平被部将汪海洋杀害。

湖南东征局筹饷官绅请予奖叙折

奏为湖南东征局筹饷出力官绅，恳恩优给奖叙，仰祈圣鉴事：

窃臣于咸丰十年七八月间，会同前湖南抚臣骆秉章，饬令藩、臬两司暨道员郑元璧、黄冕等，在长沙省城设立东征筹饷局，于本省厘务之外另抽厘金，以三分之二解江西粮台，协济皖南一军；以三分之一解湖北粮台，协济皖北一军。又派编修黄锡彤、员外郎郭征畴、候补道陶桄，知府彭汝琮、胡镛、黄廷瓒、黄芳，知县冯晟各官绅另设分局，襄同办理。于十二月二十八日奏奉朱批："着照所请行。钦遵饬办在案。"旋据该官绅等添派公正绅士，分途筹办，各州县、市镇一律举行。计自咸丰十年八月开局之日起，截至本年六月底止，共抽收湘平银一百九万六千馀两、钱三十万二千馀串，先后解台充饷及回籍募勇、制造军械之用。在局人员不遗馀力，著有微劳。据该总局司道公列清单，请奖前来。

伏查臣前年参督两江，正值金陵师溃，苏、常沦陷，苏、皖两省几无一片干净之区。只有江西一省略称完善，力不能供亿众军。乃湖南官绅于本省厘金之外，又为东征诸军特设一局，殚精竭虑，同济艰危。举办未及二年，解数已逾百万。自七月至今，续解又逾三十万两。维持全局，保固军心。其中关系最巨者，如上年六七月间，安庆援贼大集，饷项极绌。维时江西境内贼陷吉、瑞二府十馀县，湖北境内贼陷黄、德二府十馀县，均不能解济皖饷。赖东征局办饷数万，飞解安庆，军心大定，克竟厥功。又如本年八九月间，下游各军疾疫死亡，卒伍空虚，凡鲍超、曾国荃、彭玉麟、周宽世等回湘添募之勇，不下二万人[1]，其费资皆取之于东征局。既取携之甚便，乃挹注而不穷[2]。又如近月以来，皖北有和、含、巢县之失，

皖南有祁门、石、太之失,湖南抚臣毛鸿宾一闻警信,立商江忠义募勇万人,星驰援皖。此举办成,费银当在十万内外,固由该抚臣不分畛域,力拯时艰,亦赖有东征厘局能筹巨款,乃成盛举。万一皖南决裂,尚有可以再振之望。斯皆关系最大,论功不在前敌猛将之后,迥非寻常粮台、厘局所可相提并论。

此次叙保各员人数稍多,班次稍优,惟有吁求破格鸿施,准照所请给奖,以示优异,此外各台、局概不敢援以为例。所有东征筹饷局出力官绅恳请奖叙缘由,谨会同大学士湖广督臣官文、湖南抚臣毛鸿宾,附驿具陈。伏乞皇上圣鉴训示。谨奏。

【题解】

写于同治元年(1862)。这是一封为湖南东征筹饷在事诸绅奏保升迁的奏折。曾国藩认为这是他所办保案中最优的一个,其中"论功不在前敌猛将之后"一语,可以说是对筹饷官绅、幕友的最高评价。

【注释】

[1] 周宽世:字厚斋,湖南湘乡人。湘军将领、小统领,李续宾部属。官至湖南提督。

[2] 挹(yì)注:将液态物质从一容器中取出后又注入另一容器。此处喻指湖南东征筹饷局所筹的资金不断地提供给湘军。

上恭亲王

购买洋船之议，始于咸丰十一年五月之杪[1]。□□于七月十八复奏，叹为救时第一要务。盖不重在剿办发逆，而重在陆续购买，据为己有，在中华则见惯而不惊，在英、法亦渐失其所恃。原奏所云每船酌留外洋三四人，令其司柁司火，其馀配用楚军水勇，原期操纵自如，指挥由我。旋于元年冬奉到九月二十九密谕，以外国船炮明春可到，饬令预派将弁水勇，迅速具奏。□□于十二月十二日复奏，"派蔡国祥统辖七船[2]，盛永清等各领一船，申明前议，每船酌留外洋三四人，令其司柁司火，其馀即用楚勇，由蔡国祥预为派定"等语。钦奉谕旨，所筹甚为妥协。是前此并无专用洋人之议，即赫德所呈原单，参用山东、湖南、八旗之人，亦无多用洋人之意。敝处自奉旨俞允后，即派蔡国祥赴湖北募勇六百馀人，与官秀峰节相商定一切，其经费则鄂、皖各出一半，春间即已募齐，专待轮船之至。等候数月，始奉到五月二十三日寄谕，内附录章程五条，有随时挑选中国人上船学习，并非在船常住，已与奏准配用楚勇之案不相符合；兹又承准七月十八日大咨，蔡国祥仍须另带中国师船，与轮船同泊一处，其轮船水勇已在外国雇定，毋庸添募等因，则更与购船之初意自相违戾。购船云者，购之以为己物，令中国之将得为斯船之主也，若仍另带中国师船，则蔡国祥仍为长龙、舢板之主，不得为轮船之主矣。轮船之于长龙、舢板，大小即已悬殊，迟速更若霄壤，假令同泊一处，譬之华岳高耸，众山罗列，有似儿孙。洋人本有欺凌之心，而更授以可凌之势；华人本有畏怯之素，而又逼处可怯之地。及至约期开行，彼则如箭如飞，千里一瞬；此则阻风阻水，寸步难移，求其拖带同行，且不可得，又安能使彼听我号令以为进止哉？寄谕所示，悉由中国主持，窃恐万办不到，其势使之然也。故自接到轮船章程五条之后，倏经月馀，反复筹思，徘徊莫决。欲遵从，则未收购船之益，先短华兵之气；欲不从，则业经议定，奏准之案，未便轻于失信。想贵衙门与李泰国集议时[3]，必已百端辩诘，舌敝唇焦，既欲兵柄之归我，又不欲本意之全露，即前此惠书所谓有谋人之心而不使人疑者，其苦衷盖可想见；而彼则挟制恫喝，持之愈坚，万不得已，隐忍而俯从其所请。□□忝为疆吏，敢不仰体朝廷深意，委曲求全？现令蔡国祥将已募之勇遣散四百，酌留二百人，仍住长龙、舢板，自为一队，将来轮船到时，不遽以汉总统自居，亦不遽与湾泊一处；且与阿思本往还交际[4]，详细察看，如仪文不甚倨傲，情意不甚隔阂，然后虚与委蛇，渐择同泊之地，徐讲统辖之方。若彼意气凌厉，视轮船为奇货可居，视汉总统如堂下之厮役、倚门之贱客，则不特蔡国祥断不甘心，即水陆将士皆将引为大耻。是又不如早为之谋，疏而远之，视彼七船者在可有可无之数，既不与之同泊，亦不复言统辖。以中国之大，区区一百七万之船价，每年九十四万之用款，视之直轻如秋毫，了不介意；或竟将此船分赏各国，不索原价，亦足使李泰国失其所恃，而折其骄气也。现闻此七船尚未到沪，船到之日，李泰国是否别有所求，尚未可知。彼若翻覆无定，更改前议，敬求贵衙门另与筹商，或于七船之中酌拨数船，与阿思本统带，配用洋兵；拨数船与蔡国祥统带，配用华兵，亦是一法。若前议一成而不可改，则□□所谓虚与委蛇、疏而远之两说者是否可行，求赐训诲。

【题解】

写于同治二年(1863)。这是曾国藩就阿思本舰队一事呈送总理衙门的公函。恭亲王，名奕訢，道光帝第六子、咸丰帝异母弟，曾长期任议政王，主持军机处与总理衙门。后受那拉氏排挤，渐失权位。

本书信中有四处"□□"，据上下文义，似均应为"国藩"二字。

【注释】

[1] 杪（miǎo）：树梢，树木的末端。后引申为末尾、末端，多用于时间。

[2] 蔡国祥：湘军水师营官，曾国藩拟命他管辖阿思本舰队，因谈判失败，没有办成。其后曾国藩造成中国第一艘木壳小火轮"黄鹄号"，亦即交他统带。

[3] 李泰国：中国海关第一任总税务司。他在代中国购买轮船之时，私自与阿思本签约，使舰队指挥权不归中国政府所有，迫使清政府不得不退回轮船，蒙受巨大损失。清政府为此将其解职。

[4] 阿思本：英国海军军官，曾参加第一次鸦片战争。李泰国在英国购买军舰六艘，聘其为司令。抵华后拒绝接受中国政府的指挥，造成"阿思本舰队事件"。

淮南盐运畅通力筹整顿折

奏为淮南盐务运道畅通，力筹整顿，以冀规复旧制，恭折仰祈圣鉴事：

窃臣于上年九月二十二日复奏京仓需米折内，曾将筹办南醝情形略陈大概在案[1]。伏查淮南盐课甲于天下，自长江梗阻，引岸废弛，迭经前督臣于咸丰四年奏办就场抽税、贩户下场捆盐，收课甚微。又于七年奏改设局征税，令水贩就栈采买，稍有成效；但每年所征课银，较全盛时尚不及十分之一。总因楚、西引地未通，盐无去路，是以课无来源。现在江路肃清，运道畅行无阻，所有楚、西各岸，自应赶紧设法运盐济售，力图整理。而筹办之难，大端有二：一在邻盐之侵灌太久。西岸则食浙私、粤私而兼以闽私，楚岸则食川私、粤私而兼以潞私。引地被占将及十年，民既借此以济食，官亦借此以抽厘，积重难返，久假不归，势不能骤行禁绝。一在厘卡之设立太多。淮盐出江，自仪征而金柱关，而荻港，而大通，而安庆，而华阳镇，以达于楚、西，层层设卡，处处报税，均以盐厘为大宗，诸军仰食，性命相依，势不能概行裁撤。

臣博访众论，核定新章，按切今日之时势，仍仿昔年之成法，大致不外乎疏销、轻本、保价、杜私四者。请为我皇上粗陈其略：自邻盐侵占淮界，本轻利厚，淮盐不能与之相敌。江、楚百馀州县遍地皆是，查之不胜其烦，堵之且恐生变。计惟重税邻私，俾邻本重而淮本轻，庶邻盐可以化私为官，而淮盐亦得逐渐进步。现已咨明湖广、江西各督抚，将邻私厘金酌量加抽，听邻盐与淮盐并行不悖。譬之田产被客民占据，田主初归，姑与客分耕而食，待至淮运日多，销路日畅，然后逐占田之客，申邻盐之禁。此疏销之略也。

近年楚、西之盐，每引完厘约共在十五两以上，所分济者，下游为都兴阿之饷、冯子材之饷、李世忠之饷[2]，上游为臣与官文部下之饷，皆万不可停者。臣与各处咨商，盐厘不能全停，未始不可暂缓，除扬、镇两防宜照旧额外，其馀未始不可少减。臣酌定新章，前之逢卡抽收者，今改为到岸售销后，汇总完厘，分解各军。前之收十五两有奇者，今改为楚岸每引抽银十一两九钱八分，西岸每引抽银九两四钱四分，皖岸每引抽银四两四钱。既减厘以便商，又先售而后纳。此轻本之略也。

商贩挟资求利，无不愿价值常昂，保而勿失。然不由官为主持，往往见小欲速，跌价抢售。其始一二奸商零贩，但求卸货而先销，不肯守日而赔利；其后彼此争先，愈跌愈贱，如风卷潮退，虽欲挽回，以保成本而不可得，官与商俱受其害。现于楚、西各岸设立督销局，派委大员驻局经理，盐运到岸，令商贩投局挂号，悬牌定价，挨次轮销。时而盐少，小民无食贵之虞；时而销滞，商贾无亏本之虑。此保价之略也。

盐法首重缉私。大多私枭，明目张胆，犹不难派兵捕拿；最易偷漏者，包内之重斤、船户之夹带，所谓官中之私，查禁尤难。现经改复道光三十年旧章，每引正盐六百斤，分捆八包，每包另给卤耗七斤半、包索三斤半，共重八十六斤。由臣刊发大票，随时填给，并于大胜关、大通、安庆等处派员验票截角，如有重斤夹带，立即严加惩究，提盐充公。其各岸之兼行邻盐者，亦必另给税单。苟无单而贩私，即按律而科罪。此杜私之略也。兹四者均就目前之要务，及道光年间之成规，参酌而损益之。无论官运营运，悉照商运一律办理。至应完课银，因盐厘为数过重，未能遽议加增，仍照咸丰七年奏案征收。向来盐课按半年奏报一次，今拟将各处汇收之厘，亦分上下半年随课并报，以便部臣有所稽考。惟兵燹之馀，户口大减，以今日之民数，照承平之引额，恐运销不及一半；加以邻私充斥，挽复非易，殷商绝少，招来尤难。能否渐有起色，殊无把握。臣惟有督饬署运使忠廉实力讲求，以期国课、军需两有裨益。所有淮南盐务运道畅通，力筹整顿缘由，理合恭折具奏。伏乞皇太后、皇上圣鉴训示。

再：淮北以盐抵课，紊乱旧章，疲坏已极，经部臣奏奉谕旨，饬令设法办理。容俟办有头绪，另行复奏，合并陈明。谨奏。

【题解】

写于同治三年（1864）。这是曾国藩为整顿淮南盐务上奏清廷的奏折。淮盐分南、北两大盐场，淮南行纲运之法，淮北行票运之法。所收课税厘金甚丰，为两江总督专利，设两淮盐运使、江宁盐道与海州盐运通判具体办理。自同治二年至同治十一年，曾国藩获盐课、盐税二千多万两，成为其后期主要财源。

【注释】

[1] 南醝（cuó）：南盐，指淮南盐场的盐务。醝，盐。

[2] 都兴阿：字直夫，满洲正白旗人。曾任江宁将军、荆州将军、督办江北军务、西安将军、盛京将军等职。冯子材：字南干，号翠亭，广东钦州（今属广西）人。早年参加农民起义，后降清，随向荣、张国梁镇压太平军。曾任广西提督、贵州提督等职，称疾引退。中法战争时期，以广东高、雷、廉、钦四府团练督办参战，不久又任广西关外军务帮办，督率兵勇，英勇作战，在镇南关（今友谊关）、谅山一带大败法国侵略军，是近代史上著名的爱国将领。后授云南提督，未赴任，调贵州提督，次年病免。

江西牙厘请照旧经收折

奏为江西牙厘仍应归臣处经收，以竟金陵将蒇之功，恭折奏祈圣鉴事：

窃臣接准江西抚臣沈葆桢咨称，以江西军务方殷，请将茶税、牙厘归本省经收，于二月二十六日具奏，抄折咨会到臣。伏查臣军奏拨江西之饷，前后约有三项。臣初任江督，奉旨兼办皖南军务，其时江南六府糜烂，皖南仅存祁门一县，一片贼氛，无从下手。臣于是奏办江西厘金，以充东征诸军之饷；奏拨江西漕折五万，以充徽、宁两防之饷。逮二年四月，因各军逃亡过多，又奏九江洋税三万，以清积欠。先后奉旨允准。沈葆桢到任后，于元年九月奏明，将漕折截留，不解臣营；二年六月奏留洋税，专充江忠义、席宝田之饷[1]，并未解过臣营一次。此两项者，臣均未具疏复奏，力与争辩。此次截留牙厘，不能不缕陈而力争者，实因微臣统军太多，月需额饷五十馀万。前此江西厘金稍旺，合各处入款，约可发饷六成，今年则仅发四成，而江西抚臣所统各军之饷，均发至八成以上。臣军欠饷十六七个月不等，而江西各军欠饷不及五月。即以民困而论，皖南及江宁各属，市人肉以相食，或数十里野无耕种，村无炊烟。江西亦尚不至此。请我皇上钦派大员，察看东南数省，果江西之军民较苦乎？抑皖南、金陵之军民较苦乎？假令沈葆桢奉使巡视皖、吴一次，果行军于江西较难乎？抑行军于皖南、金陵较难乎？知必有不辨而自明者。臣于三省皆系辖境，非敢厚于皖、吴而薄于江西也。无论何人，处臣之地势，不得不出于此也。

今苏、浙之省会已克，金陵之长围已合，论者辄谓大功指日可成，元恶指日可毙。以臣观之，洪酋与忠逆坚悍异常，屡掘地道，俱未得手，本无粮尽确耗，又城中新种麦禾，青黄弥望。臣之愚计，谆嘱曾国荃、鲍超等，总须力扼窜路，不使逆酋挟大股冲出，贻患他方。至克复之迟速，尚难预计。往昔庚申之春，和春、张国梁大军合围[2]，功败垂成。彼时围师比今日多二万人，饷项存营者尚数十万，徒以迟延未发，尚为军士借口，全局决裂；况今日饷需奇绌，朝不谋夕，安得不争江西之厘，以慰军士之心？此臣之隐衷，外人诧为过虑，惟冀皇上鉴亮者也。

前代之制，一州岁入之款，置转运使主之，疆吏不得专擅；我朝之制，一省岁入之款，报明听候部拨，疆吏亦不得专擅。自军兴以来，各省丁、漕等款纷纷奏留，供本省军需，于是户部之权日轻，疆臣之权日重。然疆臣既得专管利权，则督与抚事同一律，不得又有轻重、主客之分。臣尝细绎《会典事例》，大抵吏事应由抚臣主政，兵事应由督臣主政。就江西饷项论之，丁、漕应归沈葆桢主政，以其与吏事相附丽也；厘金应归臣处主政，以其与兵事相附丽也。

厘金之起，始于咸丰三年，雷以諴倡办于扬州，专为发逆兵事而设，初非国家经制之款。臣忝督两江，又绾兵符，凡江西土地所出之财，臣皆得奏明提用。即丁、漕、洋税，三者一一分提济用，亦不为过，何况厘金奏定之款，尤为分内应筹之饷，不得目为协饷，更不得称为隔省代谋。如江西以臣为代谋之客，则何处是臣应筹饷之地？谓安徽应筹耶？则乔松年亦得执本省隔省之说以相拒[3]；谓江南苏、松各属应筹耶？则李鸿章兵数之多亚于臣处，战事之殷倍于上游，除议定月解四万外，势难再行提用；谓江北淮、扬各属应筹耶？则里下河蕞尔之区，臣与吴棠、富明阿[4]、冯子材四人争剥竞取，其何能给？且畛域之说太明，则镇、扬两防断不足以自存，而僧格林沁、多隆阿等不兼封疆之帅，必有窒碍难行之日，臣窃以为不可。臣所最抱歉者，广东七成之厘金、湖南东征局之厘金，皆非臣分内应得之饷。用兵太久，乞邻救饥，私衷耿耿，如负重疚。然毛鸿宾、恽世临不遽奏请停止者，知臣处入不敷出甚巨也。一俟军务稍定，臣即当奏明先还广东七成之厘，次罢湖南东征之饷，断不肯久假不归，蹈专利之陋习而不自觉。此心筹之熟矣。

抑臣又闻，同僚交际之道，不外二端：曰分，曰情。巡抚应归总督节制，见诸《会典》，载诸坐名《敕书》。臣又曾奉特旨，节制江西巡抚。

臣以才力不逮，再三恳辞。特旨之节制，一时之异数[5]，臣得而辞之；《令典》《敕书》之节制，数百年之成宪[6]，臣不得而辞，沈葆桢亦不得而违，分也。军事危急之际，同寅患难相恤，有无相济，情也。沈葆桢于臣处军饷，论分论情，皆应和衷熟商。

元年八九月间，臣军疾疫大作，死亡无算，而忠逆大举援救金陵，危险万状。沈葆桢乃于是时截留漕折银四万，既不函商，又不咨商，实属不近人情。二年，浔关洋税一案，臣奏拨三万两，奉旨先准；沈葆桢旋奏留，专供江、席二军之饷。钦奉寄谕，以皖营军饷短绌，饬抚臣妥筹兼顾，如数分拨；逮关道蔡锦青分拨万五千两解至臣营，沈葆桢乃大怒，严札申饬蔡锦青，并移咨诘问臣处，但有峻厉之词，绝无婉商之语。此次截留厘金，亦并未函商、咨商一次，不知臣有何事开罪而不肯一与商酌？以为事势紧急，无暇远商耶？则前年漕折、去年洋税、今年厘金三事中，岂无一事可以先商后奏者？殊不可解。

人恒苦不自知。或臣明于责沈葆桢而暗于自责。臣例可节制江西，或因此而生挟权之咎；臣曾保奏沈葆桢数次，或因此而生市德之咎[7]。几微不慎，动成仇隙。然臣阅世已深，素以挟权、市德为可羞，颇能虚心检点。即如漕折一案，臣曾函商一次、咨商一次；洋税一案，臣接抚臣峻词诘问之咨，曾经密函婉复。兹特抄呈御览，以明臣不敢有挟权、市德之意。自此二案外，臣之公牍、私函，在江西者极多，其中如有挟权、市德、措词失当者，请旨饬下沈葆桢多抄数件进呈；倘蒙皇上摘出指示，或有显过，臣固甘受谴罚，即有隐慝，臣亦必痛自惩艾。若臣返躬内省，则自觉对沈葆桢而无愧，即讯诸大廷、质诸鬼神而无惭[8]。而沈葆桢专尚客气，不顾情理，实有令人难堪者，臣亦不复能隐忍不言矣。

臣处自闻截去江西厘金之信，各军人心惶惶，转相告语，大局实虞决裂。合无吁恳天恩，饬谕江西厘金仍全归臣处经收，以竟将藏之功。俟金陵克复之日，立即请旨分成匀济，一面派拨重兵回援江西，兼顾湖南。其金陵未克以前，除彭玉麟、刘于浔、孙昌国三军需饷五万有奇，循旧仍由江西厘金供支外；其江、席两军万人，臣亦必于厘金项下竭力分拨，特不可遽改局面，动摇军心，致生功亏一篑之变。所有江西牙厘应归臣营缘由，恭折由驿驰奏，伏乞皇太后、皇上圣鉴训示。谨奏。

【题解】

写于同治三年（1864）三月十二日。这是曾国藩为同江西巡抚沈葆桢争夺江西厘金而上呈清廷的奏折。折中反映了清代咸丰、同治时期督抚权力的膨胀和他们相互间的利害冲突。清廷已无力做出公正的裁决，只好将江西厘金一分为二，曾国藩、沈葆桢各得其半。

【注释】

[1] 江忠义：字味根，湖南新宁人，江忠源从弟。湘军统领，曾任署理贵州提督、署理广西提督等职。席宝田：字研香（芗），湖南东安人。湘军统领，曾任云南按察使等职。

[2] 张国梁：原名张嘉（家）祥，字殿臣，广东高要（今肇庆市）人，早年参加天地会起义，后降清，改名国梁，追随向荣、和春，镇压太平军，长期围攻太平天国首都天京。历任副将、帮办江南军务、湖南提督、江南提督等职。最后在兵败逃跑途中于丹阳落水溺死。

[3] 乔松年：字健侯，号鹤侪，山西徐沟（今清徐县东南）人，道光十五年进士。曾任江宁布政使、安徽巡抚、陕西巡抚、东河河道总督等职。

[4] 吴棠：字仲宣，安徽盱眙人，举人。曾任漕运总督、闽浙总督、四川总督等职。据传对那拉氏有私恩，故得重用。富明阿：字治安，汉军正白旗。原为明代抗清名将袁崇焕之后，袁被害后，其子孙降清，入旗籍。曾任荆州将军、江宁将军、吉林将军等职。

[5] 异数：此处意为皇帝给臣子的特殊礼遇、优待。

[6] 成宪：多年形成的规章、制度或惯例。

[7] 市德：即市恩，犹买好、讨好。

[8] 讯诸大廷：在广大君臣面前对质、讯问。大廷，亦作大庭，即朝廷。

沥陈饷绌情形片

再：

臣接准部文，户部于三月十六日复奏折内称，曾国藩军营现在月饷，每月湖北协济银五万两、湖南协济银二万五千两、四川协济银五万两、江西协济银三万两外，尚有广东厘金及江苏厘金等款，为数甚巨，均可源源接济。纵各省报解稍有未齐，通盘筹画，亦总可补苴支拄[1]。又于三月二十三日片奏内称，曾国藩军营，湖南、湖北、江西、广东、四川等省每月协饷约计数十万两各等语。查四川一省，除戊午之冬、己未之春两次解过臣营银二万五千两外，近五年以来并无丝毫协解之款，不知户部以何处奏咨为据？言四川每月协臣五万，请旨敕下该部抄出原案，知照臣处，以凭查核。湖南除东征局另抽半厘外，间有协济臣处之款，然亦无月额二万五千之多，臣处亦未奏定有案，本年尚未协解一次。江西所谓三万者，当系指去夏奏拨洋税言之。此款仅据关道蔡锦青解过一批银万五千两[2]，旋即退还矣。广东厘金系臣所不应得之饷，亦臣所最抱疚之端。然本年百馀日，尚仅解过银九万两，徒有专利之名，究无救贫之实。江苏厘金系臣分应筹之饷，然淮、扬各属，向归漕臣及镇、扬两防抽收；苏、松各属，向归抚臣抽收。苏军人数最多，臣亦未便遽起相争，仅去秋议定，由沪上月解臣台银四万，亦未能如期按解，本年仅解过一批三万耳。户部所指六省供臣之饷，为数甚巨，实则所得极少。臣向不肯以缺饷危苦之词吁告朝廷，故户部不得知其详也。江西、湖南、江苏、川、广五省，臣既粗陈其略矣。此外，惟湖北一省与臣处交涉最多，然亦无月协五万之款。自安庆克复以后，于今三年，鄂省并未解过臣台协饷。惟杨岳斌水军，梁美材、韦志俊陆军[3]，李续宜旧部成大吉、萧庆衍、蒋凝学、毛有铭四军[4]，历食鄂台之饷而剿苏、皖之贼。户部所称湖北济臣饷项，或即指此言之。然官文与胡林翼、严树森数人者，素抱剿灭金陵逆巢之志，而此数军者，向归湖北粮台报销之营，是盖鄂军剿邻境之贼，非鄂省协臣台之饷也。自去冬以来，湖北饷项亦绌，迭准官文、严树森来咨，杨岳斌、萧庆衍、蒋凝学、毛有铭、梁美材诸军，鄂台只可发饷六成，由臣处凑发一成。臣虽勉强应允，而目下穷窘至此，本部十万人无以自存，安能更觅一成之饷助供鄂军？相应奏明，请旨饬令官文、严树森将此数军仍照昔年旧例一力供支，或于六成之外酌添一二成，始终以鄂兵鄂饷助皖助吴，俾微臣谋饷忧灼之情为之少减。又如普承尧、何绍彩两军[5]，本系唐训方部曲，降官以后拨隶臣处，檄令分防巢县、庐郡两城，饷项均无着落。现在淮甸澄清，利源日广，相应请旨饬下乔松年，将此两军交该抚调遣，饷项由临淮粮台支发，即归该台报销，俾微臣谋饷忧灼之情又为少减，不胜大幸。

臣才识愚庸，谬当重任，局势过大，头绪太多，论兵则已成强弩之末，论饷则久为无米之炊。而户部奏称收支六省巨款，疑臣广揽利权。如臣虽至愚，岂不知古来窃利权者每遘奇祸？外畏清议，内顾身家，终夜悚惶，且忧且惧。

臣所居职位，昔年凡六人任之：钦差驻金陵者一人；总督驻常州者一人；皖江以南，徽防统帅一人，宁防统帅一人；皖江以北，下而滁、和、天、六、全、来，归临淮控驭者为东路统帅一人；上而英、霍、潜、太、桐、舒、六、庐，多隆阿等经营其间者五年，为西路统帅一人。微臣谬以庸材，兼此六事，曾经两次奏请简派大臣来南会办，未蒙俞允。今兵弱饷绌，颠覆将及，而发、捻巨股大举东犯，自英、霍以至滁、来，处处空虚，万一该逆窜踞各城，皖北糜烂，或并贻患于里下河，臣亦何能当此重昝？合无吁恳天恩，饬将皖北西路责成乔松年，东路责成吴棠、富明阿共筹防剿。臣非敢预为诿过之地，实以绵力而兼病躯，自度不足捍御贼氛，不得不沥陈于圣主之前。所有微臣办理竭蹶下情，谨附片略述梗概，伏乞皇太后、皇上圣鉴。谨奏。

【题解】

写于同治三年（1864）四月十二日。由于户部偏袒沈葆桢，曾国藩失去江西半厘，深感压抑，再次具疏力争，沥陈饷绌情形。清廷无奈，只得将轮船退款拨归安庆粮台，以弥补曾国藩的损失。

【注释】

[1] 补苴（jū）支拄：修补支撑。补苴，补缀。

[2] 蔡锦青：号芥舟，广东惠州人。曾国藩幕僚、沈葆桢部属。曾任江西广饶九南道，兼九江关监督。

[3] 梁美材：湘军将领。韦志俊：又称韦俊、韦十二，广西桂平人，壮族。太平天国北王韦昌辉胞弟。原为太平军将领，任右军主将，后投降湘军，随水师将领彭玉麟作战。后又隶曾国荃部下，随同围攻太平天国首都天京。天京陷，所部遣散。

[4] 成大吉、萧庆衍、蒋凝学、毛有铭：四人皆李续宜旧部，湘军分统，长期在湖北、安徽、江苏等省作战。成大吉字武臣，官至记名提督。蒋凝学字之纯，湖南湘乡人，官至陕西布政使。萧庆衍字为则，湖南湘乡人，官至记名提督。毛有铭字竹丹，官至记名道员。

[5] 普承尧：字钦堂，云南新平人，武进士。湘军分统，官至九江镇总兵。后因事革职，为曾国藩护理行营粮台。不久，又继续带兵，在安徽北部作战。何绍彩：湘军分统。

陈明请停湖南东征局片

再：

咸丰十年长沙创立东征局，于本省厘金之外，重抽半厘，本属商贾积不能平之事。当时冒不韪之名而坚持定议者，黄冕一人之力为多，其局即设于黄冕宅内。是以百口讥议，多方阻挠，且有扬言焚烧黄冕住屋以恐吓之者。其所以幸而办成，全赖抚臣骆秉章主持其事。臣于十年四月忝膺江督之命，进驻祁门，正值苏、常新陷，全皖糜烂，无片土可以筹饷，甚盼东征局成，借湘饷以剿吴贼。因闻物议纷滋，不敢遽奏。该局于八月办成，骆秉章于十月赴蜀，臣于腊月底始行具奏。乃湘省商民不怨骆秉章之主持，亦不甚怨臣之妄取，而专归咎于黄冕之倡议。盖筹饷本为怨府，筹本省之饷专供越境之军，尤为各省所无之创举，众口铄金，势所必然。同治二年钦奉十月初二日寄谕，以黄冕贪横恣肆，声名狼藉，饬臣查核。臣查黄冕前官江南府县，并无劣迹；后随浙江军营，获咎甚重，然皆在二三十年以前。近年黄冕大招物议，则惟东征局一事。而其事实大有益于臣处，是以未及复奏，盖既不敢辨人言之无因，而又不欲东征局之遽罢也。咸丰十一年安庆垂克之际，粮饷罄尽，赖东征局解银七万，立慰军心。厥后进兵雨花台，孤军深入，时虞饥溃。臣统军过多，不能专顾金陵一军，每当万分危迫之际，臣弟曾国荃飞书乞饷于东征局，无不立时应付。外间不知者，但觉该局筹饷裕如，实则通省商民之心，以谓金陵早克一日，则此局早停一日，并心壹志以助其成功者，非有馀也，求速停也。

迨至去年六月，金陵幸克，湖南人民举手相庆，谓今而后，东征事竣，物力可以稍纾矣。臣亦早思力践初议，业于三年三月十二日先行陈奏一次。

迨金陵克后，又于十二月十三日、二十八日两次具奏，议定今年夏间裁撤东征局，并先期函告杨岳斌、恽世临、黄冕及湘南各官绅。其湘人来营及公车过此者，均力请早撤此局。臣坚订而悉许之，湖湘之间，传播殆遍。今杨岳斌请改东征之局专供西征之饷，而张亮基、林鸿年又奏分东征饷项协济滇、黔[1]，皆蒙皇上允准。臣伏念五年以来，湖南一省独加半厘，本已偏枯；臣奏停广东、江西之厘，而于桑梓独食其言。臣实用湖南各卡之厘，而令黄冕代被其谤，均有甚不安于心者，谨一一缕陈于圣主之前。

俟四月间，臣即专折裁停东征局，务俾湘民同感高厚之恩，而微臣亦稍释隐微之疚。至于杨岳斌饷项，臣已与之订定，自五月起，即由金陵协解三万，适符东征局解臣之数；又加官文、李鸿章、沈葆桢、马新贻等处协款[2]，甘饷十馀万不患无着。滇、黔之饷，臣同日另折具奏矣。区区愚忱，伏乞皇太后、皇上圣鉴训示。谨奏。

【题解】

写于同治四年（1865）。东征局成立之始，即受到湖南绅商民众的反对，故于同治四年奏停各省厘金后，力排众议，两次上奏清廷，坚决裁撤东征局。这是其中之一。

【注释】

[1] 林鸿年：字勿村，福建侯官（今福州市）人，道光十六年状元。曾任云南布政使、云南巡抚等职。同治五年被革去云南巡抚职。

[2] 马新贻：字谷山，山东菏泽人，道光二十七年进士。曾任安徽布政使、浙江巡抚、闽浙总督、两江总督等职。同治九年被张文祥刺杀身亡。

遵旨赴山东剿贼并陈万难迅速缘由折

奏为遵旨前赴山东剿贼，并沥陈万难迅速情形，恭折仰祈圣鉴事：

窃臣钦奉同治四年四月二十九日上谕："钦差大臣、协办大学士、两江总督、一等毅勇侯曾国藩，着即前赴山东一带督兵剿贼。两江总督着李鸿章暂行署理。江苏巡抚着刘郇膏暂行护理[1]。钦此。"又准军机大臣字寄四月二十九、五月初一等日迭次上谕，饬臣赶紧赴援，保卫畿疆各等因。臣部署一切，拟于月内起程，先赴徐州，以徐州为老营，派一良将驻扎济宁。臣亦当亲赴济宁一带察看形势。惟僧格林沁以督师重臣猝尔捐躯，震远近之人心，长逆贼之凶焰。朝廷责臣讨贼，至切且速，即山东官民，亦望臣星速北上。臣踌躇再四，有万难迅速者数端，请为我皇上缕晰陈之。

臣自江宁启程，不能不酌带楚勇数营以资护卫。查臣部现有之勇，除刘连捷等新调江西[2]，易开俊等分防皖南、皖北外[3]，金陵未撤之兵仅存十六营，人人思归。三月间，因御史朱镇参奏，谕旨饬令裁撤，当即宣示各营，饬将秦淮淤土挑竣，一律撤遣。此次闻有山东之行，各勇纷纷求归，不愿北征。劝谕三日，始定议裁撤者十二营，北征者仅四营，又新募两营，合三千人，作为随臣左右之亲兵。此外，惟刘松山宁国一军相距较近[4]，现已飞檄往调，等候刘松山前来。如其部卒不愿北征，臣亦不复相强。当酌带楚军将弁，另募徐州勇丁，仿臣处之营制而约束之，存楚师之规模，开齐兖之风气。李鸿章所部之淮勇，已稍习于北方矣，然尚专食稻米，不惯麦面。若徐、兖间能另出劲旅，则北路数省到处相宜。臣鉴于金口叛兵之祸，不敢强楚勇以远征，现仅刘铭传、周盛波两军归臣调遣。淮勇虽称劲旅，人数尚少，不敷分拨，不得已为此迂缓之谋，添募徐方之士，约须三四月乃能训练成军。此其不能迅速者一也。

捻匪积年掳掠，战马极多。此次蒙古马队溃散，恐亦为贼所得。现闻贼马多至万馀匹，驰骤平原，其锋甚锐。臣处昔亦有马二千，除拨交左宗棠、李榕共三百匹外[5]，馀皆拨交曾国荃、鲍超两处。数月以来，其隶曾国荃、李榕部下者，业已全数遣散；其隶鲍超部下者，即系上杭饥噪之军，尚未安抚就绪。刘铭传一军添募马队[6]，甫经李鸿章于三月间奏请出口买马。臣亦拟在徐州添练马队，派员前赴古北口一带采买战马千匹，约计往返程途，至速亦须三月；加以训练，非再得两月断难集事。若竟不佐以马队，而强驱步兵以当骑贼，虽有贲、育之勇[7]，亦将不战自靡。此其不能迅速者二也。

扼贼北窜，惟黄河天险最为可恃。防河之策，自为目前第一要义。臣上次折内即拟由河南、山东抚臣另造舢板战船，现在事机尤紧，直隶、齐、豫三省均须迅速造船，分列河干，以壮声势。据吴棠所奏，江南之船于黄河水性不合，与臣前奏相符。所有斟酌船式、采办木料、招募水勇，应由该三省督抚悉心筹画，因地制宜。惟炮位一宗，北省较少，金陵存留尚多。臣拟拨炮三百尊，分济三省，派船解至济宁州，由该三省派船前来迎接。黄河水师办成，畿辅可永无捻匪之患，其事虽缓，其利甚大，然非有四五月工夫难期就绪。此其不能迅速者三也。

至刘铭传一军，不宜遽入直隶，宜剿贼于黄河以南，臣于上次折内陈明在案。节次寄谕，严催刘铭传渡河，径赴刘长佑军营[8]。果使于事有济，自应设法北渡。惟目前濮州、范县、菏泽、郓城等处黄河南岸，一片贼氛，若非节节扫荡，焉能冲过北渡？若使远避贼锋，绕路行走，则上游须绕至河南兰、仪等处，下游须绕至山东历城、长清等处，非迂绕五六百里不能径行渡河。且该军现在南岸，尚可遇贼一击。若贼未北渡而该军先至北岸，反置劲旅于无用之地，似于军情、地势均未相宜。臣昨接刘铭传来文，批令在鱼台、滕县附近运河之处驻扎，拟俟粮运稍有把握，再令进驻济宁。正筹度间，接奉五月初三日寄谕，饬刘铭传由金乡、嘉祥一带黄河南岸向西兜剿；又接国瑞来咨[9]，亦欲刘铭传在黄河南岸协剿，与臣暂不北渡之说相合。以理势揆之，黄河夏秋盛涨，刘长佑亲统大军防堵河北，该逆应难飞渡。不特刘铭传目下不宜渡黄也，即将来事势稍定，亦不宜令河南之兵兼顾河北。查河北仅有直隶一省，近年捻患尚少，河南有齐、豫、苏、皖四省，近年捻患极多。据臣愚见，直隶宜另筹防御之兵，但令分守河岸，齐、豫、苏、皖四省，宜另筹追剿之师，不使驰援河北。盖楚勇、淮勇向例，每日仅行四十里。黄河船少，万人渡河，动逾旬日。若令时而北渡、时而南渡，我则疲于奔命，贼则相去已远，殊为失策。此因行军不能迅速，遂不能兼顾直隶者，又其一端也。

僧格林沁之忠勇绝伦，妇孺皆知，华夷传诵。其统兵追贼，日行七八十里，或百馀里不等，然步队不及马队，驽马不及良马，势必参差不齐。闻僧格林沁于三月驰至汶上，步队后七日始到兖州，马队亦有后三日始到者。行走太速，势不能自带米粮埋锅造饭；行文州县，令其供支面饭，兵燹困苦之余，州县力难具数千人之食。又或仓猝得信，家丁逃匿，或两县交界，彼此推诿，将士争先落后，饥饱不均，有连日不得一餐者。其队伍难整在此，其行军神速亦在此。臣处行兵之例，每日行军，支帐埋锅造饭，不向州县索米供应。略师古法，日行仅四十里，少或二三十里。李鸿章之淮勇，亦仿楚师之法。其步步稳妥在此，其行军迟钝亦在此。僧格林沁剿办此贼，一年以来，周历湖北、安徽、河南、江苏、山东五省，若他人接办此贼，断不能兼顾五省！不特不能至湖北也，即齐、豫、苏、皖四省，亦焉能处处兼顾？如以徐州为老营，则山东只能办兖、沂、曹、济四郡，而济、东、泰、临以北，力不逮矣；河南只能办归、陈两郡，而开、许、南、汝以西，力不逮矣；江苏只能办淮、徐、海三郡，安徽只能办庐、凤、颍、泗四郡，馀属皆力不逮矣。此四省十二府州者，纵横千里，古四战之场，历年捻匪出没最熟之区。若以此责成督办之臣，而以馀属责成四省之巡抚，则汛地各有专属，庶军务渐有归宿。此贼已成流寇，飘忽靡常，宜各练有定之兵，乃足以制无定之贼。此因行军不能迅速，遂不能遍顾各省者，又其一端也。

方今贤帅新陨，剧寇方张，山东之望援急于星火，而臣策战事乃在半年以后。北路之最重莫如畿辅,而臣策直隶乃须另筹防兵。此皆骇人听闻之言,殆不免于物议纷腾,交章责备。然臣筹思累日,非专力于捻匪最熟之十二府州,不足以弭流寇之祸。理合直陈刍荛,备圣主之采择。所有遵旨督师剿贼及沥陈万难迅速缘由,恭折由驿六百里驰陈,伏乞皇太后、皇上圣鉴,逐条训示。谨奏。

【题解】

写于同治四年(1865)五月初九日。该折主要向清廷陈明了剿捻的战略部署、现存问题及解决办法。随着战争形势的发展,曾国藩对最初的部署又进行了一些调整。

【注释】

[1] 刘郇膏:字松岩,河南太康人。道光二十七年进士。曾任江苏布政使等职。

[2] 刘连捷:字南云,湖南湘乡人,湘军吉字营分统。官至记名布政使。

[3] 易开俊:字紫桥,湖南湘乡人。湘军老湘营分统。同治四年因援救临淮不力被革职,所部裁撤。

[4] 刘松山:字寿卿,湖南湘乡人。湘军老湘营统领。随左宗棠镇压西北回民起义,同治九年在甘肃金积堡(今宁夏吴忠市西南)战死。曾补授安徽皖南镇总兵、广东陆路提督,均未赴任。

[5] 李榕:字申夫,四川剑州(今剑阁)人,原名李甲先,咸丰二年庶吉士,曾国藩幕僚。曾任礼部主事、浙江盐运使(未赴任)、湖南按察使、湖南布政使等职。同治八年被劾革职回籍。

[6] 刘铭传:字省三,安徽合肥人,淮军主力铭字军统领。曾任直隶提督、台湾巡抚等职。在台湾巡抚任内,抗击法军入侵,加强海防,整顿吏治,修铁路,开矿山,办学堂,对开发台湾颇有建树。

[7] 贲、育:战国时著名勇士孟贲、夏育。

[8] 刘长佑:字印渠、荫渠,湖南新宁人,拔贡,湘军统领。曾任广西巡抚、

两广总督（未赴任）、直隶总督、云贵总督等职。

[9]国瑞：陈国瑞，字庆云，湖北应城人。清军将领，以勇悍著名。少年时参加太平军，后降清，统楚胜军，历属黄开榜、袁甲三、吴棠、僧格林沁各部。历任帮办军务、浙江处州镇总兵、记名提督、御前正黄旗头等侍卫（统神机营），赏云骑尉世职。

裁撤湖南东征局片

再：

湖南东征一局，系于本省厘金外加抽半厘，每货至卡，如本省抽一两者，另抽东局五钱；本省抽百文者，另抽东局五十文。为各省所未有，实与重征无异。自设局以至于今，已满五年，商贾疲困，民怨沸腾。臣危困时所重有赖者在此，臣数年来所最疚心者亦在此。前经三次具奏，议于本年夏间撤局。本年三月，又详晰密陈，声明四月间裁停东征局务。钦奉寄谕："须俟甘肃之饷筹定数目确有把握，再撤该局。"近接各处函咨，除臣于扬防节省项下奏定月解甘饷三万外，浙江奏定月解二万，江苏奏定月解一万，湖北奏明停止各路协饷，闻议定每月解甘三万五千两，湖南亦议月解一万两，通计甘肃军饷每月可得十万五千两。臣自咸丰四年带兵至九年止，从无月得现饷五万者。即十年、十一年忝任江督，亦无月得现饷十万者。今甘肃月入十万有奇，确有把握，据臣观之，实为不少。甘饷既已有着，而臣又将移师山东，断不敢再留东征局名目，以重困于商民而食言于桑梓，理合奏明。一面札饬局员李明墀等将东征局卡概行停止；一面函商抚臣李瀚章[1]，于向抽东征货厘之中，酌择货物数种，仍留厘金数成，增写本省厘票之内，作为协济甘肃之饷。是虽无西征局之名，而亦暗留协助甘饷之实。臣之所谓湖南议解一万者，系就最少之月言之；如月收较旺，尚可尽数多解，由湖南抚臣酌量办理。所有裁撤东征局及筹计甘饷缘由，附片由驿陈明，伏乞皇太后、皇上圣鉴。谨奏。

【题解】

写于同治四年（1865）五月二十四日。这是曾国藩再次要求立即裁撤湖南东征筹饷局的夹片。其中透露了过去所不愿提及的情况：五年来东征局给湖南经济造成很大危害，引起民众的不满，即"商贾疲困，民怨沸腾"。

【注释】

[1] 李瀚章：字筱泉，安徽合肥人。李鸿章之兄。历任江西吉南赣宁道、广东督粮道、按察使、布政使、湖南巡抚、浙江巡抚、湖广总督、四川总督，漕运总督、两广总督等职。

陈国瑞禀批语

来禀阅悉。该镇所部，业奉谕旨饬赴归德，军火器械自应在河南粮台支领。至八千人之饷，为数甚巨，断非每月二万所能敷用；况二万金之协饷，尚属不甚可靠。古谚有云"兵马未动，粮草先行"，此万不可易之理。若以八千之众，全无确实之饷，将来因饷生变，祸端不测。本部堂所部皖南各军，近日因饷绌闹事，纷纷闭城殴官，居民逃避，焦灼之至。该镇宜就近与豫抚部院熟商，若饷项极绌，固宜及早遣撤；即饷项稍优，该镇滥收败兵游勇，亦宜遣撤大半，或酌留二三千人，庶免弗戢自焚之患[1]。不可贪部卒众盛之名，而忘饥军殃民之虑也。此批。

再：前于闰五月初间连接该镇二禀：一件言自嘉祥解围，回至济宁，勇丁与刘军门部下械斗；一件言陈振邦招勇未到[2]，不能迅速拔营。本部堂所以未遽批答者，因心中有千言万语欲与该镇说明，又恐该镇不好听逆耳之言，是以迟迟未发。兹该镇禀商饷银、军械等事，急欲立功报国，而恐诸事掣肘，其志亦可悯可敬，特将本部堂平日所闻之言与玉成该镇之意，层层熟筹而敬告之。

本部堂在安庆、金陵时，但闻人言该镇劣迹甚多，此次经过淮扬、清江、凤阳，处处留心察访，大约毁该镇者十之七，誉该镇者十之三。其毁者则谓该镇忘恩负义，黄镇开榜于该镇有收养之恩，袁帅欲拿该镇正法，黄镇夫妇极力营救，得保一命，该镇不以为德，反以为仇。又谓该镇性好私斗，在临淮与袁帅部将屡开明仗，在寿州与李世忠部下开明仗，杀死朱、杜二提督。旋在正阳关捆缚李显安，抢盐数万包。在汜水时，因与米船口角小争,特至湖西调队二千,与米商开明仗,知县叩头苦求,始肯罢兵。又谓该镇骚扰百姓,凌虐州县,往往苛派州县代办军装、号衣等件。在泗州殴辱知州,藩司张光第同在一处[3],躲避床下,旋即告病。在高邮勒索水脚,所部闹至内署抢掠,合署眷属跳墙逃避,知州叩头请罪,乃息。又谓该镇吸食鸦片,喜怒无常,左右拂意,动辄处死,并有因一麻油饼杀厨子之事。藐视各路将帅,信口讥评,每每梗令[4],不听调度,动称"我将造反"。郭宝昌之告变[5],事非无因。本年四月曹南之败,与郭宝昌同一不救主帅,同罪异罚,众论不平。凡此皆言该镇之劣迹者也。其誉者则谓该镇骁勇绝伦,清江、白莲池、蒙城之役,皆能以少胜众,临阵决谋,多中机宜。又谓该镇至性过人,闻人谈古来忠臣孝子,倾听不倦,常喜亲近名儒,讲诵《孟子》。又谓该镇素不好色,亦不甚贪财,常有出世修行、弃官为僧之志。凡此皆言该镇之长处者也。誉该镇者,如漕督吴帅、河南苏藩司、宝应王编修凯泰、山阳丁封君晏、灵璧张编修锡嵘,皆不妄言之君子。毁该镇者,其人尤多,亦皆不妄言之君子,今不复悉举其名。誉该镇者,愿该镇知其名,不忘也;毁该镇者,愿该镇不知其名而忘之也。

本部堂细察群言,怜该镇本有为名将之质,而为习俗所坏。若再不加猛省,将来身败名裂而不自觉。今为该镇痛下针砭,告戒三事:一曰不扰民,二曰不私斗,三曰不梗令。

凡设官所以养民,用兵所以卫民。官吏不爱民,是民蠹也;兵将不爱民,是民贼也。近日州县多与带兵官不睦,州县虽未必皆贤,然带兵者既欲爱民,不得不兼爱州县。若苛派州县供应柴草、夫马,则州县摊派各乡村,而百姓受害矣。百姓被兵勇欺压,诉于州县,州县转诉于军营。若带兵者轻视州县,而不为民申冤,则百姓又受害矣。本部堂带兵十年,深知爱民之道,必先顾惜州县。就一家比之,皇上譬如父母,带兵大员譬如管事之子,百姓譬如幼孩,州县譬如乳抱幼孩之仆媪。若日日鞭挞仆媪,何以保幼孩?何以慰父母乎?闻该镇亦无仇视斯民之心,但素好苛派州县,州县转而派民;又好凌虐弁兵,弁兵转而虐民,焉得不怨声载道?自今以后,当痛戒之。昔杨素百战百胜[6],官至宰相;朱温百战百胜[7],位至天子。然二人皆惨杀军士，残害百姓，千古骂之如猪如犬。关帝、岳王，争城夺地之功甚少，然二人皆忠主爱民，千古敬之如天如神。该镇以此为法，以彼为戒，念念不忘百姓，必有鬼神佑助。此不扰民之说也。

至于私相斗争，乃匹夫之小忿，岂有大将而屑为之？本部堂二年以前即闻该镇有性好私斗之名。此名一出，人人皆怀疑而预防之。闻五月十九之事，铭字营先破长沟，已居圩内，该镇之队后入圩内，因抢夺洋枪，口角争闹，铭营杀伤该队部卒甚多，刘军门喝之而不能止。固由仓猝气忿所致，亦由该镇平日好斗之名有以召之耳。闻该镇好读《孟子》"养气"之章，须知孟子之养气，行有不慊则馁。曾子之大勇，自反不缩则惴。缩者直也，慊者足也；惴则不壮，馁则不强。盖必理直而后气壮，必理足而后自强。长沟起衅之时，其初则该镇理曲，其后则铭营太甚。该镇若再图私斗，以泄此忿，则祸在一身而患在大局；若图立大功、成大名，以雪此耻，则弱在一时而强在千秋。昔韩信受胯下之辱，厥后功成身贵，召辱己者而官之，是豪杰之举动也！郭汾阳之祖坟被人发掘[8]，引咎自责，而不追究，是名臣之度量也。该镇受软禁之辱，远不如胯下及掘坟之甚，宜效韩公、郭公之所为，坦然置之，不特不报复铭营，并且约束部下，以后永远不与他营私斗，能忍小忿，乃成大勋。此戒私斗之说也。

国家定制，以兵权付之封疆将帅，而提督概归其节制，相沿二百余年矣。封疆将帅虽未必皆贤，然文武咸敬而尊之，所以尊朝命也。该镇好攻人短，讥评各路将帅，亦有伤于大体。当此寇乱未平，全仗统兵大员心存敬畏。上则畏君，下则畏民，中则畏尊长，畏清议，庶几世乱而纲纪不乱。今该镇虐使其下，气凌其上，一似此心毫无畏惮者，殆非载福之道[9]。凡贫家之子，自恃其竭力养亲，而不知敬畏，则孔子比之犬马；乱世之臣，自恃其打仗立功，而不知敬畏，则陷于大戾而不知。嗣后，该镇奉檄征调，务须恪恭听命。凡添募勇丁、支应粮饷，均须禀命而行，不可擅自专主，渐渐养成名将之气量，挽回旧日之恶名。此不梗令之说也。

以上三者，该镇如能细心领会，则俟军务稍松，前来禀见。本部堂于觌面时，更当谆切言之，务令有益于该镇，有益于时局。玉成一名将，亦本部堂之一功也。若该镇不能细心领会，亦有数事当勒令遵从者：第一条，八千勇数，必须大为裁减，极多不许过三千人，免致杂收游勇，饥溃生变。第二条，该军与淮勇及英、康等军，一年之内不准同扎一处。第三条，该镇官衔，宜去"钦差"字样；各省协饷，均归河南粮台转发，不准别立门户，独树一帜。仰该镇逐条禀复，以凭详晰具奏。至于所述毁誉之言，孰真孰伪，亦仰该镇逐条禀复。其毁言之伪者，尽可剖辩，真者亦可承认。大丈夫光明磊落，何所容其遮掩！其誉言之真者，守之而加勉，伪者辞之而不居。保天生谋勇兼优之本质，改后来傲虐自是之恶习，于该镇有厚望焉。又批。

【题解】

写于同治四年（1865）六月初六日。这是曾国藩对陈国瑞禀帖的批复。批语甚长，体现了曾国藩的治军思想与驭将（包括培养）之道。

【注释】

[1] 庶免弗戢（jí）自焚之患：方可避免因不能自我收敛而招致自我毁灭之灾。弗戢，不加收敛。

[2] 陈振邦：陈国瑞的部属与养子。

[3] 张光第：曾任安徽庐凤颍道、安徽按察使、安徽布政使等职。

[4] 梗令：拒不奉令，不执行命令，使上情不能下达。梗，阻塞。

[5] 郭宝昌：安徽凤阳人。初为临淮军，后隶陈国瑞部下，随楚胜军征战。后又与陈国瑞分军，独领一支，曰卓胜营，转战湖北、陕西、山西、直隶等省。授安徽寿春镇总兵，予骑都尉世职。在任三十年，卒于官。

[6] 杨素：字处道，隋代弘农华阴（今属陕西）人。曾任尚书左仆射，执掌朝政。官至司徒，封楚国公。曾率水军沿长江而下，灭南朝陈，为统一中国立过大功。又参与宫廷阴谋，害死太子杨勇，拥立杨广为帝（即隋炀帝）。

[7] 朱温：即后梁太祖。唐末宋州砀山（今属安徽）人。早年参加黄巢起义，后叛变降唐，赐名全忠，任河中行营招讨使、宣武节度使。参与镇压黄巢

起义，封梁王。又代唐称帝，改名晃，国号梁，定都汴（今河南省开封市），后又迁都洛阳，史称后梁。为人极其骄横暴虐，最后被其子朱友珪所杀。

[8] 郭汾阳：即郭子仪，唐代大将、名臣，华州郑县（今陕西省渭南市华州区）人。安禄山叛乱时，郭任朔方节度使，起兵平定安史之乱，收复长安，使唐朝危而复安。曾任关内河东副元帅、太尉、中书令，晋封汾阳郡王，号"尚父"。世称郭汾阳，又称郭令公。

[9] 殆非载福之道：恐怕不是保持富贵的办法。

补参陈国瑞折

奏为曹南未能救护之总兵同罪异罚,补行纠参,恭折仰祈圣鉴事:

窃查总兵陈国瑞随同亲王僧格林沁带兵剿捻,与郭宝昌分统左右两翼。本年四月曹南之战,不顾主将,僧格林沁追贼阵亡,郭宝昌奉旨革职拿问,其馀翼长,成保以下各官未能救护者[1],发遣降革有差。即山东抚臣阎敬铭[2]、布政使丁宝桢等[3],亦均交部议处,予以应得之咎。纪纲所在,不稍优容。独陈国瑞饰词巧脱,逍遥法外。无论所禀受伤各情不足深信,即使均属实情,亦只可略从末减,未便概置不问。伏读五月初二日上谕:"陈国瑞未能救援僧格林沁,本属咎有应得。姑念其从来打仗奋勇,屡著战功,且此次身骑俱受重伤,困苦情形,不无可悯,姑免置议等因。钦此。"仰见朝廷爱惜将才,格外宽宥。惟臣接统此军,博询众论,佥以为马、步各翼长同罪异罚,不应过于悬殊。古称法立而后知恩,在帅臣当申明法律之严,庶裨将益感戴圣恩之厚。相应补行纠参,请旨将总兵陈国瑞撤去帮办军务,革去黄马褂,暂留处州镇实缺,责令戴罪立功,以示薄惩而观后效。所有补行纠参缘由,恭折具陈,伏乞皇太后、皇上圣鉴训示。谨奏。

【题解】

写于同治四年(1865)。曾国藩就陈国瑞禀帖长批训诫之后,见其毫无悔改之意,遂以其对被围困于曹州(今山东省菏泽市)南高楼寨的僧格林沁援救不力,致使全军覆没一事补参一折。

【注释】

[1] 成保：僧格林沁部将，曾任山海关副都统、署直隶提督。

[2] 阎敬铭：字丹初，陕西朝邑（今大荔县东）人。道光二十五年庶吉士。胡林翼幕僚。曾任湖北按察使、山东巡抚、户部尚书、军机大臣、东阁大学士、总理衙门大臣等职。

[3] 丁宝桢：字稚璜，贵州平远（今织金县）人。咸丰三年庶吉士。曾任湖南岳常澧道、山东按察使、山东布政使、山东巡抚、四川总督等职，卒于川督任上。

再密陈陈国瑞事状片

再，密陈者：

臣前于五月二十一日在清江浦密奏陈国瑞之事，言该镇劣迹多端。因其骁勇善战，不肯轻弃，即日给予公牍，历数其过，褒扬其善，与之约法三章，令其痛改前非等语，附片陈明在案。厥后于六月初六日给予批牍，反复开导，多至二千馀字，推诚相与，冀其知感知愧，渐就范围，饬令明白禀复。在微臣之意，以谓将才难得，曲意成全。如果该总兵肯受约束，则为国家作育将才，即为该总兵保全末路。盖望之甚殷，不欲操之过蹙也。顷据该总兵禀复前来，臣详加察阅，其于查询各事则巧为掩饰，绝无由衷之言、悔过之意；其于禁约三端，则故作游移，亦无矢志遵行之语。臣之所指，如该镇为黄开榜养子而反颜成仇，系黄开榜面禀之词；抢李显安之盐，系李世忠函禀之词；馀条亦确有实据。乃陈国瑞全不承认，仅于吸食鸦片一节直认不讳。观其禀复各情，虽词气极为谦谨，而沾染军营油滑习气，并无诚心向善之机，已可概见。臣此次参奏，但将其不能救护僧格林沁一事薄予惩儆，治以应得之公罪；而于其私罪多端、并无悔过之诚，尚不列款明参者，因河南实乏良将，稍留陈国瑞体面，冀收鹰犬之才，一策桑榆之效[1]。除将臣批牍一件及陈国瑞呈复一禀抄送军机处备查外，理合缕晰密陈，伏乞皇太后、皇上圣鉴训示。谨奏。

【题解】

写于同治四年(1865)。陈国瑞是湘、淮军之外罕有的清军悍将,甚受清廷赏识,倚为长城。故曾国藩在对他补参之后,又用密片加以解释,以免引起清廷的怀疑或不满。这一折一片从侧面反映了曾国藩与清廷之间复杂微妙的关系。

【注释】

[1] 冀收鹰犬之才,一策桑榆之效:希望得到可充鹰犬的将才,也为谋取收之桑榆的效果。桑榆,指落日馀晖所在的地方,也指称晚暮,比喻人的晚年。语出《后汉书·冯异传》:"失之东隅,收之桑榆。"东隅,指日出处。又见刘禹锡《酬乐天咏老见示》诗:"莫道桑榆晚,为霞尚满天。"文中的意思是,使陈国瑞年轻时养成的恶习,晚年能够得以改正。

查办徽休闹饷勇丁
并将获咎营官定拟折

奏为徽、休闹饷之勇丁已照军法严办,并将获咎之营官讯明定拟,恭疏奏结仰祈圣鉴事:

窃自本年五月唐义训、金国琛所部徽州、休宁各营相继哗噪索饷[1],殴伤道员。臣于六月间严檄查办,勒令交出克扣之营官、倡乱之勇丁,并请将该镇道先行议处,于七月初八日奏参在案。旋据唐义训迭次禀称:五月闹饷之事,实由强中营都司杨富生倡首煽乱。皖南道张凤藻至徽镇抚,反遭逼辱,勒书饷票,亦系杨富生从旁指挥。又有勇丁冯其隆造谣惑众,歃血祭旗,私相传约。又有已革之前营营官王品高,曾经保至副将加总兵衔,上年十二月因拉夫扰民等事奏参,以都司降补,仍留营清查帐目。此次闹饷之际,王品高乘风殴打后任营官周国胜及帮办人等,并唆使杨富生等迫辱道员。代统者系该镇之胞兄唐义谟,素性庸懦,不能钤制,听令王品高告假回籍。该镇于七月十四日赶回徽防,即于十八日密拿首犯杨富生、冯其隆,立正军法,枭首示众。旋又拿获雷林春、江桂福、姚加体、吴成鹏四名,先后正法。

近年江湖有哥老会者,党羽最众,徽、休哗饷之勇多系入会之匪,或闻风潜逃,或预先离营,因派干员跟踪捕拿,在淳安追获李昌度,在饶州追获曾绍庐、杨得胜,又经金国琛在杨村追获沈学鹏、周怀林、李良和,一并正法。共计擒斩要犯十二人。此外尚有嘉禾之曾荣庆、益阳之蔡允德、安福之朱大顺、湘乡之赵永和未经捕获,现犹设法严拿,务将滋事勇丁斩除净尽。

至徽军各营营官，实无克扣情弊，当勇丁哗噪时，亦无一语怨及克扣者。惟代统之唐义谟、左营帮带官伍彩胜，抚驭失宜，酿成事变，遵札押解徐州行辕，听候讯办。其王品高一员，性本狠忍，为此案之罪魁，应请咨行湖南，拿解来营，从重惩办各等语到臣。臣即咨商湖南抚臣李瀚章，密拿王品高到省，研讯明确，于十月初二日正法，业经附片奏结。此唐义训一军遵檄严办之情形也。

又据金国琛迭次禀称，该军闹饷，始于五月初一日义从营放饷之时，代理营官刘秉珩待哨长、队长稍优，而待勇丁稍薄，激成众忿，喧嚷终宵。未几而瑞左营继之，亦因放饷之时，该代理营官王福顺欲以多半留充杂支，而以少半发给口分，群情汹汹，哗扰不止。该二营倡之于先，各营效尤于后。湘勇素讲纪律，此次所以忽不畏法，则由于哥老会从中煽乱。有都司龙家寿者，为哥老会巨魁，刻钱涂朱，以为符信，聚众敛费，谓之放票。当其闹饷之际，龙家寿私造令箭、令旗，鸣锣传令，大张条示，其党奉命唯谨。该道自本籍回至祁门防所，不敢发之太骤，七月二十二日，密拿龙家寿暨把总孙起贵、勇丁汪正顺、彭星益四名斩首枭示。馀党闻而胆慑，登时脱逃者三十馀名。旋于七月二十九日拿斩万成德一名，八月初五日拿斩王乐山、傅嵩桃二名，初六日拿斩陈云全一名，十三日拿斩乐金和一名，十六日拿斩彭惟位、余观福二名，二十四日拿斩胡明玉一名。除代拿唐义训部下沈学鹏等三名外，计本营已获要犯十二人，先后正法。

至祁、休各营营官，管带义从左营之杨启益悃愊无华[2]，廉能服众；管带溥右营之李官禄、管带元中营之王载驷、管带信中营之李前复，士卒均无间言，应请无庸置议。

管带溥左营之王玉藻、义从右营之王俊南办事不公，军心不洽。管带前营之赵仁和，则因任用其弟赵友交，匿不发饷，致启衅端。现已遵札将该四员押解徐州行辕，听候讯办。

其王福顺、刘秉珩二员已回原籍，应请咨行湖南提营讯办各等语到臣。臣查湖南距江、皖程途太远，即经咨明李瀚章，将王福顺等留于湖南审讯，录供咨商结案。此金国琛一军遵檄严办之情形也。

该两军解到之营官五人、帮办一人先后抵徐，臣派前浙江盐运使李榕会同营务处李昭庆、张树声分别研讯[3]。兹据该司道详称：讯据唐义谟供认，平日不能严明约束。至闹饷之时，该员与皖南道张凤翙同住一垒，闻张凤翙被众勇逼辱，该员夺门涕泣往救，被各勇架扶拦阻而不能御之。深知王品高之阴谋助恶，而无术以制之。自恨庸懦不职，实无故纵情弊。又据伍彩胜供称，五月间患病伤寒，闻众勇哗饷，曾力疾舁出抚慰一次[4]。后因病加，不能再出弹压。又据王玉藻供称，该营初未哗噪，后为各营所逼胁，始随声附和。该员苦口劝抚，旋即安静归棚。又据王俊南供称，该员自堕马受伤后，继以感冒，四月移居城内养病，至七月始痊。哗饷之际，不能出营弹压，自认旷废营务之咎。现经金国琛彻底算明，王玉藻、王俊南均尚有薪水应领之款，实无克扣情弊。又据副将赵仁和、其弟赵友交供称，五月闹饷之时，各勇纷纷传说，既怨仁和克扣，又怨友交匿饷不发。其实每次饷到，立即派发，仅留百馀金或数十金以作公用。友交先充巡查，后入帐房，系因巡查过严，被众勇挟嫌诬其匿饷。现经金国琛算清，除扣去应领之款外，尚应缴还截旷银三千六百六十五两，实系无力呈缴，情愿治罪各等语。并将该六员亲供呈送前来。

臣详加研核，候选同知唐义谟质性庸懦，本无驭众之才，心地尚属朴实，其非知情故纵，当无疑义，业经革职，无庸再议。副将衔参将伍彩胜，于勇丁哗噪时虽云身患重病，然殴伤道员，该两营尤为凶横，应照溺职革职。副将王玉藻、总兵衔副将王俊南虽讯无克扣情事，而张凤翙、金国琛各有密禀，均称其办事不公，军心不洽。王俊南至住城三月之久，营务弛坏已极。应请旨将王玉藻、王俊南均行革职。副将赵仁和平日任用其弟守备赵友交经理帐目，本已啧有烦言；此次匿饷不发，致启衅端，既经金国琛禀出。而张凤翙密禀又称其鼓噪之时，众勇毁赵仁和之屋，而击其首，并将赵友交丛殴，次日将饷银从帐房之地下掘出。虽该员兄弟于匿饷一节坚不承认，而众证既已确凿，未便稍事轻纵，应请旨将赵仁和革职，赵友交革去守备，发往黑龙江充当苦差。其所欠截旷银三千馀，姑念尚非正饷，免其追缴。此外各营弁勇随同喧噪者，臣已檄令全数遣撤，每人罚去口粮五个月，计徽、休两军十七营，共罚银二十三万馀两，不复给领。目下遣撤将竣，可期安静回籍。

至前任皖南镇总兵唐义训、巩秦阶道金国琛，前虽离营过久，回防太迟，此次认真查办，条理井然，毫无徇纵。唐军诛首犯杨富生、王品高、冯其隆三人，斩要犯雷春林等十人；金军诛首犯龙家寿三人，斩要犯孙正寿等十一人，几无一名漏网。又解六员来徐讯办，又以三员请湖南讯办，使法律得以大伸，而军士知所儆惧。湘勇素讲纪律，前次喧闹十馀日，幸尚未杀一人，未抢一家；今又得该镇、道等严明惩办，嗣后应可更加惕厉，保全令名。唐义训、金国琮所得降级留任处分，应请旨饬部注销，以昭公允。除王福顺、刘秉珩二员俟湖南讯明后另行拟结外，所有徽、休闹饷之勇丁，已照军法严办，并将获咎营官讯明定拟缘由，恭疏由驿奏结。伏乞皇太后、皇上圣鉴训示。谨奏。

【题解】

写于同治四年（1865）。湘军初立，军纪较好。自攻占安庆后，军纪渐弛，风气渐坏，加以哥老会在军营中的发展，不断发生闹饷事件。湘军军营兵勇闹饷自同治元年开始出现，至同治四年达到高潮，计有陶茂林、雷正绾部在甘肃闹饷，韩进春部在福建闹饷，刘松山部在江苏清江浦闹饷，训字营、义字营在皖北闹饷，李成谋、成大吉、蒋凝学三军在湖北哗变，鲍超霆营一部在湖北金口哗变、一部在福建上杭哗变。金国琛、唐义训两军在皖南闹饷是其中之一。这些闹饷、哗变均遭到严厉镇压。这篇奏折较为详细地讲述了闹饷过程与处理情况，是湘军史上的一份重要材料。

【注释】

[1] 唐义训：字桂生，湖南湘乡人。湘军分统，官至安徽皖南镇总兵。金国琛：字逸亭，江苏阳湖人。湘军分统，官至广东按察使。

[2] 悃愊（kǔn bì）：极其诚恳。

[3]李昭庆：号幼荃，安徽合肥人，李鸿章胞弟，淮军统领。张树声：字振轩，安徽合肥人，诸生，淮军统领。曾任广西巡抚、两广总督、署理直隶总督等职。

[4]舁（yú）：扛，抬。多指二人以上共同抬东西或人。

刘铭传禀批语

　　来牍具悉。防守沙河之策，从前无以此议相告者，贵军门创建之，本部堂主持之。凡发一谋，举一事，必有风波磨折，必有浮议摇撼。从前水师之设，创议于江忠烈公；安庆之围，创议于胡文忠公。其后本部堂办水师，一败于靖江，再败于湖口，将弁皆愿去水而就陆，坚忍维持，而后再振；安庆未合围之际，祁门危急，黄德糜烂，群议撤安庆之围，援彼二处，坚忍力争，而后有济。至金陵百里之城，孤军合围，群议皆恐蹈和、张之覆辙，即本部堂亦不以为然，厥后坚忍支撑，竟以地道成功。可见天下事，果能坚忍不懈，总可有志竟成。

　　办捻之法，马队既不得力，防河即属善策，但须以坚忍持之。假如初次不能办成，或办成之后，一处疏防，贼仍窜过沙河以北，开、归、陈、徐之民必怨其不能屏蔽，中外必讥其既不能战，又不能防。无论何等风波，何等浮议，本部堂当一力承担，不与建议者相干；即有咎豫兵不应株守一隅者，亦当一力承担，不与豫抚部院相干。此本部堂之贵乎坚忍也。

　　游击虽劳而易见功效，易收名誉，防河虽劳而功不甚显，名亦稍减，统劲旅者不屑为之。且汛地太长，其中必有极难之处。贵军门当为其无名者，为其极难者，又况僚属之中，未必人人谅此苦衷，识此远谋，难保不有一二违言，贵军门当勤勤恳恳，譬如自家私事一般。求人相助，央人竭力，久之人人皆将鉴其诚而服其智。迨至防务办成，则又让他军接防，而自带铭军游击，人必更钦其量矣。此贵军门之贵乎坚忍也。若甫受磨折，或闻浮言，即意沮而思变计，则掘井不及泉而止者，改掘数井，亦不见泉矣，愿与贵军门共勉之。此复。

【题解】

写于同治五年（1866）六月二十五日。这是曾国藩就刘铭传关于防守沙河一禀所作的批语。曾国藩接受这一建议，并不顾一切困难坚决实力贯彻，标志着他以静制动的思想在军事战略上又发展到一个新阶段。虽然曾国藩遭到失败，但他的后继者李鸿章最终还是利用这一办法战胜了捻军的运动战。文中充满哲理和自我牺牲精神，给后人以启迪与鼓舞。沙河在河南省境内，是淮河的主要支流颍河的中段。

致澄弟

澄弟左右：

　　五月十八日接弟四月八日信，具悉一切。七十侄女移居县城，长与娘家人相见，或可稍解郁郁之怀。乡间谷价日贱，禾豆畅茂，尤是升平景象，极慰极慰。

　　此间军事，贼自三月下旬退出曹、郓之境，幸保山东运河以东各属，而仍蹂躏于曹、宋、徐、泗、凤、淮诸府，彼剿此窜，倏往忽来。直至五月下旬，张、牛各股始窜至周家口以西[1]，任、赖各股始窜至太和以西[2]，大约夏秋数月，山东、江苏可以高枕无忧，河南、皖、鄂又必手忙脚乱。余拟于数日内至宿迁、桃源一带察看堤墙，即由水路上临淮而至周家口。盛暑而坐小船，是一极苦之事，因陆路多被水淹，雇车又甚不易，不得不改由水程。余老境日逼，勉强支持一年半载，实不能久当大任矣。因思吾兄弟体气皆不甚健，后辈子侄尤多虚弱，宜于平日讲求养生之法，不可于临时乱投药剂。

　　养生之法约有五事：一曰眠食有恒，二曰惩忿，三曰节欲，四曰每夜临睡洗脚，五曰每日两饭后各行三千步。惩忿，即余匾中所谓养生以少恼怒为本也。眠食有恒及洗脚二事，星冈公行之四十年，余亦学行七年矣。饭后三千步近日试行，自矢永不间断。弟从前劳苦太久，年近五十，愿将此五事立志行之，并劝沅弟与诸子侄行之。

　　余与沅弟同时封爵开府，门庭可谓极盛，然非可常恃之道。记得己亥正月，星冈公训竹亭公曰："宽一虽点翰林，我家仍靠作田为业，不可靠他吃饭。"此语最有道理，今亦当守此二语为命脉。望吾弟专在作田上用

些工夫,而辅之以书、蔬、鱼、猪、早、扫、考、宝八字,任凭家中如何贵盛,切莫全改道光初年之规模。凡家道所以可久者,不恃一时之官爵,而恃长远之家规;不恃一二人之骤发,而恃大众之维持。我若有福罢官回家,当与弟竭力维持。老亲旧眷、贫贱族党不可怠慢,待贫者亦与富者一般,当盛时预作衰时之想,自有深固之基矣。

凯章家事,即照弟信办一札照收。湘军各营俱不在余左右,故每月仅能送信一次,俟至周家口后,即送三次可也。馀详日记中。顺问近好。沅弟在鄂拆阅,均此。

【题解】

写于同治五年(1866)六月初五日。这封家书主要谈了曾国藩的养生之法和治家之道,间接反映了他的家庭出身与少年时代的经历。

【注释】

[1] 张、牛:指西捻军领导人张宗禹、牛宏升(即牛洛红)。捻军领导人初为张洛行。张洛行战死后,太平天国将领赖文光开始领导捻军,并对其按太平军军制进行改编,战斗力大为提高,史学家称其为新捻军。后为适应作战需要,分为东、西两支。东捻军以赖文光、任化邦为首,在原地作战;西捻军以张宗禹、牛宏升为首,远征西北,与西北回民起义军联合作战。张宗禹、牛宏升皆为安徽涡阳人,张宗禹被太平天国封为梁王,牛宏升被封为荆王。

[2] 任、赖:指东捻军领导人任化邦、赖文光。任化邦即任柱,安徽蒙城人,太平天国封其为鲁王。赖文光,广西人,曾参加金田起义,后远征西北,后闻天京危急,日夜兼程驰援天京。太平天国封其为遵王。

复郭嵩焘

云仙仁弟亲家大人阁下：

前得九月惠书，猥以老年抱孙见贺[1]。稍稽裁复[2]。顷舍沅弟抄寄十月一日尊函，痛陈自宋以来言路之蔽，读之乃正搔着痒处。船山先生《宋论》如"宰执"条列时政，"台谏"论宰相过失，及"元祐诸君子"等篇讥之特甚，咎之特深，实多见道之言。尊论自宋以来多以言乱天下，南渡至今，言路持兵事之长短，乃较之王氏之说尤为深美[3]。仆更参一解云：性理之说，愈推愈密，苛责君子，愈无容身之地；纵容小人，愈得宽然无忌[4]。如虎飞而鲸漏，谈性理者熟视而莫敢谁何，独于一二朴讷之君子，攻击惨毒而已。

国藩自临淮遭风后抱病月馀，请假两次，十月具疏请开各缺，蒙恩准释兵符，交少泉接办，而令鄙人仍回两江本任。贱恙标症虽除，本原已亏，说话稍多，舌端蹇涩，不能多见宾客、多阅文牍，断难胜两江繁杂之任。顷已两次疏辞，如不获命，仍当再四渎陈得请而后已。倘尊怀垂注及之，可向筱泉中丞索取一览。受恩深重，义难以置身事外，只可留营调养。去岁所示，北陌东阡，扶杖观稼，势诚有所不能。

又闻吾乡俗日奢靡，百物昂贵，保至提、镇、副、参者，不甘家食，跃然有鹰隼思秋之意[5]。而哥老会人数太多[6]，隐患方深。阁下细察物理，桑梓不至别罹恶劫否？后进中有好学笃志之士否？尊昆仲果足自给，不须别图生计否？便中示及一二。即请台安。

意城、志城亲家大人均此。

【题解】

写于同治五年（1866）十二月五日。该信反映了曾国藩对理学与"谈性理者"的看法，以及地方大吏与监察、舆论界的矛盾。曾国藩是著名理学家，早年虽对理学有些批评，但掌握军政大权之后，尤其因剿捻失利而受到连章弹劾之后，对理学的弊端及空谈性理者的偏刻看得就更加清楚，抨击也更加猛烈。

郭嵩焘字伯琛，号筠仙、云仙，别号玉池老人，湖南湘阴人。道光二十七年庶吉士。系曾国藩的好友和幕僚。曾任两淮盐运使、广东巡抚、驻英公使、兵部侍郎等职。在此之前，郭嵩焘曾写信给曾国荃，曾国荃将该信的抄件转交给曾国藩。这是曾国藩阅读该信后写给郭嵩焘的复信，与郭嵩焘一唱一和，对清政府以文抑武（即用言官御史的奏章来压制湘、淮军将帅）的政策大表不满。

【注释】

[1] 猥（wěi），谦词，犹言辱。

[2] 稍稽裁复：复信稍迟。稽，留止，延迟。裁，通"才"。

[3] 深美：甚美，非常美。

[4] 宽然无忌：毫无忌惮。

[5] 鹰隼思秋：鹰隼盼望秋围。文中的意思是，盼望天下大乱，以便自己再有一个一显身手的机会。秋，秋围，围猎。只有打猎时鹰隼才能尽情地疾飞猛冲，大显身手。

[6] 哥老会：晚清、民国时期的民间会党，亦称哥弟会。太平天国运动爆发之前即已有之，太平天国被镇压下去之后，湘军大批裁撤，众多湘勇无所归依，悉投哥老会，其势大盛，并渐渐形成红帮、青帮两大派。红帮以湘勇系统为核心，成为哥老会之正统；青帮则以安庆道友会为基础，系哥老会的旁支。

复郭崑焘

意城仁弟亲家阁下：

得十月朔日惠书，敬审以桑梓多故，复出从事幕僚，又快婿舒世兄新举于乡，台候多绥，至以为慰。

哥匪之外[1]，又有斋匪[2]，所在蔓延。吾乡未形之患，诚不知其所极，然亦只宜批郤导窾[3]，以无厚入有间，未可概用斤斧，陵节而施[4]。舍澄弟在湘乡办理哥匪，则排击不中理解，徒足以坚胁从者从逆之心，而枭桀者或多遁匿，无辜者或遭刑戮。国藩前恐激之生变，寓书邑侯刘明府，概从宽弛。顷又致函韫斋中丞[5]，申内严外宽之说，在湘乡专主一"宽"字，其有真正头目须予严惩者，则拿解省垣，听候中丞委审定夺，不知韫帅以为然否？窃意湘乡果办理得法，则他属之哥匪易戢；哥匪办理得法，则通省之斋匪亦孤。欲湘乡之悉就范围，则生杀之权当操之抚帅，湘邑不准擅杀一人；狱讼之权当操之邑侯，局绅不准擅断一狱。此湖南之福，亦寒门私家之幸也。望阁下佐中丞力为主持。他省或可放松，惟湘乡举动纤悉，必使抚署呼吸皆知，明以了之，静以镇之，或可化有事为无事耳。

东路捻股自十月二十四日击毙巨酋任柱后，贼焰日衰。刘、潘、郭、杨诸军追至青州等处，若再能大创数次，该逆进不得掳粮，退不能渡运，或当有投诚者。直隶枭匪存者无几，而官相顷有署直隶之信，不知印渠何故开缺？近日厚、霞、筠、沅次第去位，而印复继之。吾乡极盛，固难久耶？思之悚惕。复问台安。

国藩顿首

【题解】

写于同治六年（1867）十一月二十日。该信着重阐明了清查湖南湘乡哥老会的政策。因哥老会中不少成员原为湘军骨干，故曾国藩一改以往大张绅权、严刑峻法的态度，主内严外宽之说，慎之又慎，以免株连太广，惹火烧身，或者激起变故，祸及曾氏家族。

郭崑焘字仲毅，号意城，晚号樗叟，湖南湘阴人。郭嵩焘胞弟，举人，官至三品衔内阁中书（未赴任）。曾长期充任曾国藩和湖南巡抚衙门幕僚，未任实缺官员。

【注释】

[1] 哥匪：指哥老会。据传源于四川，由鲍超部兵勇传入湘军。随着大批湘军士兵的遣散回籍，哥老会在湖南得到迅速发展，攻城略县，屡次起事。同治六年清廷下令清查，在湖南和湘军内对哥老会进行了残酷镇压。

[2] 斋匪：指斋教，由明教演化而来的民间秘密宗教组织，含有白莲教的成分，明清以来，在福建、浙江、江西、湖南、贵州等省流传，不断发动武装起义。

[3] 批郤（xì）导窾（kuǎn）：语出《庄子·养生主》："依乎天理，批大郤，导大窾。"意谓宰牛时，批开骨节衔接之处，其他部分则均可迎刃而解。比喻处理复杂事件或繁难问题，要找出问题的关键，应对中肯得法，方可顺利解决。

[4] 陵节而施：超越程序行事。陵节，超越程序。此处的字面意思是不循关节处下手。比喻违背常理，鲁莽行事。

[5] 韫斋：刘崑字玉昆，号韫斋，云南景东人。道光二十一年庶吉士，曾任户部侍郎（革）、湖南巡抚（免）等职。

新造轮船及上海机器局筹办情形折

奏为新造第一号轮船工竣，并附陈上海机器局筹办情形，恭折仰祈圣鉴事：

窃中国试造轮船之议，臣于咸丰十一年七月复奏购买船炮折内即有此说。同治元、二年间驻扎安庆，设局试造洋器，全用汉人，未雇洋匠。虽造成一小轮船，而行驶迟钝，不甚得法。二年冬间，派令候补同知容闳出洋购买机器[1]，渐有扩充之意。湖广督臣李鸿章自初任苏抚，即留心外洋军械。维时，丁日昌在上海道任内[2]，彼此讲求御侮之策、制器之方。四年五月，在沪购买机器一座，派委知府冯焌光、沈保靖等开设铁厂[3]，适容闳所购之器亦于是时运到，归并一局。始以攻剿方殷，专造枪炮，亦因经费支绌，难兴船工。至六年四月，臣奏请拨留洋税二成，以一成为专造轮船之用。仰蒙圣慈允准，于是拨款渐裕，购料渐多，苏松太道应宝时及冯焌光、沈保靖等朝夕讨论，期于必成。

查制造轮船，以气炉、机器、船壳三项为大宗。从前上海洋厂自制轮船，其气炉、机器均系购自外洋，带至内地装配船壳，从未有自构式样造成重大机器、汽炉全具者。此次创办之始，考究图说，自出机杼。本年闰四月间，臣赴上海察看，已有端绪。七月初旬，第一号工竣，臣命名曰"恬吉"轮船，意取四海波恬、厂务安吉也。其汽炉、船壳两项，均系厂中自造。机器则购买旧者，修整参用。船身长十八丈五尺，阔二丈七尺二寸。先在吴淞口外试行，由铜沙直出大洋，至浙江舟山而旋，复于八月十三日驶至金陵。臣亲自登舟试行至采石矶，每一时上水行七十馀里，下水行一百二十馀里，尚属坚致灵便，可以涉历重洋。原议拟造四号，今第一号系属明轮，此后即续造暗轮。将来渐推渐精，即二十馀丈之大舰可伸可缩之烟囱，可高可低之轮轴，或亦可苦思而得之。上年试办以来，臣深恐日久无成，未敢率尔具奏，仰赖朝廷不惜巨款，不责速效，得以从容集事，中国自强之道，或基于此。各委员苦心经营，其劳勚亦不可没也。

溯自上海初立铁厂，迄今已逾三年，先后筹办情形，请为皇上粗陈其概。开局之初，军事孔亟[4]，李鸿章饬令先造枪、炮两项，以应急需。惟制造枪、炮，必先有制枪制炮之器，乃能举办。查原购铁厂，修船之器居多，造炮之器甚少。各委员详考图说，以点、线、面、体之法，求方圆、平直之用，就厂中洋器，以母生子，触类旁通，造成大小机器三十馀座。即用此器以铸炮炉，高三丈，围逾一丈。以风轮煽炽火力，去渣存液，一气铸成。先铸实心，再用机器车刮旋挖，使炮之外光如镜，内滑如脂。制造开花、田鸡等炮，配备炮车、炸弹、药引、木心等物，皆与外洋所造者足相匹敌。至洋枪一项，需用机器尤多。如辗卷枪筒、车刮外光、钻挖内膛、镟造斜棱等事，各有精器，巧式百出。枪成之后，亦与购自外洋者无异。此四五年间先造枪炮、兼造制器之器之情形也。

该局向在上海虹口暂租洋厂，中外错处，诸多不便；且机器日增，厂地狭窄，不能安置。六年夏间，乃于上海城南兴建新厂，购地七十馀亩，修造公所。其已成者，曰气炉厂、曰机器厂、曰熟铁厂、曰洋枪楼、曰木工厂、曰铸铜铁厂、曰火箭厂、曰库房、栈房、煤房、文案房，工务厅暨中外工匠住居之室。房屋颇多，规矩亦肃。其未成者，尚须速开船坞以整破舟，酌建瓦棚以储木料，另立学馆以习翻译。盖翻译一事，系制造之根本。洋人制器出于算学，其中奥妙皆有图说可寻。特以彼此文义扞格不通[5]，故虽日习其器，究不明夫用器与制器之所以然。本年局中委员于翻译甚为究心，先后订请英国伟烈亚力、美国傅兰雅、玛高温三名，专择有裨制造之书，详细翻出。现已译成《气机发轫》《气机问答》《运规约指》《泰西采煤图说》四种，拟俟学馆建成，即选聪颖子弟随同学习，妥立课程。先从图说入手，切实研究，庶几以理融贯，不必假手洋人。亦可引伸，另勒成书。此又择地迁厂及添建翻译馆之情形也。

兹因轮船初成之际，理合一并附奏。该局员等殚精竭虑，创此宏规，实属卓有成效,其尤为出力各员,可否吁恳天恩给予奖叙,恭候命下遵行。如蒙俞允,臣当与李鸿章、丁日昌酌核清单,由新任督臣马新贻会奏。所有新造第一号轮船工竣,并附陈机器局筹办情形,谨会同湖广总督臣李鸿章、江苏巡抚臣丁日昌恭折具陈,伏乞皇太后、皇上圣鉴训示。谨奏。

【题解】

写于同治七年(1868)。该折较为详细地叙述了江南制造局及其船厂、翻译馆的成立过程,试制枪炮与轮船的经过,是有关洋务运动的重要资料。

【注释】

[1] 容闳:字达明,号纯甫,原名光照,又名文。广东香山人。幼年随传教士赴美,从耶鲁大学毕业后回国。开始在海关、洋行任职,后充任曾国藩幕僚和江苏巡抚衙门译员。同治十年,带中国第一批留学生赴美学习,任领事馆译员,任满回国。此后反复来往于中、美两国之间。戊戌维新时期,曾与康有为、梁启超等人有过一些联系,后又参加过"张园国会"的活动。最后死于美国。著有《西学东渐记》,英文,有中文译本。

[2] 丁日昌:字雨生(禹生),广东丰顺人,贡生。曾任曾国藩、李鸿章幕僚。历任江苏巡抚、福建巡抚、福州船政局船政大臣、总理衙门大臣等职。

[3] 冯焌光:字竹如,广东南海人,举人。曾任曾国藩幕僚,办理过江南制造局局务,官至上海道。沈保靖:字仲维,江苏江阴人。举人。曾任李鸿章幕僚,办理江南制造局局务。官至福建布政使。著有《读孟集说》《韩非子录要》《怡云堂内外编》等。

[4] 孔亟:甚急,非常紧急。孔,甚,很。亟,急,紧迫。

[5] 扞(hàn)格不通:互相抵触,格格不入,无法相互通晓、交流。扞格,格格不入。

湘军第五案报销折

奏为湘军第五案军需款目，遵旨造册报销，恭折仰祈圣鉴事：

窃臣钦奉同治三年七月初十日上谕："同治三年六月以前各处办理军务，未经报销之案，准将收支款目总数分年分起开具简明清单，奏明存案，免其造册报销。其自本年七月起，一应军需，凡有例可循者，务当遵例支发，力求撙节。其例所不及、有应酌量变通者，亦须先行奏咨备案，事竣之日，一并造册报销等因。钦此。"所有同治三年六月以前简明清单，分为四案。臣于六年三月初八日专折具奏，并申明三年六月以后至四年五月北征之日止，督饬各员核办，照例报销在案。查四年闰五月以后，湘、淮各军同为剿捻之师，应由臣与湖广督臣李鸿章会同造报，另案办理。其自同治三年七月初一日起至四年五月底止，臣尚未奉旨。剿捻以前，所有随时遣撤及留防之湘军一切用款，仍由臣饬派江西候补知府王延长、安徽候补知府李兴锐、彭嘉玉一手经理[1]，逐款清厘，作为湘军第五案。

兹据安徽藩司张兆栋等督率王延长等详称，仿照简明清单据实开报之意，而另造细册咨部查核，以符造册报销之义。综计收款第四案简明清单内，实存银九万八百十五两有奇，实存钱七万二千六百八十九千有奇。新收江、皖、湘、鄂各省藩库、道库、关税、厘捐、茶税、盐厘及扣存制造转运等项平馀共银七百七十二万六千四百二十二两有奇，内除补放各军欠饷三百四十二万四千七百三十五两有奇，钱一万九百三十一千有奇，协济外省饷银一百三万三千一百五十三两有奇，计实收银三百三十五万九千三百四十九两有奇，钱六万一千七百五十七千有奇。开除正杂各款，实销银三百三十四万七千五十二两有奇，钱三万六千九百一十千有奇，实存银一万二千二百九十六两有奇，钱二万四千八百四十七千有奇，归于剿捻军需下案接办。以上各营用款，自同治三年七月初一日接报起，截至同治四年五月底出省剿捻止，划清界限，各归各报，其有未调剿捻、随后裁撤之湘中、强中、义从、吉左、湘副后、长胜各营，附入此次造销，以了湘军东征积牍。入款不足，则酌提五月以后厘金、盐厘两项补足，以清款目等因，具详请奏前来。

臣查从前各路军营办理报销，均按军需则例分款开报，其有与例不合者，必一一迁就，求合乎例而后止。在当时定例，诚以军营用款最易冒销，故于万不能定数之事，而使之束缚于定例之中，所以杜冒滥、定限制，立法未为不严，用意未为不善。然相沿既久，不问用款之有无虚实，但求造册之针孔相符，内外胥吏互相勾结，以册式为秘笈，以报销为利薮[2]，而于公家帑项毫无裨益。臣此次造册报销，严饬各委员认定实用实销四字，不准设法腾挪，不为曲为弥缝，情愿与部例不符，不愿与实数不合。盖部中则例定自乾隆年间，其时全用经制之兵，用部拨之饷，与此次兵由外募、饷由外筹，情形迥不相同。即嘉庆年间参用勇丁，而所募之数甚少，所定之例甚略，从未有一军募至十馀万之多、行之十馀年之久，如此次者也。

臣于咸丰三年初募湘勇，系照江忠源营中发饷章程酌量核减，散勇每月四两二钱，亲兵四两五钱，什长四两八钱。在衡州将章程刊刻一次，颁发各营，厥后略有增改。在江西刊刻一次。至咸丰十年在祁门又刻一次。自后遵守多年，不复更改。臣之刊章虽未进呈御览，而东南各省传播已遍，即京师亦闻有流布者，当在圣明洞鉴之中。臣于咸丰七年九月具奏报销规模，同治四年腊月具奏水师事宜，均将发饷数目大概陈明。而骆秉章、胡林翼、乔松年前后所奏，均有照臣处刊本章程发饷之语，是臣营饷章昭昭在人耳目，断难一字掩饰。兹将咸丰十年所刊营制、营规各一本随折咨送军机处备查。此次报销，即系照刊本核算。从前江南大营请销兵丁口粮每名月支银三两八钱有奇，仍支本身馀丁本色口分米粮，加以管带员弁大小约三十馀员，盐粮等项连原省坐粮，每用兵一千名，每月约需银七千两，请销勇营口粮每名日支钱三百文，钱价酌中折银，每名月需银六两以外，加以管带各官薪水、杂支，每勇千名每月亦逾六千两。

臣部湘勇以五百人为一营，营官、哨官、勇夫薪粮公费统计，一营月支银二千八百两有奇，每勇千名合计不过五千七百馀两，较之江南大营成案有减无增。向例军营各官递升一阶，则酌加薪粮若干，或得一巴图鲁勇号，则领饷更优。臣所定湘军陆师章程，专论差使，不论官阶。营、哨各官，论功则随时保擢，领饷则从不加支。即使从千、把保至提、镇，而薪粮如故。其巴图鲁等项，亦但有虚荣而无实惠。他如旗帜、号衣、书、医、匠、役例准支销者，悉包括于公费一项之内。故由后来论之，则安徽、河南、山东等省之饷章，较之臣军而更少；由前此论之，则向荣、和春、张国梁等军之饷章，较之臣军而更优。自臣定章以后，湘军四出援剿鄂、皖、江、浙、秦、蜀、黔、粤等处，大率从臣章者居多。亦有先从而后改、大同而小异者。又有虽隶臣部下，而鲍超之霆字营、刘松山之老湘营、王可升之升字营，不尽遵臣刊章者。要之，凡勇千名，月饷总不得越五千八百两。

李鸿章所部诸军，同治元年初至上海，孤军特起，地处极危，不得不稍加优异，以鼓士气。四年二月间，李鸿章附奏军需用款一片，系指在沪、苏用兵时发饷而言，款目稍异，情形不同，然亦千勇未尝逾六千两之数。迨四年五月臣奉旨督师，所用各军淮多湘少，同为剿捻之军，仍照刊章一律支放。此又因时权衡而仍力求撙节之本意也。向来采买、制造为销款之弊薮，臣于帐棚、军火，再三推求、博访而预筹之，但有制办太多之患，而无价值过昂之弊。向来军需正款，收放一律库平，惟杂款每百两扣平馀银一两。臣营初亦纯用库平，自咸丰九年起，与胡林翼议定，无分正杂用款，概以湘平支放。而所收各处库平，每百两申出三两六钱，另列入款拨用，积少成多，所省颇巨。

向来花名清册为送台领饷之据，即为送部备查之案，然兵册则的名居多[3]，勇册则假名居多，相沿已久。盖勇丁去来无定，原籍本无伍符可稽，而又有汰革者、告假者，随时更换；又或疫疾连丧数十人，大败连丧数百人，仓卒难以募补，则其空缺之时，应有截旷银两。在营官之贤者，或将此项截旷银两多养死士，修补军械；不肖者则以此自肥私橐。臣每于各营遣撤之时，饬令缴出截旷银若干，平日则未及深究。若令按月造送名册，彼不能将旷缺一一呈明，必造假名册以应之，积习牢不可破。臣洞悉此弊，故刊章内但以勤于点名为重，而不以造花名册为重。各营无册送臣处，臣遂无册送部。咸丰九、十年间，户部屡次催造花名册，臣迄未造送，其有违部例者在此，其不欺朝廷者亦在此。此心可质鬼神。初无丝毫意见，敢与部臣相抗也。今此案造册报销，亦但造银数册，仍未造花名册，实不欲以临时编造伪名，稍涉欺饰。伏乞皇上垂察，敕下该部，曲为鉴亮[4]。幸甚。将来剿捻军需，淮、湘各军同支江南之饷，臣与李鸿章会同造报，亦拟不造花名册，以归简易，理合预行陈明。所有湘军第五案造册报销缘由，专折具奏，伏乞皇太后、皇上圣鉴，敕部核复施行。谨奏。

【题解】

写于同治七年（1868）十一月初三日。这是曾国藩所办报销折中最详细的一个。其中谈到清代报销办法的利弊与湘军历次办理报销的原则及方法，亦在一定程度上体现了曾国藩的治军和理财思想。

【注释】

[1] 王延长、李兴锐、彭嘉玉：三人皆是曾国藩幕僚。王延长字少岩，江苏江宁（今南京市）人。原为江西南城知县，入幕后主要办理粮台、报销等务。李兴锐字勉林，湖南浏阳人。诸生。在幕中办理粮台、报销、营务诸务，主持江南制造局十多年。曾任长芦盐运使、福建按察使、广西布政使、江西巡抚、广东巡抚、署闽浙总督、署两江总督等职。彭嘉玉字笛仙，湖南长沙人，在曾国藩幕府办理粮台、报销诸务。官至候补知府。

[2] 利薮（sǒu）：财货聚集之地。意思是可以大发其财的地方。薮，人或物的聚集之地。

[3] 的名：真实的名字。的，的确，确实。

[4] 曲为鉴亮：格外谅解。曲，曲折，婉转。亮，同"谅"。鉴，通"见"。

金陵湘军陆师昭忠祠记

同治三年六月既望,大军克复金陵。国藩至自安庆犒劳士卒,见吾弟国荃面颜焦萃,诸将枯瘠,神色非人。盖盛暑攻战,昼夜暴露城下,半月而未息。余既惊痛而抚慰之,乃遍行营垒,周视所开地道,览战争之遗迹。彭君毓橘、刘君连捷、萧君孚泗、朱君南桂相与前导而指示曰[1]:"某所某将尽命处也,某所贼困我之地也。"诸君所不备述,吾弟又太息而缕述之。弟之言曰:"自吾围此城,壮士多以攻坚而死。贼于城外环筑坚垒数十,大者略与城埒[2],攒以小营,障以长坞,瓷石如铁[3],掘堑如川,牢不可拔。我军以元年五月之初,始克江宁镇、三汊河、大胜关各垒。二年五月,李臣典等克雨花台及南门各垒;刘连捷等会同水师克九洑洲、中关、下关各垒。其江东桥之垒,则陈湜等于八月克之。上方门、高桥门、七瓮桥、土山、方山各垒,则萧庆衍、萧孚泗等于九月克之。是时,朱南桂亦克博望镇,赵三元等亦克中和桥、秣陵关。至十月,克解溪、隆都、湖墅,而东南划削略尽。三年正月,彭毓橘、黄润昌等乃克钟山高垒,贼所署为天保城者也。每破一垒,将士须臾陨命,率常数百人,回首有馀恸焉。其穿地道以图大城者,凡南门一穴,朝阳至钟阜门三十三穴,篝火而入地,崖崩而窟塞,则纵横聚葬于其中。贼或穿隧以迎我,薰以毒烟,灌以沸汤,则趫者幸脱[4],而悫者就歼[5]。最后神策门之役,城陷矣而功不成;龙膊之役,功成矣而死伤亦多。"于是叹攻坚之难,而逝者之可悯也。

毓橘之言曰:"我军薄雨花台[6],未几疾疫大行,兄病而弟染,朝笑而夕僵[7],十幕而五不常爨[8]。一夫暴毙,数人送葬,比其反,而半殡于途[9]。近县之药既罄,乃巨舰连樯,征药于皖、鄂诸省。当是时也,群医旁午[10],

而伪王李秀成等大至。援贼三十万,围我营者数重。我军力疾御之。一夕,筑小垒无数,障粮道以属之江[11]。贼益番休迭进,蚁傅环攻[12],累箱实土以作橹楯[13],挟西洋开花炮自空下击,子落则石裂铁飞,多掘地道,屡陷营壁。凡苦守四十五日,至冬初而围解,军士物故殆五千人。会有天幸,九帅独免于病,目不交睫者月余,而勤劬如故[14];虽枪伤辅颊,血渍重襟,犹能裹创巡营。用是转危而为安。靖毅公则病后过劳,竟以不起。"九帅者,军中旧呼国荃之称;靖毅者,吾季弟贞幹谥也。

连捷之言曰:"李酋解围去后,率众渡江,连陷江浦、和州、含山、巢县。皆我军新取之城,得而复失。九帅乃分兵守西梁山,遣连捷与彭毓橘辈救援江北,既解石涧埠之围,破运漕、铜城闸之贼,遂偕水师连收四城,江北大定,剧贼益衰。然我众死者亦不可胜数也。"

南桂之言曰:"方金陵官军围困之际,同时鲍超之军亦困于宁国,水师亦困于金柱关。金柱关者,水阳江及群湖所自出,芜湖之藩卫也。九帅乃分兵守东梁山,而遣南桂与朱洪章、罗洪元辈力扼此关[15],夹河而与之上下,乱流而相攻。卯而战,酉而不休,水营捷,陆营或挫,一夕数起,一餐屡辍,凡七阅月而事稍定。百里内外,白骨相望。时闻私祭夜泣之声,天下之至惨也。"

于是国荃与诸将并进称曰:"此军经营安庆,剪伐沿江诸城,凋丧尚少。独至金陵而死于攻,死于守,死于疾疫,死于北援巢、和,南援芜湖、太平,乃筹计而不能终。今存者,幸荷国恩,封赏进秩;而没者抱憾无穷。鸡鸣山下有贼造府第一区,若奏建昭忠祠,春秋致祭,庶以慰忠魂而塞吾悲耳。"

国藩具疏上闻,制曰可。黄君润昌爱董其事[16],取有册可稽者,造神主一万一千六百三十有奇;无册者姑阙焉。甫历三载,楹栋枉桡,墙宇敧陊[17]。同治六年,省中僚友集议,廓而新之,基扃固护,笾豆有严[18]。国藩乃追叙所闻于诸君者,而系以诗章,用备乐歌。诗曰:

人无贵贱,夭寿贤愚,终归于死,万古同途,死而得所,身殁魂愉[19]。六朝旧京,逆竖所都,濯征十载,莫竟天诛[20]。嗟我湘人,锐师东讨,非秘非奇，忠义是宝。下誓同袍，上盟有昊[21]，昊天藐藐，成务实难，祚我百顺，阽我千艰[22]。狂寇所噬，刈人如营，淰厉乘之，积骶若山[23]。伟哉多士！夷险一节，万死靡他，心坚屈铁。鉴彼巧偷，守兹贞拙[24]，缕血所藏，后土长热。卒收名城，获丑擒王，宠赍冥漠[25]，千祀馨香。新庙孔赫，彝斝将将[26]，天子之锡[27]，烈士之光！

【题解】

该文系曾国藩为湘军歌功颂德之作，但同时也反映了湘军攻打天京（即金陵，今南京）的艰难与太平军守城的顽强与坚忍。

【注释】

[1] 萧孚泗：字杏卿，亦作信卿，湖南湘乡人。曾任河南归德（今商丘市）镇总兵、福建陆路提督，皆未赴任。湘军吉字营分统。因俘获太平天国忠王李秀成之功赐封一等男爵。以其在天京陷落后抢掠太甚，名声太坏，曾国藩令其称病辞职回籍，所部遣散。朱南桂：字芳浦，湖南长沙人，湘军吉字营分统。曾任河南归德镇总兵。

[2] 埒（liè）：相当，相等。

[3] 甃（zhòu）石如铁：以石筑壁，坚固如铁。即铜墙铁壁之意。甃，井壁。

[4] 趫（qiáo）者：身体强壮、动作敏捷的人。趫，敏捷，壮盛，善走。

[5] 愨（què）者：朴实老实的人。此处意为头脑不够灵活、行动不够敏捷的人。愨，朴实，谨慎。

[6] 薄：临近，逼近，靠近。

[7] 僵：倒下。此处指死亡。

[8] 幕：帐幕，帐篷。爨（cuàn）：烧火煮饭，亦作"灶"。此句意谓十座营帐，就有一半常常不再烧火煮饭。形容伤亡严重。

[9] 踣（bó）：同"踣（bó）"，僵仆，倒毙。

[10] 旁午：纷繁，交错。《汉书·霍光传》："受玺以来二十七日，使者旁午。"

[11] 障粮道以属之江：此句意为在粮道两侧修筑堡垒（从雨花台湘军大营直到长江岸边，安庆粮台前线支应所的粮船即停泊江边），以保障粮饷供应。

[12] 蚁傅环攻：如蚂蚁附壁，从四面轮番进攻。蚁傅，同"蚁附"，如蚂蚁附壁而上。

[13] 橹楯（shǔn）：大盾牌。橹，大盾牌。《左传·襄公十年》："狄虒弥建大车之轮，而蒙之以甲，以为橹。"楯，同"盾"，盾牌。

[14] 勤劬（qú）：勤苦劳碌。劬，勤劳。

[15] 朱洪章：字焕文，贵州黎平人。初为黔勇，随胡林翼到湖北，入湘军塔齐布营，辗转入曾国荃吉字营，升任分统。曾任湖南永州镇总兵、云南鹤丽镇总兵及署昭通镇总兵、署临安镇总兵，署腾越镇总兵、署狼山镇总兵等职。罗洪元：又名罗逢元，湖南湘潭人。罗汝怀之子，罗萱之兄。

[16] 黄润昌：字邵坤，湖南湘潭人。初为湘军吉字营小统领，后随席宝田入贵州，战死，赏骑都尉世职。官至布政使衔记名按察使。爰（yuán）：于是，乃。

[17] 榱栋枉桡（náo），墙宇欹陊（qī duò）：房梁弯曲，厅柱歪斜，墙倾顶塌。枉、桡，弯曲。欹陊，倾斜，塌落。

[18] 基扃固护，笾（biān）豆有严：房基坚固，门户紧严，祭奠所必需的礼器设施、器物均已齐备，完全符合规制。扃，门窗，门户。笾豆，古代祭祀用的礼器，后常用以代指祭祀。严，整肃。

[19] 身殄魂愉：人虽死了，灵魂却是愉快的。

[20] 莫竟天诛：没能逃脱上天的惩罚。

[21] 有昊（hào）：昊天。

[22] 祚（zuò）我百顺，阨（è）我千艰：意为赐给我们一百分的福顺，却要让我们付出十倍的艰难困苦。祚，福，赐福。阨，困厄。

[23] 沴（lì）厉乘之，积骴（cī）若山：妖孽乘机而起，遂使尸骨堆积如山。沴，不祥之气，妖气。骴，肉尚未烂尽的死人骨。

[24] 贞拙：意为坚定不移。

[25] 宠赉冥漠：意谓勇士在阴间也将受到尊敬和宠爱。赉，勇士。古代有孟

贲、夏育二勇士，后常以贲育代指勇士。冥漠，阴间。

[26] 彝斝（jiǎ）将（qiāng）将：形容摆满全套祭祀礼器后隆重庄严的场面。彝，古代青铜祭器的通称。斝，古代铜制的酒器，三足，盛行于商代。彝斝，多作斝彝，古代用于祭祀的一种酒器。此处代指祭祀的礼器。将将，同"锵锵"，象声词。

[27] 锡：通"赐"，赠与，赏赐。

筹议直隶练军事宜折

奏为遵旨筹议练军事宜，恭折复陈仰祈圣鉴事：

窃臣去年十月初六日在江南接奉寄谕："直隶营务久经废弛，前经总理各国事务衙门会同户部、兵部议定选练六军，诚以根本重地，当为自强之谋。迨捻匪北窜直隶，官兵打仗仍不得力，虽云训练未精，然国家岁縻巨万帑金，养此无用之兵，实堪痛恨。此时贼匪既平，亟应将前定练军章程从新整顿。曾国藩久谙戎事，应如何因时变通之处，着于到任后详慎妥筹，悉心经理，务期化弱为强，一洗从前积弊，以卫畿疆。倘因直境甫就敉平[1]，毗连东、豫一带，应暂拨勇队以资弹压，一并由该督斟酌奏明办理。曾国藩未到以前，官文务饬各员弁照常训练，不得稍有懈弛。神机营原折均着抄给阅看等因。钦此。"

迨臣腊、正两月展觐天颜，仰蒙圣训周详，亦以直隶练军为要务。臣于二月抵任，检阅六军案卷，见内外臣工章奏，于直隶不宜屯留客勇一节，言之详矣。当此全境敉平，若留大支勇队驻于近畿，穷年累月，剿无可剿，防无可防，不特于居民难期和协，即于事势亦同赘疣。是以诸臣之议，多主练兵而不主养勇。惟养勇虽非长策，而东南募勇多年，其中亦尽有良法美意，为此间练军所当参用者。臣请略言数端：

一曰文法宜简。勇丁帕首短衣[2]，朴诚耐苦，但讲实际，不事虚文。营规只有数条，此外别无文告，管辖只论差事，不甚计较官阶。而挖濠筑垒，刻日而告成；运米搬柴，崇朝而集事[3]。兵则编籍入伍，伺应差使，讲求仪节，即有一种在官人役气象。及其出征，则行路须用官车，扎营须用民夫，油滑偷惰，积习使然。而前此所定练军规条，至一百五十馀条之多，虽士大夫不能聚通而全记。文法太繁，官气太重，此当参用勇营之意者也。

一曰事权宜专。一营之权，全付营官，统领不为遥制；一军之权，全付统领，大帅不为遥制。统领或欲招兵买马，储粮制械，黜陟将弁，防剿进止，大帅有求必应，从不掣肘。近年江楚良将为统领时，即能大展其材，纵横如意，皆由事权归一之故。今直隶六军统领迭次更换，所部营哨文武各官皆由总督派拨前往，下有翼长分其任，上有总督揽其全，统领并无进退人材、综管饷项之权。一旦驱之赴敌，群下岂肯用命？加以总理衙门、户部、兵部层层检制，虽良将亦瞻前顾后，莫敢放胆任事，又焉能尽其所长？此亦当参用勇营之意者也。

一曰情意宜洽。勇营之制，营官由统领挑选，哨弁由营官挑选，什长由哨弁挑选，勇丁由什长挑选。譬之木焉，统领如根，由根而生干、生枝、生叶，皆一气所贯通。是以口粮虽出自公款，而勇丁感营官挑选之恩，皆若受其私惠，平日既有恩谊相孚，临阵自能患难相顾。今练军之兵，离其本营、本汛，调入新哨、新队，其挑取多由本营主政。新练之营官不能操去取之权，而又别无优待亲兵、奖拔健卒之柄，上下隔阂，情意全不相联，缓急岂可深恃？此虽欲参用勇营之意而势有所不能者也。又闻各营练军皆有冒名顶替之弊，防不胜防。盖兵丁之常态，口分不足以自给，每兼以小贸营生、手艺营生，以补事畜之资。此各省所同也。直隶六军以此处之兵调至他处训练，其练饷二两四钱，在练营支领；其底饷一两五钱，仍在本营支领。兵丁不愿离乡，往往正身仍留本处，特于练营左近雇人顶替应点应操，少分练军所加之饷给与受雇冒名之人，一遇有事调使远征，受雇者又不肯行，则又转雇乞丐、穷民代往。兵止一名，人已三变，练兵十人，替者过半，尚安望其得力耶？臣两月以来，博采众论，参以愚见，就目前练军之规模，即使力加整顿，亦难遽化弱为强，将欲倚为干城[4]，备御强寇，殊无把握。今当讲求变通之方，自须先杜顶替之弊。拟令嗣后一兵挑入练军，即将本营额缺裁去，练军增一兵，底营即减一兵。无论底饷、练饷，均归一处支放。或因事斥革，即由练营募补，底营不得干预。冀所练者皆为正身，或可少变积习。

筹议直隶练军事宜折

此外尚有须酌改者，如马队不应杂于步队，各哨之内应另立马队营，使临敌不至混乱；一队不应增至二十五人，应仍为十人一队，使士卒易知易从。若此之类，臣本拟定一简明章程，重整练军，练足万人，以副朝廷殷勤训饬之意。乃近者节逾夏至，亢旱如故，二麦业已歉收，秋禾多未播种，深恐岁饥民困，藩库入款大减，不能不长虑却顾，暂缓兴办。查直隶司库本属入不敷出，同治六、七两年收数尤少。而欠发各款，除京协各饷及文职应领之款，共欠一百五十馀万外，专就本省武营言之，欠发绿营及驻防俸薪、养廉三十二万馀两，欠发兵饷二百七十馀万两，欠发米折及公费银十三万馀两。近来武营俸饷，本仅支五折、七折、八折不等，既折之后，又欠发三百馀万，是以各将士纷纷诉苦，衣食无资，办公无费，即令六军选练极精，而各底营存馀之兵已废弛不可救药矣。通盘筹算，本省可指之银，断不能拨济练军之饷。若于现存四千人之外增练六千或八千人，仍须由部另拨的饷二万两，按月解直，乃可应手久办，徐图功效。其未挑入练者，各底营存馀之兵，亦须略为料理，未可听其困穷隳坏。臣拟略仿浙江减兵增饷之法，不必大减兵额，但将老弱者汰而不补，病故者缺而不补；即以所节之饷项，量发历年之欠款，俾各营微有公费添制器械、旗帜之属，庶足壮观瞻而作士气。数年之后，或将五折、七折、八折者全数赏发。兵丁之入练军者，所得固优；即留底营者，亦足自赡。营务或可渐有起色，而畿辅练兵之议亦不至屡作屡辍，事同儿戏。至腾出裁兵所省之饷，弥补练军所增之饷，多寡尚难预定，要亦少有裨益。是否有当，请旨敕下原议各衙门核议施行。所有遵旨筹议直隶练军缘由，恭折复奏，伏乞皇太后、皇上圣鉴训示。谨奏。

【题解】

写于同治八年（1869）。曾国藩在该折中就整顿直隶练军一事，提出自己的看法与主张，即以湘军营制与建军原则改造直隶绿营，将练营与底营彻底分割，断绝一切联系。按照这一办法，从此之后，绿营不再是战斗部队，而只作为一种社会组织而存在；而练军则成为一种与湘军类似的勇营武装。

【注释】

[1] 敉（mǐ）平：平定、安定。敉，安抚，安定。

[2] 帕首短衣：用布包头，身穿短衣。

[3] 集事：完事，完成。集，成功，成就。

[4] 干（gān）城：喻指坚强的捍卫者，或抗御强敌战功卓著的将领。干，盾。城，城池。

再议直隶练军事宜折

奏为再行酌议练军事宜，恭折仰祈圣鉴事：

窃臣接准部咨会奏直隶练军事宜一折，令臣迅即筹定简明章程，奏报定议等因，咨行到臣。臣窃维用兵之道，随地形、贼势而变焉者也，初无一定之规、可泥之法[1]。或古人著绩之事，后人效之而无功；或今日致胜之方，异日狃之而反败[2]。惟知陈迹之不可狃，独见之不可恃，随处择善而从，庶可常行无弊。即就扎营一事言之，湘勇初出，亦屡为粤匪所破，既而高其垒深其濠，先图自固之道，旋即用此以制敌。厥后淮勇诸军继起，亦皆以高垒深沟为自立之本，善札营者，即称劲旅。直至移师北来改剿捻匪，每日计行路之远近，分各营之优劣，曾无筑垒挖濠之暇，而营垒之或坚或否，于胜败全不相涉。即询及陕甘剿回、贵州平苗，亦不以筑垒挖濠为先务。至天津捍御外洋，虽坚壁亦不足恃。即此一端，已知陈迹之不可狃，兵势之变化无常矣。然安营支帐、埋锅造饭，一则不扰闾阎，一则自固壁垒，斯乃古来之常法，并非勇营之新章，终未可弃而不讲也。臣愚以为直隶练军，宜添学扎营之法，每月拔营一次，行二三百里为率，令兵丁修垒浚濠，躬亲奋筑，以习劳勤[3]；不坐差车，以惯行走。至运米搬柴，则勇丁不过偶尔为之。如今年近事，老湘营之勇由绥德州运米至花马池，铭军之勇由济宁州运米至张秋是也。论平日之常例，则采薪等事，每勇百人照章有长夫三十六名，兵丁百人旧例亦有夫役三十名，并有报销四十名者。臣意练军既拔营行动，即须添募长夫百兵（名），给三十名。虽所费较巨，似亦不可省之项。有长夫任樵汲负重之事，则兵丁可不任搬运之劳，既以稍示体恤，又以见筑垒挑濠等事必须躬亲，宽于此者，正欲其严于彼。至部臣所议兵丁宜讲衣冠礼节，臣意老营操演尽可整冠束带，以习仪文；拔营行走，仍宜帕首短衣，以归简便。凡此皆一张一弛，择善而从者也。

臣前折所谓重统领之权者，盖因平日之事权不一，则临阵之指麾不灵。臣在南中，尝见有藩、臬衙门募勇多营，平日之领饷、拔缺、请奖等事，皆由衙门主政，至临阵之际，则另派武员统领，率之打仗，致指麾不克如意。即巡抚及大帅所部多营，平日无一定之统领，临时酌拨数营，派一将统之赴敌，终不能得士卒之死力。而江楚诸省幸获成功者，大抵皆有得力统领；其权素重，临阵往来指挥、号令进退之人，即系平日发饷挑缺、主持赏罚之人，士卒之耳目有专属，心志无疑贰，是以所向有功。臣所谓事权宜专，本意如此。然亦会逢其适，幸遇塔齐布、罗泽南、李续宾、杨岳斌、多隆阿、鲍超、刘铭传、刘松山诸人，或隶臣部，或隶他部，皆假重权而树伟绩，苟非其人，权亦未可概施。部臣所议得良将则日起有功，遇不肖则流弊不可胜言，洵为允当之论。良将者，可幸遇而不可强求者也。嗣后直隶练军统领，臣当悉心察看，遇上选则破格优待，尽其所长；遇中材则随处防维，无使越分，庶几两全之道耳。部臣复议及兵将相习，可收一气贯通之效，又言转弱为强，不必借才于异地等语。臣窃意就兵言之，以土著为主，以保状为凭，断无令外省客勇充补之理，而客勇亦无愿补远省额兵之志；就官言之，则武职自一命以上，直至提、镇，皆准服官各省。况畿辅万方辐辏，尤志士愿效驰驱之地。是各路将弁有出色者，皆可酌调来直，不得以借才论。

直隶练军，询诸众论，不外二法：一曰就本管之镇将，练本管之弁兵；一曰调南人之战将，练北人之新兵而已。访闻前此六军，用本管镇将为统领者，其情易通，而苦于阖营无振作之气；用南人战将为统领者，其气稍盛，而苦于上下无联络之情。将欲救二者之弊，气之不振，本管官或不胜统率之任，当察其懈弛，择人而换之；情之不联，南将或不知士卒之艰，当令其久处积诚以感之。臣今拟于前留四千人外，先添三千人，稍复旧观。一于古北口暂添千人。该提督傅振邦，老于戎行，安详勤慎。一于正定镇暂练千人。该总兵谭胜达，勇敢素著，志气方新。二处皆以本管官统之者也。

一于保定暂添千人，令前琼州镇彭楚汉，以南将统之，与中军冷庆所辖千人姑分两起，俟察验实在得力，而后合并一军。此因论兵将相孚而拟目前添练之拙计也。

部臣又令筹定简明章程，再行按月给饷，并查明直隶未经遣撤之勇，饬令回籍，妥为安插。臣查直隶勇丁，上年经署督臣官文奏留十二营，臣今年撤去余承恩三营。其后，夏麦秋禾迭遭亢旱，常有匪徒窃发，因恐散勇穷无所归，聚而滋事，是以迁延，未及续撤。俟秋末安靖，再当遣撤数营，即以裁勇之银，添作练军之费。至淮勇铭军，乃臣所奏为拱卫京畿之师，其大队扎于张秋，分数营驻扎保定，数营驻扎临清，目下不拟裁撤，另行附片复奏。练军规模，臣拟仍以四军为断，二军驻京以北，二军驻京以南。每军三千人，统将功效尤著者，或添至四千、五千人。其馀常行章程，已详具于部臣及前督臣刘长佑所议条款中。臣昨议练饷、底饷一并支领，马队不溷步队之中[4]，一棚只以十人为率，亦经部议允准。此外，如顶名冒替，是前此之积弊，未知将来能否革除；参用南将，是前此所已行，未知此后能否融洽；此次所议添募长夫、每月拔营，亦未知有无窒碍。斯三者一有未妥，则全局皆须变更。臣不敢遽定章程，恐不久仍须更换也。可否请旨一面交各衙门核议，臣一面先行试办。其饷需暂用江南协款，俟定议后再由户部拨发。俟试行果有头绪，然后刊刻简明章程，俾各军一律遵守。所有再议练军事宜，恭折复陈，伏乞皇太后、皇上圣鉴训示。谨奏。

【题解】

写于同治八年（1869）。曾国藩前此所奏关于整顿直隶练军的主张交部会议后，兵部、户部提出一些反对意见，总的来说，是不同意按湘军的样子改造绿营，更不愿让湘军军官统带直隶练军。曾国藩则坚持己见，志在必成。清政府只好同意试办，不再理会兵、户两部的意见。该折就是对兵、户各部所提反对意见的答复。

【注释】

[1] 泥：拘泥。

[2] 狃（niǔ）：习惯，因袭。此处意为仿照办理，照办。

[3] 劳勚（yì）：劳苦。

[4] 溷（hùn）：猪圈，厕所。"混"的异体字。此处本应写作"混"。

湘乡昭忠祠记

咸丰二年十月，粤贼围攻湖南省城。既解严，巡抚张公亮基檄调湘乡团丁千人至长沙，备防守。罗忠节公泽南、王壮武公鑫等，以诸生率千人者以往。维时国藩方以母忧归里，奉命治团练于长沙。因奏言团练保卫乡里，法当由本团醵金养之[1]，不食于官，缓急终不可恃，不若募团丁为官勇，粮饷取诸公家。请就现调之千人，略仿戚元敬氏成法，束伍练技，以备不时之卫。由是吾邑团卒号曰"湘勇"。

三年春，平土寇于衡山，破逆党于桂东。其夏，粤贼围江西省城。国藩募湘勇二千、楚勇千人，罗忠节公辈率之东援。初战失利，营官谢邦翰、易良幹等殉难。湘勇之越境剿贼，将领之力战捐躯，实始于此。余闻而悼之，议立忠义祠于县城，祀湘人与于南昌之难者。

其冬，余奉命筹备舟师，乃募湘勇水陆万人。明年，率之东讨。岳州之役，陆兵败挫，虽旋有湘潭之捷，而湘士中熸[2]。既而整军再出，罗公暨李忠武公续宾率湘勇以从。于是大隽于岳州，克武汉，下蕲黄，破田家镇，复江西弋阳、信州、宁州。又以其间由江还鄂，扫荡枝县，再克武昌省会。

咸丰五、六年间，罗、李湘勇之名震天下，而王壮武公与刘武烈公腾鸿、萧壮果公启江暨巡抚蒋公益澧[3]，皆提湘勇征战湖北，江西、广西、广东等省，所在有声。然罗公、王公、刘公遂以六、七年间先后徂谢，而将士伤亡者滋益多。前所议建之忠义祠，规制隘庳[4]，不足以严典祀。咸丰八年秋，国藩乃与李公具疏会奏，请立昭忠祠于湘乡，令有司春秋致祭。天子许之。吾邑军士，没有馀荣已。

未几而舒城、三河之难作，李公殉节，部下死者殆六千人。国藩私忧，以谓湘中士气恐不复振。其后李公之弟勇毅公续宜重辑部曲，转战皖北。张忠毅公运兰及唐总戎义训辈之师转战皖南。而吾弟国荃遂以湘士克复安庆、金陵两省。蒋公暨杨公昌浚亦用湘人平浙江[5]，伐福建。张忠毅公亦战没于闽。东南数省，莫不有湘军之旌旗，中外皆叹异焉。

其西北诸道，则提督刘君松山追逐捻匪于河南、山东、直隶，征叛回于陕西、甘肃；而按察使陈君湜防守山西[6]。其西南诸道，则萧壮果公率师入蜀；而巡抚刘公蓉屡平蜀寇；总督刘公岳昭暨诸湘军[7]，又自蜀而南入黔，西入滇。一县之人征伐遍于十八行省，近古未尝有也。

当其负羽远征，乖离骨肉；或苦战而授命，或邂逅而戕生[8]；残骸暴于荒原，凶问迟而不审[9]；老母寡妇，望祭宵哭；可谓极人世之至悲。然而前者覆亡，后者继往；蹈百死而不辞，困阨无所遇而不悔者，何哉？岂皆迫于生事，逐风尘而不返与？亦由前此死义数君子者为之倡，忠诚所感，气机鼓动，而不能自已也。

君子之道，莫大乎以忠诚为天下倡。世之乱也，上下纵于亡等之欲，奸伪相吞，变诈相角，自图其安而予人以至危，畏难避害，曾不肯捐丝粟之力以拯天下。得忠诚者，起而矫之，克己而爱人，去伪而崇拙；躬履诸艰而不责人以同患，浩然捐生，如远游之还乡而无所顾悸[10]。由是众人效其所为，亦皆以苟活为羞，以避事为耻。呜呼！吾乡数君子所以鼓舞群伦，历九州而戡大乱，非拙且诚者之效与？亦岂始事时所及料哉！

今海宇粗安，昭忠祠落成有年，而邑中壮士效命疆场者尚不乏人。能常葆此拙且诚者，出而济世，入而表里，群材之兴也不可量矣！又岂仅以武节彪炳寰区也乎？

【题解】

湘乡昭忠祠建成于清同治七年（1868），该文写于同治八年（1869）。文中简述了湘军的创立经过和湘乡籍将领的"功勋业绩"，并将其成功的原因和最主要的功劳归之于"以忠诚为天下倡",即罗泽南、王鑫、李续宾为湘乡倡,湘乡为湖南倡,湖南为天下倡,最终使清王朝转败为胜,镇压了太平天国起义。

【注释】

[1] 醵（jù）金：凑钱，集资。

[2] 中熸（jiān）：因战败而士气不振。熸,火熄灭。引申为军队溃败。《左传·襄公二十六年》："楚师大败,王夷,师熸。"

[3] 刘腾鸿：字峙衡,湖南湘乡人。湘军营官,以敢战而闻名,咸丰七年战死于江西瑞州（今高安县）城下。萧启江：字浚川,湖南湘乡人。湘军统领,官至记名按察使。蒋益澧：字芗泉,湖南安福人。湘军统领,曾任广西按察使、浙江布政使、广东巡抚等职。

[4] 隘庳（bì）：窄小低下。庳,低下。

[5] 杨昌浚：字石泉,湖南湘乡人。左宗棠部属,曾任浙江巡抚、漕运总督、闽浙总督、陕甘总督等职。

[6] 陈湜：字仙舫,湖南湘乡人,官至江西布政使。

[7] 刘岳昭：字荩臣,湖南湘乡人。曾任云南布政使、云南巡抚、云贵总督等职。光绪元年被革职。

[8] 戕（qiāng）生：丧生。戕,残害,残杀。

[9] 不审：不明,不详。审,详知,明悉。

[10] 顾悸：顾盼而感到畏惧。

劝学篇示直隶士子

人才随士风为转移,信乎?曰:是不尽然,然大较莫能外也。前史称燕赵慷慨悲歌,敢于急人之难,盖有豪侠之风。余观直隶先正[1],若杨忠愍、赵忠毅、鹿忠节、孙征君诸贤,其后所诣各殊,其初皆于豪侠为近。即今日士林,亦多刚而不摇、质而好义[2],犹有豪侠之遗。才质本于士风,殆不诬与!

豪侠之质,可与入圣人之道者,约有数端。侠者薄视财利,弃万金而不眄[3];而圣贤则富贵不处,贫贱不去,痛恶夫墦间之食、龙断之登[4]。虽精粗不同,而轻财好义之迹则略近矣。侠者忘己济物,不惜苦志脱人于厄;而圣贤以博济为怀。邹鲁之汲汲皇皇[5],与夫禹之犹己溺、稷之犹己饥、伊尹之犹己推之沟中[6],曾无少异。彼其能力救穷交者,即其可以进援天下者也。侠者轻死重气,圣贤罕言及此。然孔曰成仁,孟曰取义,坚确不移之操,亦未尝不与之相类。昔人讥太史公好称任侠,以余观此数者,乃不悖于圣贤之道。然则豪侠之徒,未可深贬,而直隶之士,其为学当较易于他省,乌可以不致力乎哉?

致力如何?为学之术有四:曰义理,曰考据,曰辞章,曰经济。义理者,在孔门为德行之科,今世目为宋学者也;考据者,在孔门为文学之科,今世目为汉学者也;辞章者,在孔门为言语之科,从古艺文及今世制义、诗赋皆是也;经济者,在孔门为政事之科,前代典礼、政书及当世掌故皆是也。

人之才智,上哲少而中下多;有生又不过数十寒暑,势不能求此四术遍观而尽取之。是以君子贵慎其所择,而先其所急。择其切于吾身心不可造次离者，则莫急于义理之学。凡人身所自具者，有耳、目、口、体、心思日接于吾前者，有父子、兄弟、夫妇；稍远者，有君臣，有朋友。为义理之学者，盖将使耳、目、口、体、心思各敬其职，而五伦各尽其分，又将推以及物，使凡民皆有以善其身，而无憾于伦纪。夫使举世皆无憾于伦纪，虽唐虞之盛有不能逮。苟通义理之学，而经济该乎其中矣。程朱诸子遗书具在，曷尝舍末而言本、遗新民而专事明德？观其雅言，推阐反复而不厌者，大抵不外立志以植基，居敬以养德，穷理以致知，克己以力行，成物以致用[7]。义理与经济初无两术之可分，特其施功之序，详于体而略于用耳。

今与直隶多士约：以义理之学为先，以立志为本，取乡先达杨、赵、鹿、孙数君子者为之表。彼能艰苦困饿，坚忍以成业，而吾何为不能？彼能置穷通、荣辱、祸福、死生于度外，而吾何为不能？彼能以功绩称当时，教泽牖后世[8]，而吾何为不能？洗除旧日晻昧卑污之见[9]，矫然直趋广大光明之域；视人世之浮荣微利，若蝇蚋之触于目而不留；不忧所如不耦，而忧节概之少贬[10]；不耻冻馁在室，而耻德不被于生民。志之所向，金石为开，谁能御之？志既定矣，然后取程朱所谓居敬、穷理、力行、成物云者，精研而实体之；然后求先儒所谓考据者，使吾之所见，证诸古制而不谬；然后求所谓辞章者，使吾之所获，达诸笔札而不差。择一术以坚持，而他术固未敢竟废也。其或多士之中，质性所近，师友所渐，有偏于考据之学，有偏于辞章之学，亦不必遽易前辙，即二途皆可入圣人之道。其文经史百家，其业学问思辨，其事始于修身，终于济世，百川异派，何必同哉？同达于海而已矣。

若夫风气无常，随人事而变迁。有一二人好学，则数辈皆思力追先哲；有一二人好仁，则数辈皆思康济斯民。倡者启其绪，和者衍其波；倡者可传诸同志，和者又可禅诸无穷[11]；倡者如有本之泉放乎川渎，和者如支河沟浍交汇旁流。先觉后觉，互相劝诱，譬之大水小水，互相灌注。以直隶之士风，诚得有志者导夫先路，不过数年，必有体用兼备之才，彬蔚而四出[12]，泉涌而云兴。

余忝官斯土，自愧学无本原，不足仪型多士。嘉此邦有刚方质实之资，乡贤多坚苦卓绝之行，粗述旧闻，以勖群士；亦冀通才硕彦，告我昌言，上下交相劝勉，仰希古昔与人为善、取人为善之轨于化民成俗之道，或不无小补云。

【题解】

该文写于清同治八年（1869）七月。曾国藩抵直隶总督任不久。其主旨是借以改变直隶的士风，使之纳入理学家的治学轨道。为使直隶士子便于接受，特别赞扬了一番燕赵豪侠之风，并声称侠者的不少方面与圣贤之道是一致的。若就此而言，与一般理学家的观念是大相径庭的。

【注释】

[1] 先正：犹先贤，先哲，前代贤臣。

[2] 刚而不摇、质而好义：刚正坚定，质朴好义。

[3] 眄（miàn）：斜视。

[4] 墦（fán）间之食：乞食人家在坟前上供的祭品。意为不光彩的食物或钱财。墦，坟墓。语出《孟子·离娄下》："卒之东郭墦间之祭者，乞其馀。"龙断之登：以男色取悦帝王或当权者，求得官爵禄位。龙断，龙阳、断袖，均指男色。战国时期魏国有宠臣食邑龙阳，号为龙阳君。后因称男色为龙阳。《汉书·董贤传》："（董贤）常与上（汉哀帝）卧起。尝昼寝，偏藉上褏（即袖），上欲起，贤未觉。不欲动贤，乃断褏而起。"后来遂称男宠为断袖。后龙阳、断袖皆为男性同性恋的代称。

[5] 汲汲皇皇：即急急惶惶，急切匆忙不安貌。

[6] 犹己溺、犹己饥、犹己推之沟中：急人所急、视人人难如己难之意。

[7] 成物以致用：获得对事物的正确认识，并在以后的实践中得到应用。

[8] 教泽：教诲的恩泽。牖：通"诱"，引导、诱导之意。

[9] 晻（ǎn）昧卑污之见：愚昧糊涂、格调低下的认识。

[10] 节概之少贬：志节度量有所降低。

[11] 禮诸无穷：意为流播传布得更多更久更远。禮，裸露。

[12] 彬蔚：华盛的样子。

查明天津教案大概情形折

奏为查明天津滋事大概情形，恭折仰祈圣鉴事：

窃臣国藩于六月初九日静海途次，承准军机大臣字寄，六月初八日奉上谕：

曾国藩奏起程赴津筹办情形一折，据称'教堂牵涉迷拐之案，讯供稍有端倪，尚未能确指证据'等语。此案启衅之由，因迷拐幼孩而起，总以有无确据为最要关键，必须切实根究，则曲直既明，方可再筹办法。至洋人伤毙多人，情节较重，若不将倡首滋事之犯惩办，此事亦势难了结。着曾国藩、崇厚悉心会商[1]，体察事机，妥筹办理，以期早日完案，免滋后患。曾国藩拟将误毙俄国人命及误毁英、美两国讲堂先行设法议结，不与法国牵混，所见甚是，着即会同崇厚妥为商办，以免掣肘。将此由五百里各密谕知之。钦此。

臣等伏查此案起衅之由，因奸民迷拐人口，牵涉教堂，并有"挖眼剖心，作为药材"等语，遂致积疑生愤，激成大变。必须确查虚实，乃能分别是非曲直，昭示公道。臣国藩抵津以后，逐细研讯教民迷拐人口一节，王三虽经供认授药与武兰珍，然尚时供时翻，又其籍在天津，与武兰珍原供在宁津者不符，亦无教堂主使之确据；至仁慈堂查出男女一百五十馀名口，逐一讯供，均称习教已久，其家送至堂中豢养，并无被拐情节；至"挖眼剖心"，则全系谣传，毫无实据。臣国藩初入津郡，百姓拦舆递禀数百馀人，亲加推问挖眼剖心有何实据，无一能指实者，询之天津城内外，亦无一遗失幼孩之家控告有案者。惟此等谣传，不特天津有之，即昔年之湖南、江西，近年之扬州、天门及本省之大名、广平，皆有檄文揭帖，或称教堂拐骗丁口，或称教堂挖眼剖心，或称教堂诱污妇女。厥后各处案虽议结，总未将檄文揭帖之虚实剖辨明白。此次详查挖眼剖心一条，竟无确据。外间纷纷言有眼盈坛，亦无其事。盖杀孩坏尸、采生配药，野番凶恶之族尚不肯为，英、法各国乃著名大邦，岂肯为此残忍之行？以理决之，必无是事。天主教本系劝人为善，圣祖仁皇帝时久经允行，倘戕害民生若是之惨，岂能容于康熙之世？即仁慈堂之设，其初意亦与育婴堂、养济院略同，专以收恤穷民为主，每年所费银两甚多，彼以仁慈为名，而反受残酷之谤，宜洋人之忿忿不平也。

至津民之所以积疑生愤者，则亦有故，盖见外国之堂终年扃闭，过于秘密，莫能窥测底里，教堂、仁慈堂皆有地窖，系从他处募工修造者。臣等亲履被烧堂址细加查勘，其为地窖，不过隔去潮湿，庋置煤炭[2]，非有他用。而津民未尽目睹，但闻地窖深邃，各幼孩幽闭其中，又不经本地匠人之手，其致疑一也。中国人民有至仁慈堂治病者，往往被留，不令复出，即如前任江西进贤县知县魏席珍之女贺魏氏，带女入堂治病，久而不还。其父至堂婉劝回家，坚不肯归，因谓有药迷丧本心，其致疑二也。仁慈堂收留无依子女，虽乞丐、穷民及疾病将死者亦皆收入。彼教又有施洗之说。施洗者，其人已死，而教主以水沃其额而封其目，谓可升天堂也。百姓见其收及将死之人，闻其亲洗新尸之眼，已堪诧异；又由他处车船致送来津者，动辄数十百人，皆但见其入而不见其出，不明何故，其致疑三也。堂中院落较多，或念经，或读书，或佣工，或医病，分类而处。有子在前院而母在后院、母在仁慈堂而子在河楼教堂，往往经年不一相见，其致疑四也。加以本年四五月间，有拐匪用药迷人之事，适于是时堂中死人过多，其掩埋又多以夜，或有两尸三尸共一棺者。五月初六日，河东丛家有为狗所发者，一棺二尸，天津镇中营游击左宝贵等曾经目睹。死人皆由内先腐，此独由外先腐，胸腹皆烂，肠肚外露，由是浮言大起，其致疑五也。

平日熟闻各处檄文揭帖之言，信为确据，而又积此五疑于中，各怀恚恨[3]；迨至拐匪牵涉教堂，丛家洞见胸腹，而众怒已不可遏；迨至府、县赴堂查讯王三，丰领事对官放枪，而众怒尤不可遏。是以万口哗噪，同时并举，猝成巨变。其浮嚣固属可恶，而其积疑则非一朝一夕之故矣。今既查明根原，惟有仰恳皇上明降谕旨，通饬各省，俾知从前檄文揭帖所称教民"挖眼剖心，戕害生民"之说多属虚诬，布告天下，咸使闻知。一以雪洋人之冤，一以解士民之惑，并请将津人致疑之由宣示一二。

天津风气刚劲，人多好义，其仅止随声附和者，不失为义愤所激，自当一切置之不问。其行凶首要各犯及乘机抢夺之徒，自当捕拿严惩，以儆将来。在中国，戕官毙命，尚当按名拟抵，况伤害外国多命，几开边衅？刁风尤不可长！惟当时非有倡首之人预为纠集，正凶本无主名。津郡人心至今未靖，向来有曰"混星子"者结党成群，好乱乐祸，必须佐以兵力，乃足以资弹压。顷将保定铭军三千人调扎静海，此军系记名臬司丁寿昌统带[4]。该员现署天津道缺，一俟民气稍定，即以缉凶事件委之该署道，督同府、县办理，当可胜任。至武兰珍犯供既已牵涉教堂，经臣、崇厚饬令地方官赴堂查验，实为解释众疑起见。近日江南亦有教堂迷拐之谣，亦即如此办理。其后丰大业等之死，教堂、公馆之焚，变起仓猝，非复人力所能禁止。惟地方酿成如此巨案，究系官府不能化导于平时，不能预防于先事。现已将道、府、县三员均行撤任，听候查办，由臣国藩拣员署理。

同日另片具奏，其杀毙人口，现经确查姓名实数，惟仁慈堂尚有女尸五具未经寻获，其馀均妥为棺验，交英国领事官李蔚海收存。俄国三人，已由该国领事官孔气验明掩埋。谨开列清单，恭呈御览。法国公使罗淑亚业经到津，议及赔修教堂事，宜臣等拟即派员经理。余俟议有端绪，续行陈奏。其误毙俄国之人命，误毁英、美两国之讲堂，亦俟议结，另行具奏。所有查明大概情形，谨具折先行会奏，伏乞皇太后、皇上圣鉴训示。谨奏。

【题解】

写于同治九年（1870）。这是曾国藩抵津后呈递的第一个奏折，亦即为整个天津教案的处理定下了基调。由于该折颠倒是非、混淆黑白，故清廷发抄各地之后，全国舆论大哗，无不斥责曾国藩的忍辱外交方针。最后连他自己也不得不承认"办理过柔"，"外惭清议，内疚神明"。

【注释】

[1] 崇厚（1826—1893）：姓完颜氏，字地山，满洲镶黄旗人，举人。曾任内阁学士、兵部侍郎、吏部侍郎、三口通商大臣、署直隶总督、总理衙门大臣、出使法国大臣、出使俄国大臣等职，曾因擅自与俄国签订了丧权辱国的《里瓦几亚条约》，仅收回被无理侵占的伊犁河上游谷地，却划失了伊犁西部、南部以及南疆、北疆的大片土地，受到舆论谴责而被革职逮治，定为斩监候。后捐献白银三十万两充军费以赎罪，方得以释放。

[2] 庋（guǐ）置：放置，收藏。

[3] 恚（huì）恨：愤怒，怨恨。

[4] 丁寿昌：字乐山，安徽合肥人，童生，淮军分统。曾任直隶天津道道员、直隶按察使。

密陈教民迷拐等不法情事
请由中国官员管理教堂片

再，密陈者：

教堂挖眼剖心等谣，决非事实，而迷拐一节实难保其必无。惟未得确实证据，徒据讯供一面之辞，不足折服洋人，彼必不肯承认，不如以浑含出之，使彼有可转圜之地。

惟王三一犯，据讯明实名王二，即系教堂所养之人。又供迷药为神父所授，神父即谢福音也。武兰珍原供述药得自王三，实非妄语。此外，尚有教民安三迷拐幼孩，于五月二十三日被获报案，供认不讳。其称迷拐之药，亦系得自王三，则王三授药于人、主使出拐，已非一次。又河间县拿获拐犯王三纪，解至省城。据供伙党均系天主教民，所拐幼孩，均送天主教堂。据此数犯之供，教民迷拐已无疑义。而堂中拐匪既多，领事官纵不与闻，其传教之人断无绝不知情之理。

此案地方官初次查讯之时，丰大业曾对天津道周家勋言及[1]，彼国好收穷民，每令习教之人随时收恤；而教民不得其人，从而迷拐，或不可知云云。可见该领事亦难自保。仁慈堂救出之男女，即有被拐者二人，其中有冀州人刘金玉。臣在静海派员审讯，供称二月被拐入堂。此皆近事之证据。至如诱污妇女之案，各处教堂亦所不免。七年[2]，台湾民妇入堂行教，出遇本夫，视若路人，曾经见之公牍。而魏席珍之女入仁慈堂治病，后其父婉劝，坚不肯归。该员现具禀牍，又经面禀其详，尤为津事之明证。所以各国通商，百姓皆与相安，独于法国不能，无疑亦非尽讹言之谬。

中国之民一经从教，作奸犯科，非止一端，而迷拐尤为人所痛恨。此风不除，实为民间大患，异日酿成巨案，尚在意中。目下专求息事，臣于挖眼剖心既断其必无，而于迷拐亦复言之不实不尽，诚恐有碍于和局，故不惮委曲求全。至此案议结之时，行教条约必须酌为增改，拟请嗣后教堂、仁慈堂皆由地方官管辖，每收一人或死一人，必应报明注册，地方官随时入堂查考。其有被拐入堂，本家查认，即应送还，虽转卖而来，亦听备价赎取。各堂仍不得终年扃闭，平民皆得游观，务使堂中底里百姓皆可周知。庶民教可以相安，猜怨可以渐释。愚昧之见，是否有当，理合附片密陈，伏乞圣鉴训示。谨奏。

【题解】

此片写于同治九年（1870）六月二十三日。因害怕洋人，未敢呈送。后呈上相似内容（略去教民迷拐幼童一节）的奏折，并奉旨与李鸿章、丁日昌联名上奏，要求修改传教章程，限制教会活动，改由中国政府管理。经总理各国事务衙门知照各国公使，各国不予理睬，最后不了了之。天津教案的主要起因是教堂迷拐幼童一案，曾国藩为了讨好洋人，速结此案，在奏折中撒了谎，从而颠倒了这一事件的是非。不过曾国藩在呈送上述奏折的同一天还写了一件密片，但因害怕触怒洋人而没有发送，一直由自己保存。1965年台北学生书局将此件与其他手稿、抄件影印出版，从此大白于天下。该片承认教民迷拐幼童是证据确凿的事实，自己在奏折中撒了谎，但对事件的真相仍有所隐瞒。如据天津知府张光藻称，他曾对仁慈堂大小男女一百五十人逐一讯问，其中一百名知道自己的家乡、姓名，系教民子女，父母自愿送来者。另有数十名不知道姓名、里籍，也不知从何处来，想系被拐卖到教堂者。而曾国藩在密片中只提到刘金玉等两人系被拐卖于教堂中者。从其他材料看，该二人很可能是成年人。

【注释】

[1] 丰大业：法国驻天津领事，在交涉民众与教堂的纠纷中曾三次向中国官

员开枪行凶，并打伤天津知县刘杰的亲兵，因此激成天津教案，被愤怒的民众当场殴毙。

[2] 七年：指同治七年（1868）。

复陈查询各事折

奏为钦奉谕旨，恭折复陈，仰祈圣鉴事：

窃臣承准军机大臣密寄，六月二十三日奉上谕：

有人奏，风闻津郡百姓焚毁教堂之日，由教堂内起有人眼、人心等物，呈交崇厚收执，该大臣于奏报时并未提及，且闻现已消灭等语。所奏是否实有其事，着曾国藩确切查明据实奏闻。至所称传教有碍通商一节，应如何设法弭衅之处，并着详察情形，妥筹具奏。原折着抄给阅看，将此密谕知之。钦此。"同日又奉上谕："前据曾国藩奏，本月初六日启程赴津，现抵该处已逾多日，此案启衅根由想该督必已详细查明，妥为筹办矣。迷拐一案究竟有无确据，此系紧要关键，即着该督迅速具奏，以慰廑系，并将现在筹办之法及该处近日民情，一并奏闻。崇厚已派出使法国，自应及早启行，着曾国藩体察情形。如崇厚此时可以交卸，即着该侍郎先行来京陛见，以便即日起程。其通商大臣事务，着曾国藩暂时接办。成林现已病痊销假[1]，不日亦可驰赴天津，俟该京卿到时，曾国藩即可将通商事务交卸。将此由五百里各密谕知之。钦此。

臣于二十三日业将查明大概情形，会同崇厚恭折具陈在案。洋人挖眼取心之说全系谣传，毫无确据，故彼族引以为耻，忿忿不平。焚毁教堂之日，众目昭彰，若有人眼、人心等物，岂崇厚一人所能消灭？且当时由教堂取出，必有取出之人；呈交崇厚收执，亦必有呈交之人。此等异事，绅民岂有不知？臣抵津后查讯挖眼取心有无确据，绅民无辞以对，内有一人，言眼珠由陈大帅自带进京。大帅者，俗间称陈国瑞之名也。其为讹传已不待辨。原其讹传所起，由崇厚前月二十四日专弁到京，向总理衙门口称有搜出眼珠盈坛之说。其时仓卒传闻，该弁未经考实，致有此讹。其实眼珠若至盈坛，则堂内必有千百无目之人，毁堂之时何无一人见在？即云残害，其尸具又将何归？此可知其妄者。

谕旨垂询迷拐一案究竟有无确据。臣查挖眼剖心决非事实，迷拐人口实难保其必无。天津之王三、安三，河间拿获之王三纪，静海现留之刘金玉，供词牵涉教堂，在在可疑。臣前奏系力辨洋人之诬，请发明谕，故于迷拐一节言之不实不尽，诚恐有碍于和局。当时另有片奏，密陈迷拐之可疑，旋因虑及偶有漏泄，法使罗淑亚必致又兴波澜。洋人此时断不肯自认理亏，不如浑含出之，使彼有转圜之地。故临发时将密片抽出，将来此案办结，仍当再申前说，请令教堂、仁慈堂均由地方官管辖，庶冀永弭衅端。

至谕旨垂询传教有碍通商一节，臣上年在京，曾与臣文祥论及传教不宜兼设育婴堂[2]。文祥力言其势不能禁遏。禁育婴堂且不能，况能禁传教乎？

谕旨垂询现在办法，臣已为昭雪挖眼剖心等事之诬，以平洋人之心。其焚毁教堂、公馆，业已委员兴修。王三屡经翻供，现已释还。教民安三迷拐被获，因狱词未定，而该使索之甚坚，亦经暂行释放。至查拿正凶措手稍难，已饬新任道、府拿获九名，拷讯党羽。至俄国误伤三人，前经委员与俄国领事官孔气商酌，每伤一人给予恤银五千两。该领事当以请示国主为辞。昨经臣处动用公牍，再为询商，惟法使罗淑亚必欲将天津府、县及陈国瑞三人拟抵。经臣照复该使，府、县并非有心与洋人为难，陈国瑞不在事中，仍复曲徇所请，将该府、县奏交刑部治罪。昨据该使照会，仍执前说，必令该三员抵偿；又遣翻译官德伟力亚来臣处面称，必如照会所言，方不决裂。臣与辩论良久，问该使：称府、县主使，究有何据？德伟力亚不能指出，然其辞气始终狡执，未就范围。臣查府、县实无大过，送交刑部、已属情轻法重。该使必欲拟抵，实难再允所求，由臣处给予照复，另录送军机处备查。彼若不拟构衅，则我所断不能允者，当可徐徐自转；彼若立意决裂，虽百请百从，仍难保其无事。

谕旨垂询近日民情，虽经臣迭次晓谕，而其疾视洋人，尚难遽予解化。良民安分畏事，每欲自卫身家；莠民幸灾乐祸，辄欲因乱抢夺。浮动之意至今未定。故有邀集众绅往见罗使者，亦有撕毁教堂告示者。现有铭军二千人在此弹压，当可无虞。但臣举措多不惬舆情，堪内疚耳。

谕旨询及崇厚如可交卸，即着先行来京。现在办理虽有端倪，罗使尚未应允。臣于夷务素未谙悉，且病势久深，崇厚与洋人交涉已久，无事不熟，应请饬令该侍郎暂缓赴京，留此会办，俾臣不致偾事，于大局实有裨益。所有微臣奉旨查询缘由，谨缮折复陈，伏乞皇太后、皇上圣鉴训示。谨奏。

【题解】

写于同治九年（1870）六月二十八日。天津教案起因，远者为迷拐幼儿之事，近者则为法使对我官员放枪。曾国藩一到天津，即将拐犯放走，连上奏清廷亦怕得罪洋人，更何谈对法使抗议、力争？他所做的事也就只有严惩天津官民以取悦洋人了。这样的外交还不是屈辱外交？这样的外交方针还不是民族投降主义？若说国人杀死洋人，事在今日，也应抵命；那么，外国大使一再向中国官员开枪，并由此引起严重后果，也不需要承担责任吗？在外交谈判中连提都不敢提一句吗？

【注释】

[1] 成林：字竹坪，满洲镶白旗人，举人。曾任光禄寺卿、大理寺卿、总理衙门大臣、署理三口通商大臣、工部侍郎、吏部侍郎等职。

[2] 文祥：字博川，满洲正红旗人，道光二十五年进士。曾任内阁学士、礼部侍郎、吏部侍郎、工部侍郎、户部侍郎、军机大臣、总理衙门大臣、体仁殿大学士、武英殿大学士。

密陈津案委曲求全大概情形片

再：

臣正缮折间，承准军机大臣密寄六月二十五日奉上谕：

曾国藩、崇厚奏查明天津滋事大概情形一折，另片奏请将天津府、县革职治罪等语，已均照所请，明降谕旨宣示矣。曾国藩等此次陈奏各节，固为消弭衅端委曲求全起见，惟洋人诡谲性成，得步进步，若事事遂其所求，将来何所底止？是欲弭衅而仍不免启衅也。该督等现给该使照会，于缉凶、修堂等事均已力为应允，想该使自不至再生异词。此后如洋人仍有要挟恫喝之语，曾国藩务当力持正论，据理驳斥，庶可以折敌焰而张国维。至备预不虞，尤为目前至急之务，曾国藩已委记名臬司丁寿昌署理天津道篆，其驻扎张秋之兵，自应调扎附近要隘，以壮声威。李鸿章已于五月十六日驰抵潼关，所部郭松林等军亦已先后抵陕[1]。此时窜陕回匪屡经官军剿败，其焰渐衰，若移缓就急，调赴畿疆似较得力。着曾国藩斟酌情形，赶紧复奏，再降谕旨。日来办理情形何若？能否迅就了结？并着随时驰奏。总之，和局固宜保全，民心尤不可失。曾国藩总当体察人情向背，全局通筹，使民心允服，始能中外相安。沿江沿海各督抚本日已有寄谕，令其严行戒备。陈国瑞当时是否在场，到津后即可质明虚实。已令神机营饬令该提督赴津，听候曾国藩查问矣。将此由五百里各密谕知之。钦此。

臣查此次天津之案，事端宏大，未能轻易消弭。中国目前之力，断难遽启兵端，惟有委曲求全之一法。臣于五月二十九日复奏折内，曾声明立意不与开衅，匝月以来，朝廷加意柔远，中外臣民亦已共见共闻。臣等现办情形，仍属坚持初议，而罗酋肆意要挟[2]，卒未稍就范围。谕旨所示："洋人诡谲性成，得步进步，若事事遂其所求，将来何所底止？是欲弭衅而仍不免启衅。"确中事理，洞悉敌情，臣等且佩且悚。目下操纵之权主之自彼，诚非有求必应所能潜弭祸机。此后彼所要求，苟在我稍可曲徇，仍当量予转圜；苟在我万难允从，亦必据理驳斥。惟洋人遇事专论强弱，不论是非，兵力愈多，挟制愈甚。若中国无备，则势焰张；若其有备，和议或稍易定。现令张秋全队九千人拔赴沧州一带，略资防御。李鸿章前在潼关，臣已致函商谕，万一事急，恐须统率所部由秦入燕。此时陕回屡受大创，若令李鸿章入陕之师移缓就急，迅赴畿疆办理，自为得力。英、法两国水师提督顷已均在大沽，其请示国主，旬日内当有复信。法国若仅与津人为难，则称兵必速；若要求无厌，直与国家为难，则称兵较迟。李鸿章若于近日奉旨移军东指，当不嫌其过缓。

臣于洋务素未研求，昨二十一日眩晕之病又复举发，连日心气耗散，精神不能支持，目光愈蒙。二十六日崇厚来臣处面商一切，亲见臣昏晕呕吐，左右扶入卧内，不能强起陪客。该大臣已有由京另派重臣来津之奏。

臣自咸丰三年带兵，早矢效命疆场之志[3]，今兹事虽急、病虽深，而此志坚实，毫无顾畏。平日颇知持正理而畏清议，亦不肯因外国要挟尽变常度。朝廷接崇厚之奏，是否已派重臣前来，应否再派李鸿章东来，伏候圣裁。抑臣更有请者，时事虽极艰难，谋画必须断决。伏见道光庚子以后办理夷务，失在朝和夕战，无一定之至计，遂至外患渐深，不可收拾。皇上登极以来，外国盛强如故，惟赖守定和议，绝无改更。用能中外相安，十年无事，此已事之成效。津郡此案，因愚民一旦愤激，致成大变，初非臣僚有意挑衅。倘即从此动兵，则今年即能幸胜，明年彼必复来；天津即可支持，沿海势难尽备。朝廷昭示大信，不开兵端，此实天下生民之福。虽李鸿章兵力稍强，然以外国之穷年累世、专讲战事者，尚属不逮。以后仍当坚持一心，曲全邻好。惟万不得已而设备，乃取以善全和局，兵端决不可自我而开，以为保民之道；时时设备，以为立国之本。二者不可偏废。

臣此次以无备之故，办理过柔，寸心抱疚，而区区愚虑，不敢不略陈所见，伏乞皇太后、皇上圣鉴训示。谨奏。

【题解】

写于同治九年（1870）。曾国藩恐清廷动摇，反复申说委曲求全的必要性，并以鸦片战争时期的战和不定与战后的守定和议为例，作为其此次决策的依据。同时声明，虽然军事上做了一定布置，但只作为谈判的筹码，并不想对法国的军事挑衅实施反击。

【注释】

[1] 郭松林：字子美，湖南湘潭人。湘军营官、分统、统领。先隶曾国荃部，同治元年随李鸿章赴沪。同治五年复任新湘军统领，随曾国荃赴湖北一带剿捻，结果全军覆没，只身被俘后逃归。不久，又出领军，随李鸿章剿捻，从此隶于李鸿章部下。曾任江苏福山镇总兵、福建陆路提督、湖北提督、直隶古北口提督等职。

[2] 罗酋：指时任法国驻中国使馆公使罗淑亚。

[3] 矢效命疆场之志：发誓效命疆场。矢，誓，发誓。

复宝鋆

佩翁仁兄同年大人阁下：

接读十九日惠示，具纫爱[1]，注勤拳[2]，至为感泐[3]。即维尊候绥愉，苶廑弥笃，企颂无涯[4]。

津案现办情形，公函业经备述。现经两月之久，办理尚未就绪，致令阁下及总署诸老多费唇舌。弟奉命来津专办此案，迟迟之咎，实无可辞。查拿正凶，敝处初次复奏便以为最要关键。府、县迭奉谕旨饬解津郡，本为力持正论，设法保全，岂可迟延不办？谓津民义愤，不可查拿；府、县无辜，不应讯究者，皆局外无识之浮议，稍达事理，无不深悉其谬。弟虽智虑短浅，断不至为浮言所摇。拿犯之难，讯供之难，皆经屡函上达。议者不察，或谓弟意存推诿，轻听人言，瞻顾清议，不肯切实速办。非阁下深知此中委曲，鲜有鉴谅鄙心者。

窃谓中国与外国交接，可偶结一国之小怨，而断不可激各国之众怒。挖眼剖心等谣，外国疑中国藐视太甚，引为大耻，此足激众怒者也。枉杀多命，外国疑天津可杀二十，他口即可杀四十；今日可杀二十，异日即可杀二百。洋人在中华几无容身之地，引为大虑，此足激众怒者也。目下中国海上炮船全无预备，陆兵则绿营固不足恃，勇丁亦鲜劲旅。若激动众怒，使彼协以谋我，处处宜防，年年议战，实属毫无把握。此等情势，弟筹之至熟，故奏牍、信函屡持此论。若谓无端变易，妄信局外之言，不从委曲求和处切实办事，以此邀功，功固难必；以此避谤，谤已难辞，不且进退无据耶？惟府、县于初撤任时本无治罪之说，听其回省。厥后该员等出省他往，则弟所不及料，以致久不到案，疑鄙人有故纵之象。而天津民情嚣张如故，将打杀洋人画图刻板，刷印斗方、扇面，以鸣得意。其已获者，人人狡供；其未获者，家家匿藏，而弟不能速擒而立枭之，亦疑鄙人有故纵之迹。虽贵署亦不免疑弟任意迟延，实则弟之欲拿真犯以全和局，未尝须臾忘也。此时业已专弁飞提，当不致过稽时日。要犯虽无确供，断不能因难自阻。再拿数人，约成二十一名之数，足与相抵。狡供坚不承认，则鄙意早经虑及者，将来或当从权办理，不尽凭供定案。此后有卓见所到，为愚虑未通之处，尚望随时赐示，俾免失机偾事，贻同谱羞[5]，是为切祷[6]。肃复，即颂台安。不具。

【题解】

该函写于同治九年（1870）七月二十三日。表示自己决不动摇，也要求清政府不要动摇，仍坚持天津教案的原处理方案。因这时曾国藩与清政府已知道普法战争爆发，法国不可能再对中国发动战争；且曾国藩对天津教案的处理受到全国上下的纷纷反对，而宝鋆为军机大臣奕䜣的智囊、曾国藩的同年，故曾国藩给宝鋆写此信。

宝鋆字锐卿，号佩蘅，满洲镶白旗人。道光十八年进士。曾任户部侍郎、户部尚书、吏部尚书、兵部尚书、总理衙门大臣、军机大臣、体仁阁大学士、武英殿大学士兼翰林院掌院学士等职。

【注释】

[1] 纫爱：爱抚。纫，按摩。《管子·霸形》："狄伐邢、卫，桓公不救，裸体纫胸称疾。"

[2] 勤拳：恳切真挚。李商隐《为举人献韩郎中琮启》："虽佩恩私，竟乖陈谢，光阴荏苒，诚抱勤拳。"

[3] 感泐（lè）：深受感动。泐，通"勒"，雕刻。

[4] 即维尊候绥（tuǒ）愉，荩厪弥笃，企颂无涯：旧时书信套语。意为只有您健康愉快，工作顺利，才是我最为挂心、最为殷切的祝愿。即维，只有。

绥，通"妥"。荩，进。厪，殷勤。企颂，殷切的颂祷、盼望。

[5] 同谱：同年、同榜之意。科举时代，同年考取进士的人称同年、同榜。宝鋆与曾国藩同为道光十八年进士，故称同谱。此处似不只单指宝鋆，当包括所有道光十八年考取的进士，即全体同年。

[6] 切祷：殷切的祝祷。

调吴大廷操练轮船片

再:

福建前任台湾道吴大廷,于同治七年在台湾任内,因病呈请开缺回籍调理。八年三月,经沈葆桢奏请起用。奉旨谕知湖南巡抚刘崐,饬令迅速回闽襄理船政。该道病痊遵旨复出,以八年七月到闽。旋经督解万年清轮船赴津请验,本年又经奏派运米赴津验收。臣查该道学问渊邃,才识闳远,前因李续宜奏调赴皖,常在臣营,即拟储为国家异日之用。后入浙、闽,睽隔数年[1]。此次来津,适臣查办津案,屡与接晤,见其学益精、才益练,议事尤有通识,诚堪胜艰巨之任。目下沿海防务亟宜筹备,闽、沪两处铁厂成船渐多,而未曾议及海上操兵事宜。臣于七月十九日,曾经具奏一次。操兵之法,其要全在船主得人,既为一船之主,第一贵善于使船,熟悉掌舵、看火等事,而后合船之水手、兵役皆可俯首听命。第二贵明于海道沙线,兼善阅看地图。第三贵娴于战阵,能察进退分合机宜。三者兼全,即洋人亦不可多得,中国武员中尤难其选。臣愚以为,须求之文员中得一素谙戎机、讲究地图,兼明洋务而又不惮风涛者综理其事。始则博求将才,采访可为船主之员;继则出洋,督同操练,稽其勤惰;终则遍询外国水战事宜,暗师其法而取其长,乃可日起有功。该道吴大廷熟悉船政,于兵事、洋务讲求有素。近来南北往返,屡涉重洋,不畏艰险,又久在浙、闽,颇留心可为船主之才。现在上海船厂道员冯焌光等,专讲造船及枪炮等事,无暇兼顾操兵。拟请将吴大廷调至江南,综理轮船操练事宜,微臣借资臂助。该道久驻闽厂,闽、沪亦可联络一气,于整顿海防实有裨益。理合附片陈明,伏乞圣鉴训示。谨奏。

【题解】

写于同治九年(1870)。曾国藩力主自己造船,积极筹办。其造出一批轮船之后,又拟出洋操练,以训练出一批轮船驾驶和管理人员,为将来建立海军做准备,故调吴大廷负责此事。

吴大廷字彤(桐)云,晚号小酉腴山馆主人,湖南沅陵人,举人。先后充任顺天府尹梁同新、安徽巡抚李续宜、续任皖抚唐训方、闽浙总督左宗棠、陕甘总督左宗棠、福建船政大臣沈葆桢、两江总督曾国藩等人幕僚。曾授任福建盐法道、台湾兵备道。著有《吴彤云诗文集》《小酉腴山馆集》。

【注释】

[1] 睽(kuí):本作"暌",违背、不合之意。引申为分离。

拟选聪颖子弟出洋学艺折

奏为拟选聪颖子弟，前赴泰西各国肄习技艺，以培人才，恭折仰祈圣鉴事：

窃臣国藩上年在天津办理洋务，前任江苏巡抚丁日昌奉旨来津会办，屡与臣商榷，拟选聪颖幼童送赴泰西各国书院学习军政、船政、步算、制造诸书，约计十馀年，业成而归，使西人擅长之技中国皆能谙悉，然后可以渐图自强。且谓携带幼童前赴外国者，如四品衔刑部主事陈兰彬[1]、江苏候补同知容闳皆可胜任等语。臣国藩深韪其言，曾于上年九月、本年正月两次附奏在案。臣鸿章复往返函商，窃谓自斌椿及志刚、孙家谷两次奉命游历各国，于海外情形亦已窥其要领。如舆图、算法、步天、测海、造船、制器等事，无一不与用兵相表里。凡游学他国得有长技者，归即延入书院，分科传授，精益求精，其馀军政、船政，直视为身心性命之学。今中国欲仿效其意而精通其法，当此风气既开，似宜亟选聪颖子弟携往外国肄业，实力讲求，以仰副我皇上徐图自强之至意。

查美国新立和约第七条内载，嗣后中国人欲入美国大小官学学习各等文艺，须照相待最优国人民一体优待；又美国可以在中国指准外国人居住地方设立学堂，中国人亦可在美国一体照办等语。本年春间，美国公使过天津时，臣鸿章面与商及，允俟知照到日，即转致本国，妥为照料。三月间，英国公使来津接见，亦以此事有无相询。臣鸿章当以实告，意颇欣许，亦谓先赴美国学习，英国大书院极多，将来亦可随便派往。此固外国人所深愿，似于和好大局有益无损。臣等伏思外国所长，既肯听人共习，志刚、孙家谷又已导之先路，计由太平洋乘轮船径达美国，月馀可至，当非甚难之事。或谓天津、上海、福州等处，已设局仿造轮船、枪炮、军火，京师设同文馆，选满汉子弟延西人教授；又上海开广方言馆，选文童肄业，似中国已有基绪，无须远涉重洋。不知设局制造，开馆教习，所以图振奋之基也；远适肄业，集思广益，所以收远大之效也。西人学求实济，无论为士、为工、为兵，无不入塾读书，共明其理，习见其器，躬亲其事，各致其心，思巧力递相师授[2]，期于月异而岁不同。中国欲取其长，一旦遽图尽购其器，不惟力有不逮，且此中奥密，苟非遍览久习，则本源无由洞彻，而曲折无以自明。古人谓，学齐语者，须引而置之庄岳之间[3]；又曰百闻不如一见。比物此志也。况诚得其法，归而触类引伸，视今日所为孜孜以求者，不更扩充于无穷耶？惟是试办之难有二：一曰选材，一曰筹费。盖聪颖子弟不可多得，必其志趣远大、品质朴实、不牵于家累、不役于纷华者，方能远游异国，安心学习，则选材难；国家帑项，岁有常额，增此派人出洋肄习之款，更须措办，则筹费又难。凡此二者，臣等亦深知其难，第以成山始于一篑，蓄艾[4]期以三年，及今以图，庶他日继长增高，稍易为力。爰饬陈兰彬、容闳等悉心酌议，加以复核，拟派员在沪设局，访选沿海各省聪颖幼童，每年以三十名为率，四年计一百二十名，分年搭船赴洋，在外国肄习，十五年后，按年分起挨次回华。计回华之日，各幼童不过三十岁上下，年力方强，正可及时报效。闻前此闽、粤、宁波子弟亦时有赴洋学习者，但只图识粗浅洋文洋话，以便与洋人交易，为衣食计。此则入选之初，慎之又慎。至带赴外国，悉归委员管束，分门别类，务求学术精到。又有翻译教习，随时课以中国文义，俾识立身大节，可冀成有用之材。虽未必皆为伟器，而人才既众，当有瑰异者出乎其中。此拔十得五之说也。

至于通计费用，首尾二十年需银百二十万两，诚属巨款。然此款不必一时凑拨，分析计之，每年接济六万，尚不觉其过难。除初年盘川发给委员携带外，其馀指有定款，按年预拨，交与银号陆续汇寄，事亦易办。

总之，图事之始，固不能予之甚吝，而遽望之甚奢；况远适异国，储才备用，更不可以经费偶乏，浅尝中辍。近年来设局制造，开馆教习，凡西人擅长之技，中国颇知究心，所需经费，均蒙谕旨准拨，亦以志在必成，虽难不惮，虽费不惜，日积月累，成效渐有可观。兹拟选带聪颖子弟赴外国肄业，事虽稍异，意实相同。谨将章程十二条恭呈御览，合无仰恳天恩，饬下江海关，于洋税项下按年指拨，勿使缺乏。恭候命下，臣等即饬设局挑选聪颖子弟，妥慎办理。如有章程中未尽事宜，并请敕下总理衙门酌核更改，臣等亦可随时奏请更正。所有拟选聪颖子弟前赴泰西各国肄习技艺缘由，谨合词恭折具奏，伏乞皇太后、皇上圣鉴训示。谨奏。

谨将挑选幼童前赴泰西肄业酌议章程，恭呈御览。

一，商知美国公使照会大伯尔士顿，将中国派员每年选送幼童三十名至彼中书院肄业缘由与之言明，其束脩、膏火[5]，一切均中国自备，并请俟学识明通，量材拨入军政、船政两院肄习。至赴院规条，悉照美国向章办理。

一，上海设局经理挑选幼童派送出洋等事，拟派大小委员三员，由通商大臣札饬在于上海、宁波、福建、广东等处，挑选聪慧幼童年十三四岁至二十岁为止，曾经读中国书数年，其亲属情愿送往西国肄业者，即会同地方官取具亲属甘结，并开明年貌、籍贯存案，携至上海公局考试。如姿性聪颖并稍通中国文理者，即在公局暂住，听候齐集出洋；否即撤退，以节縻费。

一，选送幼童每年以三十名为率，四年计一百二十名，驻洋肄业十五年后，每年回华三十名。由驻洋委员胪列各人所长，听候派用，分别奏赏顶戴官阶差事。此系官生，不准在外洋入籍、逗留及私自先回，遽谋别业。

一，赴洋幼童学习一年，如气性顽劣，或不服水土，将来难望成就，应由驻洋委员随时撤回。如访有金山地方华人年在十五岁内外、西学已有几分工夫者，应由驻洋委员随时募补，以收得人之效，临时斟酌办理。

一，赴洋学习幼童，入学之初，所习何书，所肄何业，应由驻洋委员列册登注，四月考验一次，年终注明等第，详载细册，赍送上海道转报。

一，驻洋派正副委员二员，每员每月薪水银四百五十两；翻译一员，每月薪水银二百五十两；教习二员，每员每月薪水银一百六十两。

一，每年驻洋公费银共约六百两，以备医药、信资、文册、纸笔各项杂用。

一，正副委员、翻译、教习来回川费，每员银七百五十两。

一，幼童来回川费及衣物等件，每名银七百九十两。

一，幼童驻洋束脩、膏火、房租、衣服、食用等项，每名每年计银四百两。

一，每年驻洋委员将一年使费开单，知照上海道转报，倘正款有馀，仍涓滴归公；若正款实有不足之处，由委员随时知照上海道，禀请补给。

一，每年驻洋薪水、膏火等费，约计库平银六万两，以二十年计之，约需库平银一百二十万两。

【题解】

本文写于同治十年七月二日（1871年8月17日）。派留学生出国学习，是洋务派学习西方科学技术的重要举措。此事由容闳建议，通过丁日昌转致于曾国藩、李鸿章面前，最后由曾国藩、李鸿章联名上奏，清廷批准。第一批留学生三十人，分军政、船政两班，讲明在美国预备数年之后，即进美国军事院校学习。后来美国撤消前议，不准中国学生进入美国军校学习，清政府不得不将他们撤回。加以年龄太小以及诸多其他困难等，实际上这是一次失败的行动，未能达到预期目的。虽然如此，它在中国近代教育史上仍有一定意义。

【注释】

[1] 陈兰彬：字荔秋，广东吴川（今吴川市西南）人，庶吉士。曾任曾国藩幕僚、刑部主事、驻美中国留学生局正监督（正委员）、太常寺卿、宗人府府丞、都察院左副都御史、驻美公使，先后署礼部、兵部侍郎、总理衙门大臣等职。著有《诗经札记》《使美纪略》等。

[2] 递相师授：一代代由老师传授。

[3] 庄岳之间：庄与岳是春秋时期齐国都城临淄内两处街里名称。语出《孟子·滕文公下》："有楚大夫于此，欲其子之齐语也，……引而置之庄岳

之间数年，虽日挞而求楚，亦不可得矣。"

[4] 蓄艾：本指蓄藏多年之艾以治久病。后以"蓄艾"比喻长期积蓄以备急用。

[5] 束脩、膏火：此处均指供给学习的津贴。

大界墓表

王考府君以道光二十九年十月四日弃养[1]，倏历二十三年。当初葬时，吾父以书抵京师，命国藩为文，纪述先德，揭诸墓道。国藩窃观王考府君威仪言论，实有雄伟非常之概，而终老山林，曾无奇遇重事一发其意；其型于家、式于乡邑者，又率依乎中道，无峻绝可惊之行[2]。独其生平雅言，有足垂训来叶者[3]，敢敬述一二，以示后昆[4]。

府君之言曰："吾少耽游惰，往还湘潭市肆，与裘马少年相逐[5]，或日高酣寝。长老有讥以浮薄，将覆其家者。余闻而立起自责，货马徒行。自是终身未明而起。余年三十五，始讲求农事。居枕高嵋山下，垅峻如梯[6]，田小如瓦。吾凿石决壤，开十数畛而通为一[7]。然后耕夫易于从事。吾昕宵行水[8]，听虫鸟鸣声以知节候，观露上禾颠以为乐。种蔬半畦，晨而耘，吾任之；夕而粪，庸保任之[9]。入而饲豕，出而养鱼，彼此杂职之。凡菜茹手植而手撷者，其味弥甘；凡物亲历艰苦而得者，食之弥安也。吾宗自元、明居衡阳之庙山，久无祠宇。吾谋之宗族诸老，建立祠堂，岁以十月致祭。自国初迁居湘乡，至吾曾祖元吉公，基业始宏。吾又谋之宗族，别立祀典，岁以三月致祭。世人礼神徼福，求诸幽遐。吾以为神之陟降，莫亲于祖考，故独隆于生我一本之祀，而他祀姑阙焉。后世虽贫，礼不可隳；子孙虽愚，家祭不可简也。吾早岁失学，壮而引为深耻，既令子孙出就名师，又好宾接文士，候望音尘[10]，常愿通材宿儒接迹吾门，此心乃快。其次，老成端士，敬礼不怠，其下泛应群伦[11]。至于巫医、僧徒、堪舆、星命之流，吾屏斥之惟恐不远；旧姻穷乏，遇之惟恐不隆。识者观一门宾客之雅正疏数，而卜家之兴败，理无爽者[12]。乡党戚好，吉则贺，丧则吊，有疾则问，人道之常也，吾必践焉，必躬焉。财不足以及物，吾以力助焉。邻里讼争，吾尝居间以解两家之纷。其尤无状者，厉辞诘责，势若霆摧而理如的破[13]，悍夫往往神沮。或具樽酒通殷勤，一笑散去。君子居下，则排一方之难；在上，则息万物之嚚[14]，其道一耳。津梁道途废坏不治者，孤嫠衰疾无告者[15]，量吾力之所能，随时图之，不无小补。若必待富而后谋，则天下终无可成之事。"

盖府君平昔所恒言者如此。国藩既稔闻之，吾父暨叔父又传述而告诫数数矣。

府君讳玉屏，号星冈。声如洪钟，见者惮慴，而温良博爱，物无不尽之情[16]。其卒也，远近感唏，或涕泣不能自休。配我祖妣王太夫人，孝恭雍穆，娣姒钦其所为[17]，自酒浆缝纫以至礼宾承祭，经纪百端，曲有仪法[18]。虔事夫子，卑诎已甚，时逢愠怒，则竦息减食，甘受折辱，以回春眜[19]。年逾七十，犹检校内政，丝粟不遗。其于子妇孙曾、群从外姻、童幼仆妪，皆思有惠逮之[20]。权量多寡，物薄而意长，阅时而再施。太夫人道光二十六年九月十八日卒，春秋八十，葬于木兜冲。其后三年，而府君卒，春秋七十有六，葬于八斗冲，迁太夫人之柩祔焉。其后十年，为咸丰九年己未十二月，均改葬于大界。

府君之先，六世祖曰孟学[21]，初迁湘乡者也。曾祖曰元吉，别立祀典者也。祖曰辅臣，考曰竟希。曾祖妣氏曰刘，祖妣氏曰蒋，曰刘，妣氏曰彭。以国藩忝窃禄位，府君初貤封中宪大夫[22]，后累赠为光禄大夫、大学士、两江总督。祖妣初封恭人，后累赠为一品夫人。圣朝推恩，追而上之，竟希公累赠光禄大夫，妣彭氏亦赠一品夫人。府君生吾父兄弟三人，仲父上台早卒，季父骥云无子，以吾弟国华为嗣。孙五人。军兴以来，惟国潢治团练于乡，四人者皆托身兵间。国华、贞幹没于军，国藩与国荃遂以微功列封疆而膺高爵，而高年及见吾祖者，咸谓吾兄弟威重智略，不逮府君远甚也。其风采亦可想已。曾孙七人，玄孙七人，凡兹安居足食、列于显荣者，繄维祖德是赖[23]。于是叙其大致，表于斯阡，令后嗣无忘彝训[24]，亦使过者考求事实，知有众征，无虚美云[25]。

【题解】

此墓表写于同治十年（1871），是曾国藩为其祖父曾玉屏写的墓表。曾玉屏字星冈，对曾门一家和曾国藩影响很大。本文对曾玉屏的性格及其发展过程做了生动描写，是有关曾国藩家庭情况的重要资料。

【注释】

[1] 王考府君：对祖父的敬称。王考，对祖父（后亦包括父亲）的尊称。府君，汉魏以来对人的尊称。弃养：父母死亡的婉称。父母放弃子女对自己的奉养（即死亡）之意。

[2] "其型于家"四句：意为：祖父为全家榜样、又可做全乡全县模范的地方，大都近于中庸，不偏不倚，无过无不及，并没有什么特别突出惊人的事迹。型、式，模范，榜样。中道，中庸之道。

[3] 来叶：来世。叶，世，时期。

[4] 后昆：后代子孙。昆，后裔。

[5] 相逐：追逐嬉戏。

[6] 垅峻如梯：形容田边垅埂陡峻。

[7] 开十数畛（zhěn）而通为一：将十几块小梯田开通、平整为一大块田。畛，界限，疆域，区分。

[8] 昕（xīn）宵行水：拂晓和夜间引水浇地。昕，拂晓。

[9] 庸保：雇工。

[10] 候望音尘：探问消息，打听行踪。

[11] 泛应群伦：一般地应和广大乡民。伦，类，同类。

[12] 理无爽者：这番道理没有不准的。爽，错失，差。

[13] 理如的（dì）破：意谓道理讲得合情合理，如同射箭正中靶心一样准确。

[14] 息万物之嚚：意谓平息一切纷乱尘嚚。此主要指镇压民众的不满和反抗，将整个社会重新纳入封建秩序之中。这段话曾国藩明为说祖父，实则说自己。

[15] 孤嫠衰疾无告者：孤儿寡妇、衰弱残疾、有病而又无法得到帮助的人。

[16] 物无不尽之情：意为对待任何事物、处理任何问题都很有人情味。

[17] 娣姒（dì sì）：妯娌。兄弟之妻互称，兄妻为姒，弟妻为娣。又，同夫诸妾互称，年长的为姒，年幼的为娣。

[18] 曲有礼法：意为虽亦有婉转、委婉之处，但又全都合于礼法。

[19] 甘受折辱，以回眷睐：以甘受折辱的方式来唤回（丈夫的）欢心。眷睐，眷顾青睐。

[20] 有惠逮之：有恩惠施到他（她）们身上。逮，及，到。

[21] 曰孟学：（名字）叫曾孟学。

[22] 貤（yí）封：移封。清代制度，官员可将自己应得的封诰呈请朝廷，改授远祖、伯叔及外祖父母等人，称为貤封；改授给女性的，则称为貤赠。故后文写到祖母"初封恭人，后累赠为一品夫人"。貤，转移，转手。

[23] 繄（yī）维：只唯，全唯。繄，表语气的助词，无义。

[24] 彝训：尊长对后辈的教诲。

[25] 虚美：过分或不符合事实的美化。

台洲墓表

呜呼！惟我先考先妣，既改葬于台洲之十三年，小子国藩始克表于墓道。

先考府君讳麟书，号竹亭，平生困苦于学，课徒传业者盖二十有馀年。国藩愚陋，自八岁侍府君于家塾。晨夕讲授，指画耳提，不达则再诏之，已而三复之；或携诸途，呼诸枕，重叩其所宿惑者，必通彻乃已。其视他学童亦然，其后教诸少子亦然。尝曰："吾固钝拙，训告若辈钝者，不以为烦苦也。"府君既累困于学政之试，厥后挈国藩以就试。父子徒步橐笔，以干有司[1]，又久不遇。至道光十二年，始得补县学生员。府君于是年四十有三，应小试者十七役矣。

吾曾氏由衡阳至湘乡，五六百载，曾无人与于科目秀才之列。至是乃若创获，何其难也！自国初徙湘乡，累世力农，至我王考星冈府君，乃大以不学为耻，讲求礼制，宾接文士，教督我考府君，穷年磨厉，期于有成。王考气象尊严，凛然难犯，其责府君也尤峻。往往稠人广坐，壮声诃斥；或有所不快于他人，亦痛绳长子，竟日嗃嗃[2]，诘数愆尤[3]，间作激宕之辞，以为岂少我耶？举家耸惧。府君则起敬起孝，屏气扶墙，踧踖徐进，愉色如初。王考暮年大病，痿痹喑哑，起居造次必依府君，暂离则不怡，有请则如响[4]。然后知夙昔之备责府君，盖望之厚而爱之笃，特非众人所能喻耳。

咸丰二年，粤贼窜湘，攻围长沙，府君率乡人修治团练，戒子弟，讲阵法，习技击。未几，国藩奔母丧回籍，奉命督办湖南团练。明年，又奉命治舟师，援剿湖北。府君僻在穷乡，志存军国。初令季子国葆募勇讨贼，既又令三子国华、四子国荃募勇，北征鄂，东征豫章。粗有成效，而府君遽以咸丰七年二月四日弃养。阅一年，而国华殉难于三河；又四年，而国葆病没于金陵。朝廷褒恤，并予美谥。而国藩与国荃遂克复安庆、金陵两省。虽事有天幸，然亦赖先人之教，尽驱诸子执戈赴敌之所致也。

初，国藩以道光间官京师，恭遇覃恩[5]，封王考暨府君皆为中宪大夫，祖妣暨先母皆为恭人。逮咸丰间，四遇覃恩，又得封赠，三代皆为光禄大夫，妣皆一品夫人。今上嗣位，四遇覃恩，又以战绩，兄弟谬膺封爵。于是曾祖府君儒胜、王考府君玉屏暨府君皆封为大学士、两江总督、一等侯爵；曾祖妣氏彭、祖妣氏王、先妣氏江仍封一品夫人。呜呼！叨荣至矣！

江太夫人为湘乡处士沛霖公女，来嫔曾门，事舅姑四十馀年，饎爨必躬[6]，在视必恪[7]，宾祭之仪，百方检饬。有子男五人、女四人，尺布寸缕，皆一手拮据。或以人众家贫为虑，太夫人曰："某业读，某业耕，某业工贾。吾劳于内，诸儿劳于外，岂忧贫哉？"每好作自强之言，亦或谐语，以解劬苦。咸丰二年六月十二日疾卒，九月二十二日葬于下腰里宅后。府君以七年闰五月初三日葬于周璧冲，至九年八月某日并改葬于台洲之猫面脑。府君有弟二人，仲曰上台，年二十有四而没。府君视病年馀，营治医药，旁皇达旦。季曰骥云，推甘让善，老而弥恭。无子，以国华为之嗣。后府君三年而没。女四人，其二先卒，其二继逝。诸子今存者，惟国藩与国潢、国荃三人。诸孙七人，曾孙七人。于是略述梗概，以著先人懿德，垂荫无穷。而小子才薄能鲜，忝窃高位，兢兢焉惟不克负荷是惧云。

【题解】

此墓表写于同治十年（1871），系为其父曾麟书所作。曾麟书字竹亭，诸生，曾长期充任私塾教师。早在道光二十九年（1849），曾麟书就与其子曾国潢在家乡办安良会，以对付饥民。咸丰元年，曾麟书、曾国潢父子又与刘东屏、刘蓉父子在湘乡县组织团练武装。曾国藩出办团练、创建湘军，也得到曾麟书的支持。本文对曾麟书的性格做了详细描写，也是了解和研究曾国藩家庭情况的重要资料。

【注释】

[1] 有司：官员。古代设官分职，各有专司，故称官员为有司。

[2] 嗃（hè）嗃：严酷之貌。《易·家人》："九三，家人嗃嗃。悔厉，吉。"唐代孔颖达《周易正义》疏曰："嗃嗃，严酷之意也。"

[3] 诘（jié）数：诘责数落。愆（qiān）尤：过失，罪过。

[4] 如响：依照声响（因病不能说话）。如，顺遂，依然，遵从。

[5] 覃（tán）恩：深恩，广布恩泽。多指帝王对臣下予以封赏或赦免。

[6] 饎（xī）爨必躬：做饭烧菜必亲自动手。饎，酒食或黍稷。爨，烧火煮饭。《仪礼·特牲礼》："主妇视饎爨于西堂下。"躬，躬亲，即亲自动手。

[7] 在视必恪（kè）：做活计时谨慎而又恭敬。在视，本指正在进行，此处意为做活计。